읽다보면
외워지는
2789
이야기
영어단어

읽다보면
외워지는
2789
이야기
영어단어

●
초판 1쇄 발행 2021년 12월 15일
초판 2쇄 발행 2023년 03월 15일
●
지은이 박진호
●
펴낸이 김왕기
편집부 원선화, 김한솔
디자인 푸른영토 디자인실
●
펴낸곳 **푸른e미디어**
  주소 경기도 고양시 일산동구 장항동 865 코오롱레이크폴리스1차 A동 908호
  전화 (대표)031-925-2327, 070-7477-0386~9 · 팩스 | 031-925-2328
  등록번호 제2005-24호(2005년 4월 15일)
  홈페이지 www.blueterritory.com
  전자우편 book@blueterritory.com
●
ISBN 979-11-88287-30-7   03320
ⓒ박진호, 2021

읽다보면
외워지는
2789
이야기
영어단어

박진호 지음

푸른미디어

오래전 국내의 한 유력 일간지에서 대한민국에서 영어를 배우고자 하는 학생이나 일반인이 영어 학습에 투자하는 돈이 수조에 이른다는 기사를 접한 적이 있다. 영어의 필요성이 더욱 절실한 요즈음 어린이에서 성인에 이르기까지 영어에 바치는 시간과 비용 그리고 유학 비용까지 합하면 그야말로 그 금액은 수십 조에 이르지 않을까 하는 것이 필자의 생각이다.

필자를 포함, 대부분의 세대들이 'I am a boy', 'How are you?', 'Fine, thank you, and you?'로 영어를 시작한다. 과거나 지금이나 우리나라의 영어 교육은 귀한 돈과 시간을 낭비하는 비효율적인 시스템을 고수하고 있다. 이런 시스템에는 반드시 변화가 필요하다.

영어는 그리스 로마의 영향과 더불어, 기독교와 성경의 헬레니즘, 이슬람 문명, 셰익스피어 같은 대문호 그리고 인도의 범어 등, 다양한 언어와 문화가 녹아 있는 용광로와 같다. 영어를 잘하기 위해서는 말하기, 쓰기, 듣기 같은 삼위일체도 중요하지만 많은 어휘를 암기하고 그와 관련한 정확한 뜻을 알고 자기 것으로 만드는 것이 무엇보다 중요하다.

부족하나마 필자는 이 책을 통해 다양한 역사와 문화와 관련한 영어 표현들에 숨어 있는 유익하면서도 흥미진진한 이야기들을 파헤쳐 독자들에게 들려주고자 했다. 이 책을 통해 독자는 단순 암기식의 딱딱한 학습에서 벗어나 각 영어 표현들이 가진 재미있는 어원을 함께 살핌으로써 상식의 폭도 넓히면서 해당 표현들을 효과적으로 익힐 수 있을 것이다.

영어는 만국공통어다. 더욱이, 입시생이나 취업 준비생, 각종 국가 공인시험을 준비하는 이들에게 영어는 필수다. 이 책은 이런 학생들에게 다양한 영어 표현들의 기본적인 개념을 알려 주는 유용한 책이 될 것이다. 또, 학창시절, 영어를 좋아하고 관심이 많았던 일반인들에게는 좋은 교양서의 역할도 할 수 있을 것이라 믿는다. 아무쪼록 이 책을 통해 학습자들이 영어에 대한 흥미를 계속 유지할 수 있기를 바란다.

CONTENTS

2789개의 영어단어 색인

일러두기

본문에 굵게 표기된 영어 발음은 **네이버 파파고**의 표기를 따랐습니다.

언어와 혀

서대라는 **피쉬**(Fish 생선)를 본 적이 있
는가? 없다면 어머니께 물어보면 알려
주실 것이다. 스페인에서는 상당히 인기
있는 생선인데 스페인어로 Linguado라 불린
다. 스페인어로 '혀'를 Lingua라 하는데 이 생선의 생김
새가 꼭 **텅**(Tongue 혀)을 닮아 붙여진 **네임**(Name 이름)이다. 언
어를 Language, 언어학자를 Linguist, 언어학을 Linguistics
라 하는 것은 모두 스페인어 Lingua라는 단어에서 **오어러
전**(Origin 유래)했다. 또 사람이 '두 가지 언어를 구사'하는 것
을 Bilingual이라 하고, '두 가지 언어를 구사하는 사람'을
Bilinguist라 한다.

혼자 힘겹게 장사하는 포장마차 **맴**(Ma'am 아주머니)에게 **갱스
터**(Gangster 조직폭력배)가 **프러텍션 래킷**(Protection Racket 자릿세)을
요구한다. 아주머니가 이를 **러퓨절**(Refusal 거절)하자 조직폭
력배는 **스트릿 벤더**(Street Vendor 포장마차)를 찾아와 온갖 행패

49

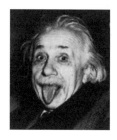

를 부린다. 참다 못한 아주머니가 결국 보호비를 **페이먼트**(Payment 지불)하자 깡패가 이렇게 말한다.

Now, You're Talking My Language!

이 말은 "당신이 이제야 나의 언어를 말하는군"이라는 뜻이 아니라 "아줌마! 이제야 말이 통하네!"라는 의미가 된다. Protect는 '보호하다'라는 뜻이고, Racket은 '테니스나 배드민턴의 라켓'의 뜻도 있지만 **컴플리틀리**(Completely 완전히)하게 다른 의미로, 불량배의 '부정한 돈벌이'라는 뜻도 있다.

아이가 쌍스러운 말을 쓰면 부모가 화난 **룩**(Look 표정)으로 주의를 주며 Watch Your Language!라 말하는데 "나쁜 말을 쓰면 안 돼!"라는 뜻이다. 엄한 어조로 간단히 Language!라고 **스픽**(Speak 말)하기도 한다. 또 공식 석상에서 어쩔 수 없이 **슬랭**(Slang 비속어)을 써야 할 때 Excuse My Language! 혹은 Sorry For My Language!라며 미리 **언더스탠딩**(Understanding 양해)을 구하는 **케이스**(Case 경우)가 있는데 이때의 Language도 '나쁜 말'이라는 뜻이다. Language는 라틴어이고, 영어로는 '혀'를 Tongue이라 하여, Mother Tongue은 '모국어'라는 의미가 된다.

영어는 어떻게 **월드**(World 세계) 공
용어(Official Language)가 되었을
까? 영어의 어원을 **스터디**(Study 공
부)하다 보면 라틴어(Latin Language,
Latin)에서 온 말이 무척 많다는
것을 알 수 있다.

라틴어는 약 3000년 전인 BC 1000경 이탈리아 반도의 중
부 지방에 있는 라티움(Latium) 지방에서 쓰여지던 언어인
데 라티움의 **로우케이션**(Location 위치)은 지금의 로마 부근이
다. 이 조그마한 지방이 점차 **테리토어리**(Territory 영토)를 넓
혀 가기 시작해 대제국으로 **디벨럽먼트**(Development 발전)하
면서 라틴어도 **캉퀘스트**(Conquest 정복) 지역으로 퍼져 나가
게 되었다. 원래 Latin은 '을랫턴', Rome은 '로움'이라 발음
해야 맞다. 잘 알고 있는 것 같지만 무심코 **프로우넌시에
이션**(Pronunciation 발음)하게 되는 것이 R과 L의 발음이다. R

은 입을 둥글게 하고 혀를 **팰럿**(Palate 입천장)에 붙이지 않고, 부드럽게 'ㄹ'로 발음하고, L은 혀를 입천장에 딱 붙이고 '을ㄹ'라 세게 발음한다. '강'을 뜻하는 River의 발음과 달리 간(肝)을 의미하는 Liver은 'ㅇ~리버'라 발음해야 원어민이 알아듣는다.

라틴은 혼자 발전한 것이 아니라 그리스 **시벌리제이션**(Civilization 문명)의 영향을 강하게 받았다. 라틴어는 일반 대중들이 쓰던 **컨벤셔널**(Conventional 통속적)인 '대중적인, 천박한'이라는 뜻의 Vulgar Latin과 **애커데믹**(Academic 학문적)이고 고상한 Classical Latin으로 나뉘는데 Vulgar Latin은 Romance Language로 발전하여 오늘날 스페인어, 포르투갈어, 프랑스어, 이탈리아어 그리고 루마니아어로 발전하였다. 루마니아(Rumania)는 '로마에서 온 사람'이라는 의미로서 Romania라고도 쓴다. Classical Latin은 **펄라서피**(Philosophy 철학)이나 의학 같은 학문적인 언어로 발전했고, 지금의 가톨릭 **배티컨**(Vatican 교황청)에서 공식적으로 사용하는 **엑리지애스티컬**(Ecclesiastical 교회) 언어가 되었다.

오늘날의 **웨스턴**(Western 서양) 문명은 그리스와 로마의(Greco-Roman) 문명을 빼놓고 **아아겨먼트**(Argument 논쟁)할 수 없고, 그중에서도 그리스 문명은 서구 **컬처**(Culture 문화)의 요람이 되었다. **에인션트**(Ancient 고대) 그리스(Greece)가 없었다면 오늘날의 서양 문명은 존재할 수 없었다 해도 **오우버스테잇먼트**(Overstatement 과언)가 아니다. '고대 그리스 문화'를 헬레니즘(Hellenism)이라고 하는데 이는 영어에도 많은 **임팩트**(Impact 영향)를 미치게 된다.

영어로 '암'을 Cancer라 하는데 이는 그리스어로 바다에 사는 **크래브**(Crab 게)를 가리키는 Karkinos에서 온 것으로 정상 **셀즈**(Cells 세포)에서 자라는 암 덩어리가 꼭 Crab 모양을 닮았다 하여 붙여진 이름이다. 그리스어에서 Psyche는 '숨을 쉬다'는 의미로 '정신, 영혼'을 뜻하며 여기에서 오늘날 **사이카이엇리**(Psychiatry 정신분석학), **서카이엇러스트**(Psychiatrist 정신과 의사), **사이코우패쓰**(Psychopath 정신병자), **사이킥**(Psychic 무당) 같은 단어가 만들어졌다. 우리나라의 **누즈페이퍼**(Newspaper 신문)나 학술 서적에 나오는 단어의 90퍼센트 이상이 한자에서 비롯된 것처럼 영어에서 그리스어와 라틴어가 차지하는 **임포어턴스**(Importance 비중)도 그와 유사하다.

그리스는 서구 문명의 발상지로 **스나비쉬**(Snobbish 콧대)가 높지만 **스카이**(Sky 하늘)에서 뚝 **펠**(Fell 떨어져)하여 스스로 발전한 것이 아니라 그 이전 BC 3100년경 지금의 이란, 이라크, 시리아에서 시작된 메소포타미아(Mesopotamia) 문명에서 영향을 받는다. 어떤 위대한 문명도 **어이저널**(Original 독창적)으로 생겨난 경우는 없는 것이다.

다양한 문명을 모태로 한 영어

콜럼버스가 스페인 **퀸**(Queen 여왕) 이사벨라의 **스판서**(Sponsor 후원)로 1492년 미대륙을 **디스커버리**(Discovery 발견)한 후 오늘날 남미 지역 대부분을 스페인이 **아켜파이**(Occupy 점령)하게 된다. 브라질은 포르투갈이 차지하게 되면서 전 남미 지역이 라틴어를 사용하게 되고, 남미가 라틴 아메리카(Latin America)로 불리게 된다. 영어와 독일어는 라틴어의 영향을 직접적으로 받진 않았지만 암암리에 **딥**(Deep 깊다)한 영향을 받는다.

헬레니즘과 더불어 영어에 큰 영향을 준 것은 헤브라이즘(Hebraism)이다. 헤브라이즘은 '고대 히브리인(Hebrew)들의 사고방식이나 철학, 언어'를 말하는 것으로, 유대교와 기독교 그리고 **이즐람**(Islam 이슬람교)까지 발전하여 역시 서양의 철학, 문화, 언어에 지대한 영향을 미치게 된다.

히브리인은 **프레전트**(Present 현재)의 이스라엘인(Israel)의 옛 **앤세스터**(Ancestor 조상)이다. '고대 이스라엘 사람'을 특히 영어로 **이즈럴랏**(Israelite 유대인)이라 하는데 **히브루**(Hebrew 히브리인)와 비슷한 의미다.

헬레니즘과 헤브라이즘은 서구 문명의 양대 산맥(Mountain Range)이면서 영어에도 깊은 **풋프린트**(Footprint 족적)를 남긴다. 헤브라이즘은 **지저스**(Jesus(Christ) 예수)가 이 땅에 오기 전 고대 이스라엘(Ancient Israel)의 **히스터리**(History 역사)를 담은 **오울드 테스터먼트**(Old Testament 구약)와 예수님 이후의 역사 기록인 **누 테스터먼트**(New Testament 신약)를 근거로 한다. 이는 르네상스(Renaissance) 이전까지 서구의 모든 생활양식을 지배한 **아이디어**(Idea 사상)이었다. 영어를 깊이 이해하기 위해서는 헬레니즘과 헤브라이즘을 정확하게 아는 것이 필수적이다.

지금으로부터 약 1000년 전인 11~12세기는 오늘날 유럽의 동쪽에 있던 아랍 문명(Arab Civilization)이 **피너컬**(Pinnacle 절정)에 달한 시기였다. 당시의 유럽은 아라비아 **퍼닌설러**(Peninsula 반도)에 비해 **언시벌라이즈드**(Uncivilized 미개한)한 지역이었고 유럽인들은 아라비아를 오리엔트(Orient)라 부르며 **행커**(Hanker 동경)하였다.

아랍 문명은 특히 **매써매틱스**(Mathematics 수학), **메더컬 사이언스**(Medical Science 의학), **사이언스**(Science 과학)에 뛰어나 오늘날 영어 **딕셔네어리**(Dictionary 사전)에 있는 상당수의 단어가 아라비아(Arabia)에서 왔다. **슈거**(Sugar 설탕), **앨커할**(Alcohol 술), 커피(Coffee)를 시작으로 사파리(Safari), 몬순(Monsoon) 같은 단어가 그 예다. Safari는 **애어러빅**(Arabic 아랍어)으로 '여행하다', Monsoon은 '계절'이라는 뜻이다. 그 외 수학의 **앨저브러**(Algebra 대수학) 그리고 **케미스트리**(Chemistry 화학), **애드머럴**

(Admiral 해군 제독) 같은 단어나, 컴퓨터 용어인 Algorithm이 모두 아랍어에서 건너왔고, **카턴**(Cotton 면화), **레먼**(Lemon 레몬), **에잎러캇**(Apricot 살구), **저래프**(Giraffe 기린), **체스**(Chess 장기) 같은, 셀 수 없이 많은 단어들이 아랍어에서 유래했다.

섬나라 영국은 빅토리아 여왕(Queen Victoria)이 다스리던 시기인 19세기 중반에 전 세계에 식민지를 두고 대영제국 (The British Empire)을 건설하여 국력이 **탑**(Top 정상)에 이르렀다. '해가 지지 않는 대제국(The Empire On Which The Sun Never Sets)'이 완성된 것이다. 무력으로 다른 **네이션**(Nation 나라)을 **애넥세이션**(Annexation 합병)하여 식민지로 만들고 **엑스플로이테이션**(Exploitation 착취)하는 것을 **임피어리얼리점**(Imperialism 제국주의)이라 한다. Annex는 '본래의 것에 덧붙이다'라는 뜻의 **버브즈**(Verbs 동사)인데 'A'에 강세를 두어 '애넥스'라 발음하면 건물의 '별관, 부속 건물'이라는 의미가 된다. 일제가 조선을 병합한 것도 Annexation이다.

빅토리아 **에어러**(Era 시대)에는 문화적으로 **프라스퍼**(Prosper 융성)하여 셰익스피어(William Shakespeare)나 초서(Geoffrey Chaucer) 같은 대문호가 **액티비티**(Activity 활동)한 시기이기도 하다. 특히 셰익스피어는 수많은 숙어(약 3000개)와 다양한 **익스프레션**(Expression 표현)들을 만들어 내 영어를 더욱 **플렌터펄**(Plentiful 풍성한)한 언어로 만들었다.

영어는 인도의 범어(梵語)인 산스크리트어, 옛 이란의 페르시아어 그리고 아프리카의 스와힐리어에서도 수많은 단어들을 차용해 **보우캐별레어리**(Vocabulary 어휘)가 더욱 풍부해졌다. 근세에 들어서 일본어, 중국어, 필리핀의 타갈로그어에서도 방대한 양의 어휘가 추가되었다.

스터티스틱스(Statistics 통계)에 의하면 영어 옥스퍼드 대사전에는 약 100만 개의 어휘가 있다는데 국어대사전에 비하면 약 네 배나 많은 양이라 하니 가히 **엔비**(Envy 부럽다)할 정도다. 이 같은 **배스트**(Vast 방대)한 어휘는 전 세계에서 자신들에게 필요한 단어를 적극적으로 **억셉트**(Accept 수용)한 결과다. '통계'를 뜻하는 Statistics는 줄여서 **심펄**(Simple 간단)하게 Stats라고도 많이 쓴다. 이렇듯 영어는 국제적인 공용어(Official Language)가 되었다.

인공지능에 패(敗)하다

2016년 **마아치**(March 3월), 인공지능(AI, Artificial Intelligence) 바둑 프로그램 알파고(Alphago)와 세계 최정상의 바둑 기사 이세돌 9단의 대국이 열려 세계적인 관심을 불러일으켰다. **엑스펙테이션**(Expectation 예상)을 뒤엎고 알파고의 4대 1 압승으로 끝나자 AI에 대한 두려움 섞인 호기심이 일었다. 과연 AI가 **휴먼**(Human 인간)의 두뇌를 뛰어넘어 인류를 마음먹은 대로 **컨트로울**(Control 조종)하는 시대가 오는 공상 과학 소설 같은 일이 **리앨러티**(Reality 현실)가 되는 것은 아닌가 하는 두려움도 있었다.

Alphago는 네 번째 대국에서 이세돌에게 패배한 것을 절대 잊지 않을 것이고, 이를 통해 스스로 **러닝**(Learning 학습)하고 **에벌루션**(Evolution 진화)할 것이다. 바둑에서 경우의 수(Number Of Cases)는 밤하늘의 모든 **갤럭시**(Galaxy 은하계)의 별을 합한 것보다 많은 수로 가히 **애스트러나미컬**(Astronomical 천문학적)이라는데 Alphago는 이 모든 Number Of Cases를

58

통째로 암기하고 있는
(Learn By Heart) 것이다.

컴퓨터는 0이라는 **넘버**
(Number 숫자)가 없었다
면 개발이 **임포시빌리티**(Impossibility 불가능)했을 것이다. 0이
라는 개념은 5세기경 인도인(Indian)이 **인벤션**(Invention 발명)
했다. 또 '알고리즘(Algorithm)'이라는 어려운 수학적 **리플
렉트**(Reflect 성찰)가 없었다면 Ai는 탄생할 수 없었을 것이
다. Algorithm은 이를 개발한 9세기의 아랍 수학자(Arabian
Mathematician)의 이름인 알 호레즈미(Al Khorezmi)에서 유래했
다. 지구의 **엔드**(End 종말)를 다룬 성경의 계시록 22장 말씀
의 "나는 알파(Alpha)와 오메가(Omega)며, 시작과 끝이니"에
서와 같이, Alpha는 그리스 알파벳의 첫 글자로 '시작, 뛰
어남, 탁월'을 **미닝**(Meaning 의미)하는 단어다.

그럼 Alphago에서 Go는 무엇을 뜻할까? '바둑'을 일본
어로 Go(고우)라고 하는 데서 따왔다. Alphago는 구글
의 **서브시디에어리**(Subsidiary 자회사)인 구글 딥 마인드(Google
Deepmind)가 개발한 최고로 뛰어난 바둑 로봇이다.

울프(Wolf 늑대)나 **멍키**(Monkey 원숭이)같이 무리를 이루어 **클
러스터**(Cluster 군집) 생활을 하는 '동물을 사회적 동물(Social
Animal)'이라 하는데 사람도 엄격히 따지면 이에 속한다.

사람의 **퍼서낼리티**(Personality 성격)는 사교적인 것을 가리켜 Social하다고 말하며, 그런 사람을 '사교적인 사람'이라는 의미로 Social Butterfly라 한다. Social Butterfly는 나비(Butterfly)가 이 **플라워**(Flower 꽃), 저 꽃으로 날듯 여러 부류의 사람들과 다양하게 **인터체인지**(Interchange 교류)하는 사람이지만 깊은 관계로는 발전하지 못하는 단점이 있다.

이런 짐승들의 **허드**(Herd 무리)에서는 가장 힘이 세고, **어그레시브**(Aggressive 공격적)하며, **다머넌트**(Dominant 지배적인)한 메일(Male 수컷)이 무리를 이끄는데 이를 '우두머리 수컷'이라는 의미로 Alpha Male이라 한다.

Alpha Male은 **헌팅**(Hunting 사냥)한 **밋**(Meat 고기)의 가장 맛있는 부위를 먹으며, 모든 **피메일**(Female 암컷)을 독차지하는 존재로 **하여아아키**(Hierarchy 계급)층의 최정상에 자리한다. 바로 그 밑에서 Alpha Male의 **싯**(Seat 자리)을 노리며 **헨치먼**(Henchman 부하) 노릇을 하다가 Alpha가 **더크레핏**(Decrepit 노쇠)해지면 자신이 Alpha가 되는 2인자를 Beta Male이라 한다.

Beta는 그리스 **텍스트**(Text 문자)에서 두 번째로 오는 철자다. 최하 계급층으로서, '**오우비디언스**(Obedience 복종)하고, **드레그즈**(Dregs 찌꺼기)를 먹으며 **불리잉**(Bullying 괴롭힘)을 당하는 집단'을 Omega Male이라 하는데 Omega는 그리스 알파벳에서 맨 마지막에 온다. 인간 **소우사이어티**(Society 사회)에서도 카리스마(Charisma)가 있는 지도자, 우두머리를 Alpha Male이라고 부른다.

영어에는 **재퍼니즈**(Japanese 일본어)에서 온 단어가 의외로 많다. '콩'을 Soy 또는 Soy Bean이라 하는 것은 일본인들이 콩으로 메주를 쑤어 만든 간장, 소유(Shoyu)에서 따온 것이다. 미국의 마트에 가보면 '간장'이 Soy Sauce나 Shoyu라 쓰여 있다. '종이 접기'를 Origami, '종이학'은 Origami Crane, 김밥 싸는 '김'을 Nori, '송이버섯'을 Matsutake라 하고, '두부'는 Tofu, '비단잉어'를 Koi라 하는 것 등, 영어 사전에는 수많은 일본어가 **어피런스**(Appearance 등장)한다.

바둑(Go)도 그중 하나다. '재계나 정계의 거물'을 Tycoon이라 하는 것도 일본인이 서양에 그들의 최고지도자 쇼군(將軍 장군)을 **인트러덕션**(Introduction 소개)할 때 큰 '임금'이라는 뜻의 대군(大君)을 일본식으로 발음한 것이다. Tycoon은 영어에서 **임포어턴트**(Important 중요)하게 많이 쓰는 단어다.

인간을 대신해 일을 하는 **로우밧**(Robot 로봇)은 오래전부터 존재했다. **카아**(Car 자동차) 공장의 **웰딩**(Welding 용접)을 하는 **머쉰**(Machine 기계)이나 초콜릿을 **패커지**(Package 포장)하는 기계도 사실은 Robot에 속한다. 생김새가 **퍼선**(Person 사람) 같이 생긴 Robot을 Humanoid라 하는데 이 단어는 '사람'이라는 뜻의 Human에 '비슷한'이라는 뜻의 -oid가 결합해 만들어진 단어다. 이러한 Humanoid가 컴퓨터와 결합하여 스스로 **저지먼트**(Judgment 판단)하고, 사고하는 **커팅 에지**(Cutting Edge 최첨단)의 기계가 AI Robot, 즉 인공지능 로봇일 것이다.

찰스 폰지의 유산

1840년대 미국에 윌리엄 톰슨(William Thompson)이라는 사람이 있었는데 그는 뉴욕에서 활동하던 **스윈들러**(Swindler 사기꾼)이었다. 그는 머리부터 발끝까지 최고급 **숫**(Suit 양복)과 반짝반짝 빛이 나는 값비싼 **슈즈**(Shoes 구두)로 **데커레이팅**(Decorating 치장)하고 사교장에 나타나 **셀프**(Self 자신)로 '점찍은 사람(Mark)'에게 다가가 아는 사이인 것처럼 가벼운 대화를 나누며 **페이버**(Favor 환심)를 산다.

이런 수법으로 그는 여러 사람으로부터 고급 **리스트와치**(Wristwatch 손목시계)나 **머니**(Money 돈)를 편취해 달아났고, 다시는 돌아오지 않았다. 이로 인해 그에게는 Confidence Man이라는 **닉네임**(Nickname 별명)이 붙었고, 신용 '사기꾼'을 뜻하는 Con Man은 이 Confidence Man의 축약형이다. 사기는 '고도의 지능을 요구하는 범죄'라는 의미에서 Con Artist라고도 한다. Mark는 **크리머널**(Criminal 범죄자)들이 '타깃'으로 삼는 '봉'을 가리키는 속어다. Con Man을 다른 말로 Swindler, Fraudster라고 하기도 하는데 Swindle은 '속임수로 타인의 금품을 빼앗다'라는 의미고, Fraud는 '사기'라는 뜻이다. 영미권에서 선거 때 상대 **캔더데이트**(Candidate 후보)를 **블레임**(Blame 비난)할 때 흔히 쓰는 표현이 Con Man 이기도 하다.

뱅크노우트(Banknote 지폐)나 공문서를 위조하는 것은 Counterfeit, '위조범'은 Counterfeiter인데 이와 유사한 뜻을 가진 단어로 Forger가 있다. 원래 Forge라는 단어는 '**아이어느**(Iron 쇠)를 녹여 여러 가지 연장을 만들다'라는 뜻이고 Forger는 '대장장이'를 가리키는 단어였으나 의미가 변하였다. '위조하는 범죄'를 Counterfeiting 혹은 Forgery라 하는데 이것 역시 지능을 필요로 하는 범죄이다.

'전과자'를 Ex-Con이라고 하는데 이때의 Con과 Con Man 이라 할 때의 Con은 다르다. Convict라는 단어는 '유죄를 선고하다'라는 의미의 동사이지만 Con에 강세를 주어 '컨

빅트'라 읽으면 '유죄를 선고 받은 사람, 기결수'라는 **나운**(Noun 명사)이 되고, '전(前)'이라는 의미의 Ex-가 붙어 Ex-Con(전과자)이 된다. 죄수를 장거

리로 **트랜스퍼**(Transfer 이송)할 때 쓰는 **에어플레인**(Airplane 비행기)을 Con-Air(콘에어)라 하여 니콜라스 케이지(Nicolas Cage) 주연의 동명의 영화가 **페이머스**(Famous 유명)하다.

퍼니쉬먼트(Punishment 처벌)를 뜻하는 속어, Rap과 Sheet(종이)이 결합해 Rap Sheet이라 하면 '전과 기록'이라는 뜻이 된다. **오펀**(Often 자주) 쓰는 숙어로 Take The Rap은 '누군가의 죄를 뒤집어쓰다', Beat The Rap은 '죄를 짓고도 빠져나가다'라는 뜻으로 많이 쓰는 표현이다. Beat The Rap과 같은 의미로 Get Away With라는 표현도 많이 쓰는데 이는 미드의 범죄 드라마에서 흔히 나오는 중요한 숙어다.

'찰스 폰지 사기'의 유래

지금으로부터 약 4000년 전 지금의 이라크(Iraq) 남부 지역에 바빌로니아(Babylonia)라는 나라가 있었다. 어떤 **커랠**(Corral 목장)의 주인이 마을마다 다니면서 자신은 소가 새끼를 많이 낳게 하는 비법을 알고 있다며 자신에게 소를 맡기면 **캐프**(Calf 송아지)를 쳐서 크게 불려 주겠다고 선전하며 돌아다녔다. 그러자 한 **페전트**(Peasant 농민)가 소를 맡겼고, **프라머스**(Promise 약속)한 날이 되자 목장 주인은 철썩같이 Calf를 주면서 소를 맡길 사람을 소개해 주면 더 많은 Calf

를 주겠다고 말한다.

농민의 소개로 여러 사람들로부터 맡은 소의 숫자가 수천 마리에 이르자 **랜처**(Rancher 목장 주인)는 어느 날 밤 모든 소를 이끌고 **디서피어**(Disappear 사라지다)했다. 오늘날 다단계 사기(Ponzi Scheme)와 수법이 흡사하다. Ponzi Scheme은 이렇듯 오랜 역사를 **보우스트**(Boast 자랑)한다. Corral은 말이나 소를 가두는 '울타리'로 '목장'이라는 뜻도 있다. 옛날 서부 영화 「Ok 목장의 결투」의 원제목이 「Gunfight At The O.k. Corral」이다.

1900년대 초 이탈리아에서 미국으로 **이머그레이션**(Immigration 이민) 온 사람 중 찰스 폰지(Charles Ponzi)라는 사기꾼이 있었다. 이미 이탈리아에서 **스머글링**(Smuggling 밀수)과 Forgery 등의 전과가 있어 미국으로 **이배켜웨이션**(Evacuation 도피)해 온 그는 **스테너그러퍼**(Stenographer 속기사)인 로즈라는 아가씨와 결혼해 장인(Father-In-Law)이 운영하는 **베지터벌**(Vegetable 채소) 가게에서 일하게 된다. 폰지는 채소 **페들러**(Peddler 행상)로 어느 정도 돈을 모으게 되자 고급 양복으로 차려입고 사기 행각에 나서기 **스타아트**(Start 시작)한다.

모든 사기꾼의 **카머낼러티**(Commonality 공통점)는 훌륭한 예절과 잘 차려입 외모인데 폰지는 뛰어난 언변과 말쑥한 외모로 사람들에게 **액세스**(Access 접근)했다. 그는 이름 모를 나라의 **반드**(Bond 채권)를 보여 주며 자신에게 **인베스먼트**(Investment 투자)하면 90일 후에 **프린서펄**(Principal 원금)의 두 배로 갚아 주겠다고 속인다. 일종의 차익을 노리는 **아아빗라즈**(Arbitrage 중개 거래)였다.

그에게 처음 열 명의 **인베스터즈**(Investors 투자자)가 모이자 열 명이 곧 스무 명으로, 스무 명이 **어겐**(Again 다시) 100명이 되고 순식간에 1000, 2000, 3000명으로 불어나더니 불과 6개월 만에 최종 **클라이언트**(Client 고객) 수는 2만 명까지 **인크리스트**(Increased 증가)했다. 나중에 뛰어든 Investors가 투자한 돈으로 앞서 뛰어든 Investors에게 높은 **프러시즈**(Proceeds 수익금)를 지불하니, 이런 사실을 모르고 많은 사람들이 앞 다투어 폰지에게 돈을 가져와 불려 달라고 **리퀘스트**(Request 부탁)하기에 이른다.

이런 수법을 '피터의 돈을 훔쳐 폴에게 지불한다(Robbing Peter To Pay Paul)'라고 한다. 이렇게 폰지는 투자자들로부터 **밀련즈**(Millions 수백만) 달러를 **인터셉션**(Interception 가로채)해 자취를 감추고, 이로써 찰스 폰지의 이름에서 Ponzi Scheme 이라는 말이 나오게 되었다.

Scheme의 원뜻은 '계획, 음모'이지만 '사기'라는 의미도 있다. Peddler는 '소리치며 **씽**(Thing 물건)을 파는 행상'으로 1톤 남짓 트럭에 물건들을 싣고 "계란이 왔어요, 계란이"라고 소리치는 행상들을 가리킨다.

시리아 난민, 받어, 말어?

reading word · 77

2010년 말 튀니지(Tunisie)에서 **스트릿**(Street 거리) 행상이었던 26세 청년 무함마드 부아지지(Muhammad Bouazizi)가 부패한 경찰의 과잉 **크랙다운**(Crackdown 단속)에 항의해 분신 자살을 하면서 '아랍의 봄(Arab Spring)'이라는 반정부 **데먼스트레이션**(Demonstration 시위)의 **웨이브즈**(Waves 물결)가 시작되었다.

당시의 북아프리카와 중동은 장기간 **오터크랫**(Autocrat 독재자)들에 의한 **커럽션**(Corruption 부패)과 **파버티**(Poverty 가난), 인권유린(Human Rights Violation)에 시달리고 있었다. 민중이 독재에 맞서 시작한 **라이엇**(Riot 폭동)이 대규모 **리보울트**(Revolt 반란)로 **디퓨전**(Diffusion 확산)되어 이집트, 리비아, 예멘, 바레인(Bahrain) 정권이 차례차례 **타펄**(Topple 무너지기)이 시작했다.

Revolt는 Autocrat의 가혹한 **티러니**(Tyranny 폭정)에 민중이 죽음을 무릅쓰고 들고일어나 **리지스턴스**(Resistance 항거)하는 것이다. 결국 실패해 주동자들이 모조리 죽임을 당하면 Revolt에 그치는 것이며, 성공해 정권을 바꾸어 놓게 되면

Revolt가 **레벌루션**(Revolution 혁명)이 되는 것이다. 한 청년의 희생, 즉 Self-Immolation이 거대한 Revolution의 **캐털리스트**(Catalyst 기폭제)가 되어 역사의 물줄기를 바꾼 것이다.

브릴런트(Brilliant 찬란한)한 역사와 **퍼털**(Fertile 비옥한)한 토지를 가진 시리아(Syria)에도 Arab Spring이 찾아왔다. 1960년대부터 시리아에서는 아사드(Assad) 가문이 **거번먼트**(Government 정권)를 잡고 모든 **프리어라거티브**(Prerogative 특권)를 누려 왔다. 30년 넘게 장기 집권을 하던 하피즈 알 아사드(Hafiz Al-Assad)가 세상을 떠나자 영국에서 **압써맬러지스트**(Ophthalmologist 안과 의사)로 일하던 **선**(Son 아들) 바샤르 알 아사드(Bashar Al-Assad)가 정권을 이어받아 자기 **파더**(Father 아버지) 이상으로 탄압적인 **팔러틱스**(Politics 정치)를 펼치며 국민들을 깊은 고통의 **핏**(Pit 수렁)으로 몰아넣었다.

이슬람의 **마이노러티**(Minority 소수파)인 알라와이트(Alawite)가 부와 권력을 **익스클루시브**(Exclusive 독점)하며 다수 국민인 수니파(Sunni Muslim)는 억압받고 있었다. 수니파가 아사드에게 Revolt를 일으키며 **호렌더스**(Horrendous 끔직)한 시리아 내전(Civil War)이 시작되었다. 그러나 아사드는 이집트의 무바라크(Hosni Mubarak)나 리비아의 카다피(Muammar Gaddafi)

와는 달리 쉽게 물러나지 않았다.

아사드는 자국민을 상대로 5년 이상 **워어**(War 전쟁)를 벌이며 수십만 명을 **매서커**(Massacre 학살)하기 시작한다. 마침내 국제적으로 **퍼비드**(Forbid 금지)된 화학무기인 사린 가스(Sarin Gas)마저 사용해 국제적 비난을 받았다.

Civil War는 외국과의 전쟁이 아니라 미국의 남북 전쟁처럼 같은 민족 내에서 정치적 또는 종교적의 **칸플릭트**(Conflict 갈등)로 골육상쟁(骨肉相爭)을 벌이는 것이다. 그런데 시리아의 Civil War는 러시아, 미국, 프랑스, 이란 등이 **인터벤션**(Intervention 개입)하면서 점차 국제 열강들의 대리전(Proxy War) 양상을 띠어 가고 있다. 죽음을 피해 시리아 국민의 3분의 1은 살던 곳에서 쫓겨나야(Be Displaced) 했고 400만 명은 인접한 터키, 레바논, 이란 등지로 가려고 아예 시리아를 **엑서더스**(Exodus 탈출)한다. 특히 자그마한 이웃나라 요르단(Jordan)에는 60만 명의 **레퓨지**(Refugee 난민)들이 모여들었다. Jordan 전체 **파펄레이션**(Population 인구)의 4분의 1에 달하는 **퍼서넬**(Personnel 인원)이었다. 이웃나라들에서는 Refugee들을 받아들였지만 그들에게 일자리를 **프러비전**(Provision 제공)하지는 않았다. 그래서 Refugee들은 난민 캠프(Refugee Camp)에서 얼마 안 되는 UN의 **에이드**(Aid 원조)로 근근이 버티고 있다.

다시 수십만의 Refugee들은 더 낳은 삶을 찾아 에게 해 (Aegean Sea)를 건너 가까운 그리스로 향하기 시작했다. 시리아의 Refugee들은 그리스를 거쳐 유럽으로 **어사일럼** (Asylum 망명)하기 위해 죽음을 무릅쓴 **보이어지**(Voyage 항해)에 나섰고 항해 중 조각배가 **렉**(Wreck 난파)되어 수많은 사람이 목숨을 잃기도 했다.

유럽의 여러 나라들은 경제적으로 어려운 **시추에이션** (Situation 상황)에 처해 있어 Refugee들이 자국으로 들어오는 것을 막기 위해 국경을 **블라키지**(Blockage 봉쇄)하고 갈 곳 없는 Refugee들을 돌려보낸다. 갈 곳이 없는 상황에 불법 **스머글러**(Smuggler 밀입국 알선업자)들이 수천 유로를 받고, 위험한 **룻**(Route 경로)으로 Refugee들을 실어 나르고 있는 상황이다.

이런 상황에서 터키의 **비치**(Beach 해변)에 세 살짜리 시리아 **타들러**(Toddler 아이)의 주검이 해변으로 떠밀려 와(Wash Up On A Beach), 이 **미저러벌**(Miserable 처참)한 광경을 본 세계는 충격을 받는다. 가장 부유한 독일이 80만 명 이상의 Refugee를 받아들이겠다고 **데클러레이션**(Declaration 선언)했지만 여전히 다른 나라들은 **루퀴므**(Lukewarm 미온적)이다. 영국은 향후 5년간 단지 2만 명을, 미국은 1만 명, 호주는 1만 2000명만 받겠다고 했다. 시리아의 Refugee들은 자신의 조국에서

슬로터(Slaughter 학살)당하고, 유럽 국가들의 냉대를 받으며 **시**(Sea 바다)에서, 피난길에서 죽어 가고 있는 것이다.

피난처는 어디에?

영어 뉴스를 들으면 시리아 Refugee를 Migrant로 **리포어트**(Report 보도)하는 경우가 있는데, Migrant와 Refugee는 다른 개념이다. Migrant는 일자리를 찾아 **발런테어리**(Voluntary 자발적)로 다른 지역으로 이주하는 사람을 가리키고, Refugee는 전쟁이나 **디재스터**(Disaster 재난)를 당해 생명의 위협을 느끼고 다른 지역으로 피신해 나오는 사람을 가리킨다. Migrant에는 **시전**(Season 계절)에 따라 이동하는 '철새, 회유어'라는 의미도 있다.

Asylum도 중요한 단어로 '망명, 피난처'라는 의미인데 아주 고대에는 **라드**(Rod 매) 맞는 여인이나 도주한 **슬레이브**(Slave 노예)들이 일정한 구역으로 피신하면 잡아갈 수 없는 우리나라 삼한 시대의 소도(蘇塗)같은 **엑스트러테러토리얼**(Extraterritorial 치외법권)인 **조운**(Zone 지역)을 말한다. 지금도 노동운동가나 사상범들이 **템펄**(Temple 절)이나 성당으로 몸을 피하면 **펄리스**(Police 경찰)들이 마음대로 **어에스트**(Arrest 체포)하러 들어가지 못하는데 이때의 절이나 성당이 Asylum

이 된다. Asylum은 '**에 그자일**(Exile 망명)을 요청하다'라는 의미의 표현인 Seek Asylum으로 자주 사용된다. 그래서 '망명자'를 Asylum-Seeker라 부른다. '망명을 허가하다'는 Grant Asylum이라 한다. Mental Asylum은 '정신 병원'을 말한다. Asylum과 비슷한 말로 **하아버**(Harbor 항구), **헤이번**(Haven 안식처)을 이용한 Safe Harbor, Safe Haven이라는 표현들도 있는데 '안전한 피난처'라는 의미다.

1951년에 126개국이 UN에 모여 '난민의 지위에 관한 협약(Convention Relating To The Status Of Refugees)'을 체결했다. 이 Convention에 의해 모든 국가는 억압과 독재에 의해 살기 위해 탈출한 모든 Refugee들을 그들의 나라로 돌려보내지 말 것과 조건 없이 받아들이기로 약속했다. 지금 유럽의 국가들은 Refugee들을 보호하고 돌봐야 할 **아블러게이션**(Obligation 책무)이 있다. 국제법에 의한 **리걸**(Legal 법적) Obligation, 보편적 인간의 상식에 따른 **에씨컬**(Ethical 윤리적) Obligation 그리고 **모럴**(Moral 도덕적) Obligation이 함께 있는 것이다.

그러나 자국에 경제적 **버던**(Burden 부담)이 된다고, 죽어가는 이들을 내몰고 있다. 지금 세계는 하나로 **바운드**(Bound 묶인)한 지구촌이 되어, 남의 나라의 일이 자기 나라의 일이 되었다. 당장 시리아의 **컨퓨전**(Confusion 혼란)을 틈타 이슬람 극단주의 무장단체 IS(Islamic State: 이슬람 국가)가 시리아에 이슬람 국가를 세우겠다고 뛰어들었고, 헤즈볼라(Hezbollah)도 세력을 넓히려 기승을 부리고 있다.

요즘 TV에서는 **맬눗리션**(Malnutrition 영양실조)으로 죽어가는 아이의 **포우토우**(Photo 사진)와 함께, 에티오피아 난민을 돕자는 모금 운동을 쉽게 볼 수 있다. 일부 **피펄**(People 사람)들은 우리나라도 가난한 사람이 많은데 왜 그들을 도와야 하냐고 말한다. 하지만 에티오피아는 6·25 전쟁 때 **밀러테어리**(Military 군대)를 파견해 우리를 도운 나라다. 세상은 바뀌는 것이다.

무함마드의 생김새는 묻지 마

reading word • 155

6세기경 한반도는 신라의 진흥왕이 힘을 얻어 삼국을 **유너퍼케이션**(Unification 통일) 할 기회를 엿보고 있었다. 당시의 아라비아 반도(Arabian Peninsula)는 **웨스트**(West 서쪽)로는 비잔틴 제국(Byzantine Empire)과 **이스트**(East 동쪽)로는 지금의 이란, 페르시아의 사산 왕조(Sassanid Dynasty), 두 선진 문명의 사이에 끼인 **배쿼터**(Backwater 낙후된 지역)이었다. 당시의 Arabian Peninsula에는 기독교나 유대교가 **프라퍼게이션**(Propagation 전파)되었지만 아직 대부분의 부족들은 **아이덜**(Idol 우상)을 믿는 **프리머티브**(Primitive 원시 상태)를 벗어나지 못하고 있었다. 아랍인(Arabian 혹은 Arab)들은 대부분 가축을 몰고 여기저기 **패스처**(Pasture 목초지)를 떠돌아다니는 **노우매드**(Nomad 유목민)들이었지만 현재 사우디아라비아의 메카(Mecca) 지역 사람들은 한 곳에 **세털**(Settle 정착)해 살고 있었다. 이들은 커라이쉬(Quraish)라 불리는 **트라이브**(Tribe 부족)이었다.

메카에는 잡다한 Idol을 모시는 신전이 있었고 이 Shrine

은 **블랙**(Black 검정) 휘장 으로 둘러싸여 **렉탱걸** (Rectangle 사각형) 모양을 하고 있어 카바(Kaaba) 라 불리었다. 카바는 하  나의 신을 모시는 Shrine이 아니라 **팬씨안**(Pantheon 만신전)이 었다. Arabian Peninsula 지역 곳곳에서 이곳 메카의 카바 로 **필그럼**(Pilgrim 순례자)들이 모여들었고 일부 Quraish들은 Pilgrim들을 상대로 한 장사를 통해 **웰씨**(Wealthy 부유)한 생 활을 누리고 있었다. 그러나 대부분의 사람들은 극심한 **데 스터투션**(Destitution 빈곤)에 시달리고 있었다. 계집아이는 **워 쓸러스**(Worthless 가치 없는)한 **에그지스턴스**(Existence 존재)로 여겨 져 **샌드**(Sand 모래) 속에 묻혀졌다. **오어펀**(Orphan 고아)들과 **위 도우**(Widow 과부)들은 살아갈 방도가 없어 **서버투드**(Servitude 노예의 처지)로 전락하기 일쑤였다.

Peninsula는 '섬'이라는 단어 Insula에 '거의'라는 의미 의 Pen이 붙어 생긴 단어다. Pen에는 '뾰족한'이라는 의 미도 있어 연필을 Pencil, **맨**(Man 남성)의 성기를 나타내는 Penis 같은 단어가 만들어졌다. '반도'의 생김새도 세 면 이 바다로 싸여 뾰족하게 생겼기에 Peninsula라는 단어 가 생겨났다.

77

Pantheon에서의 Pan은 '여러, 모든, 전(全)'이라는 뜻을 가진 **프리픽스**(Prefix 접두사)다. 만병통치약을 Panacea라 하고, 미국 전 지역을 운항하는 항공사 Pan America 항공사를 Pan Am이라 하는 것이 그 예다.

A.D. 570년 이러한 시대, **배런**(Barren 불모)의 땅인 Arabian Peninsula의 메카, Quraish Tribe의 한 가난한 집에서 아기가 태어난다. 그에게는 무함마드(Muhammad) 이빈 압둘라라는 이름이 붙여졌다. 무함마드의 생김새나 **그로우쓰**(Growth 성장) 과정은 거의 알려져 있지 않다. 이슬람(Islam)에서는 무함마드의 생김새를 묘사하는 것은 지극히 **블래스퍼머스**(Blasphemous 불경스러운)한 일이라 이에 대한 **디스크립션즈**(Descriptions 묘사)는 하지 않는다.

무함마드는 여섯 살 때 양친을 모두 여의고 고아가 되었지만 Tribe의 강력한 리더인 **엉컬**(Uncle 삼촌)을 따라 **캐멀**(Camel 낙타)로 상단을 이루어 **트레이드**(Trade 무역)를 하는 **캐어러밴**(Caravan 대상)의 일원이 된다. 무함마드는 유능하고 **쉬루드**(Shrewd 빈틈없는)한 **머천트**(Merchant 상인)가 되었지만 한편으로 그는 정직하고 **인테그러티**(Integrity 고결)한 인물이었다. 이런 무함마드를 지켜보던 부유한 미망인였던 하디자(Khadijah)가 무함마드에게 먼저 **프러포우절**(Proposal 청혼)을 하고 두 사람은 **메어리지**(Marriage 결혼)한다. 무함마드가 25세 때의 일로, 당시 하디자의 **에이지**(Age 나이)는 40세였다. 무함마드에게는 하디자를 포함해 총 열세 명의 **와이프**(Wife 부인)가 있었지만 이슬람에서는 특히 하디자를 '믿음의 어머니'로 **애더레이션**(Adoration 숭배)하고 있다.

코란이 나오기까지

무함마드는 평소 폭정에 시달리던 사람들을 보고 **하아트**(Heart 마음)를 아파했다. 그러던 어느 날이었다. 하늘에서 **미스티어리어스**(Mysterious 신비)한 **사운드**(Sound 소리)가 들리고 대천사 가브리엘(Archangel Gabriel)이 나타났다. 그 **보이스**(Voice 목소리)는 계속해서 "**러사이트**(Recite 낭송) 러사이트!"라고 말하고 있었고, 마치 큰 **벨**(Bell 종)이 울려 퍼지는 것 같았다. 무함마드는 **체스트**(Chest 가슴)를 짓누르는 압박을 느끼고 **에필렙시**(Epilepsy 간질) 같은 **시저**(Seizure 발작)를 일으키며 쓰러졌다. 무함마드가 40세 때인 A.D. 610년의 일이었다. 이 소리를 시작으로 뒷날 이슬람의 **호울리**(Holy 성스러운)한 책(Holy Book)인 코란이 만들어진다. 코란은 Koran 혹은 Qur'an이라 쓰는데 이것은 아랍어로 '크게 외침, **레서테이션**(Recitation 암송)'이라는 의미다.

두려움에 떨며 **스케어드**(Scared 겁먹은)하는 무함마드에게 부인 하디자는 이것은 신의 **레벌레이션**(Revelation 계시)이라며 받아들이라고 **퍼쉐전**(Persuasion 설득)한다. 무함마드는 메카 근처의 산속 **케이브**(Cave 동굴)에 들어가 하나님과 **소울**(Soul 영혼)의 **칸버세이션**(Conversation 대화)을 나누게 된다. 당시 사람들 중 글을 쓸 수 있는 사람은 무척 드물었고 무함마드도 **일리터러시**(Illiteracy 문맹)이었다. 그는 **이어즈**(Ears 귀)에 울려 퍼지는 하나님의 소리를 통째로 **메머라이징**(Memorizing 암기)해 하디자와 일부 가까운 지인들에게 **딜리버**(Deliver 전하다)하기 시작했다. 그러다 A.D. 622년부터 메카의 **플라저**(Plaza 광장)에 나가 **프리치**(Preach 설교)를 하며, 이슬람 **닥트런**(Doctrine 교리)을 **스프레드**(Spread 전파)했다. 그의 설교는 너무나 **파워펄**(Powerful 강력)하고, **뷰터펄**(Beautiful 아름다운)한 **프레이즈**(Phrase 문구)로 되어 있어 **하아들리**(Hardly 도저히) 사람이 한 말이라고는 믿기지 않는 것이었다. 많은 사람들이 무함마드의 Preach에 **임프레션**(Impression 감명)을 받고, 우상을 따르던 사람들이 이슬람으로 **컨버전**(Conversion 개종)하기 시작한다.

이슬람의 **티칭**(Teaching 가르침)은 가난한 이를 돕고, 여성의 **스태터스**(Status 지위)를 높이며, 도덕적인 삶을 가르치는 것으로 무엇보다도 알라(Allah) 이외의 어떤 신도 믿지 말라는 것이었다. 그러나 이런 무함마드의 가르침을 싫어하는 무리가 있었다. 카바에 Idol을 모시고 각지에서 오는 Pilgrim을 상대로 장사를 하는 Quraish Tribe들이었다. 이들은 이슬람을 믿는 자들을 잡아, 때리고 **토어쳐**(Torture 고문)하기 시작했다. 그러나 그 어떠한 **퍼서큐션**(Persecution 박해)에도 **머즐럼**(Muslim 이슬람을 믿는 사람)들은 굴하지 않고 그 수가 늘어만 갔다.

마침내 무함마드의 **넥**(Neck 목)에 **바운티**(Bounty 현상금)가 걸린다. 무함마드는 체포를 피해 메카로부터 250마일 떨어진 북쪽 야스립(Yathrib)이라는 곳으로 피신하고, 이곳의 지명을 메디나(Medina)로 바꾼다. 무함마드의 설교에 의해 메디나 사람들은 모두 Muslim으로 Conversion하고, A.D. 630년 1만의 **소울저**(Soldier 군사)로 마침내 메카를 함락하고 카바의 모든 Idol을 **디스트럭션**(Destruction 파괴)하기에 이른다. 이슬람 제1의 성지(聖地 Sacred Place)는 메카에 있는 카바이며, 제2의 Sacred Place는 메디나인데 무함마드가 메디나로 피신한 해로부터 이슬람 원년이 시작된다. 제3의 Sacred Place는 무함마드가 하나님의 부름을 받아 **어센션**(Ascension 승천)했다고 하는 예루살렘(Jerusalem)이다. 무함마드는 40세 때인 610년부터 **데쓰**(Death 사망)할 때인 632년까지, 22년간 알라의 가르침을 받는데 이 모든 가르침이 코란의 **칸텐트**(Content 내용)가 된다. 그러나 그때까지 코란은 문자로 **레**

커드(Record 기록)되지 못했고, 일부 소수의 학자들에 의해 구전(口傳)되어 왔다. 이런 '구전의 관습'을 Oral Tradition 혹은 Oral Culture라 한다.

무함마드가 사망하자 이슬람의 지도자인 칼리프(Caliph)를 선출하는 과정에서 분쟁이 일어나 이슬람의 양대 **팩션**(Faction 교파)인 수니파와 시아파로 **디바이드**(Divide 분열)된다. 그러다 3대 칼리프인 우스만이 전국의 **스칼러**(Scholar 학자)를 모아 코란을 문자로 정리한다. 이 **캄펄레이션**(Compilation 편찬) 작업은 모든 구절을 무함마드에게 듣고 암기한 사람과 무함마드가 설교할 때 같이 들은 **윗너스**(Witness 증인)들이 동석하여 철저한 고증에 의해 이루어졌다. 이 코란은 아랍 문자의 **컬리그라피**(Calligraphy 아름다운 서체)로 이루어진 **헤러터지**(Heritage 유산)이며, **프로우즈**(Prose 산문)라기보다는 **포우엄**(Poem 시)에 가까운 문장으로, 어떻게 도덕적인 삶을 살 것인가를 가르치는 규범 책(Rule Book)이다. 코란에는 마지막 **프라펫**(Prophet 예언자), 무함마드가 알라로부터 받은 말씀이 그대로 담겨 있다고 믿어 성스럽게 여겨짐에 따라 지금도 코란을 **립**(Rip 찢다)하거나 훼손하는 자는 **엑서큐션**(Execution 사형)에 처해지고 있다.

무슬림은 모두 극단주의자?

3대 칼리프인 우스만은 이슬람의 **파워**(Power 세력)를 크게 **익스팬션**(Expansion 확장)시켰다. 8~13세기는 이슬람의 황금시대(Golden Age)였고, 바그다드에 지혜의 집(House Of Wisdom)이라는 **라이브레어리**(Library 도서관)가 세워져 고대 그리스, 이집트, **차이너**(China 중국)의 각종 귀중한 지식들이 아랍어로 **트랜즐레이션**(Translation 번역)되고 **스토어러지**(Storage 보관)되었다.

이슬람이 **거버넌스**(Governance 지배)하는 영토는 동쪽으로 인도, 서쪽으로 북부 아프리카와 스페인에 이르는 Vast 방대한 선진 문명(Advanced Civilization)을 이루게 된다. 당시 유럽은 중세 암흑시대(Medieval Dark Age)로 유럽인들은 이 같은 문명에 대해 **이그너런스**(Ignorance 무지)했다. 아랍의 학자들이 아니었다면 묻혔을 지식들이 결국 유럽의 르네상스(Renaissance)로 이어졌다.

코란을 보면 알라 다음으로 많이 나오는 단어가 일름(Ilm)이다. 일름은 아랍어로 '지식'라는 뜻으로 아랍인들은 Knowledge를 소중하게 생각했다. 이슬람 Civilization은 유럽에 과학, 수학, 철학, **지아그러피**(Geography 지리학), **어스트라너미**(Astronomy 천문학) 등에서 많은 **칸트러뷰션**(Contribution 공헌)을 했으며, 특히 의학과 화학에 결정적인 영향을 미쳤다. 중국의 **페이퍼**(Paper 종이), **건파우더**(Gunpowder 화약)의 **텍날러지**(Technology 기술)도 아랍의 학자에 의해 유럽에 전해졌다.

이슬람에 **스켑터컬**(Skeptical 회의적인)한 사람들은 코란의 내용에 의문을 표한다. 대표적인 것이 총 114개의 **챕터**(Chapter 장)로 이루어진 코란 중에서 2장에 나오는 **버스**(Verse 구절)이다. "이슬람을 받아들이지 않는 자는 모두 죽이라"는 대목인데 이 구절 때문에 이슬람이 너무 **바이얼런스**(Violence 폭력)적인 것 아니냐는 주장이 제기되는 것이다.

이 Verse를 특히 '칼의 구절(Sword Verse)'이라 하는데 같은 2장에 "만약 적들이 싸우기를 **디시스트**(Desist 단념)하면 **머시**(Mercy 자비)를 베풀라"는 Verse도 함께 있다. 또 코란에 이슬람에서는 부인을 네 명까지 둘 수 있다고 명시된 것을 들어 **펄리거미**(Polygamy 일부다처제)를 권장하는 것 아니냐는 주장도 있다. 코란에는 부인을 네 명까지 둘 수 있지만 만약 남자가 모든 부인을 평등하게 **러브**(Love 사랑)할 자신이 없다면 **머나거미**(Monogamy 일부일처제)로 **새터스팩션**(Satisfaction 만족)하라고 가르친다.

그러나 우리가 가장 이해하기 어려운 것은 바로 **지하드**(Jihad 성전)일 것이다. Jihad의 원래 뜻은 '이슬람의 가르침대로 살려고 하지만 이를 **인터피런스**(Interference 방해)하는 세상의 모든 **템테이션**(Temptation 유혹)과 자신과의 내면의 **스트러걸**(Struggle 투쟁)'을 말한다. 그러나 사람들은 Jihad 라 하면 **페이스**(Face 얼굴)에

검은 **매스크트**(Masked 복면)를 한 테러범을 먼저 떠올린다. 아랍어로 Jihad는 Struggle을 뜻하고, 이렇게 투쟁하는 전사를 Jihadist라 하며, '이슬람의 전사'를 Mujahedin이라고 한다. 1980년대 이스라엘의 억압에 대한 팔레스타인인들의 저항은 **인티파더**(Intifada 봉기)라 한다.

이슬람의 Golden Age인 13세기를 지나 이슬람은 기독교의 **크루세이즈**(Crusades 십자군)의 **어택**(Attack 공격)을 받아 그 세력이 크게 후퇴하고 성지(Sacred Place)인 예루살렘까지 빼앗기자 일부 Scholar들이 그 원인을 찾기 위해 고민한다. 결국 이 모든 **디클라인**(Decline 쇠퇴)의 **코즈**(Cause 원인)는 코란의 가르침을 **래절리**(Lazily 게을리)했기 때문이라 여기고 철저히 코란으로 돌아가자는 운동이 일어난다. 이 운동을 **펀더멘털리점**(Fundamentalism 근본주의)이라 하고 그 주창자를 **펀더멘털리스트**(Fundamentalist 근본주의자)라 부른다.

대부분의 아랍 국가들은 이슬람 **로**(Law 법)인 샤리아(Sharia)의 규제 가운데 살고 있다. 술을 마시지 않는 것

은, 술을 마시면 잠시라도 알라를 잊기 때문이다. **어덜터리**(Adultery 간통)를 저지르면 **스토우닝**(Stoning 돌팔매질)하거나 **스틸링**(Stealing 도둑질)을 하면 **리스트**(Wrist 손목)를 자르는 것도 모두 Sharia에 의해 정해진 것이다. 요즘 뉴스상에서 이슬람 **익스트리미스트**(Extremist 극단주의자)들이 벌이는 **비헤딩**(Beheading 참수) 행위나 **밤**(Bomb 폭탄) 테러를 보면 그 잔인함에 몸서리가 쳐지지만 Muslim들은 말하길, 이런 Extremist들은 일부이며 자신들은 **피스**(Peace 평화)를 사랑하는 사람들이라 한다.

Muslim들은 계율에 의해 다섯 가지 꼭 지켜야 하는 **듀티**(Duty 의무)가 있는데 이것을 '5개의 기둥(5 Pillars)'이라 한다. 하루 다섯 번씩 메카를 향해 **살랏**(Salat 이슬람 기도)하며, 자신이 가진 **프라퍼티**(Property 소유물)의 일부를 가난한 자들에게 **도우네이션**(Donation 기부)하고, 일 년에 한 달간을 **솜**(Sawm 이슬람 금식)하며, 평생에 한 번은 Sacred Place인 메카를 **필그러머지**(Pilgrimage 순례)할 것이다. 그리고 한 가지 더, 가장 중요한 의무로 신앙고백이 있다.

"알라 외에는 신이 없고, 무함마드는 알라의 사자"라고 외치는 것이다.

이것을 Shahada라 해서 늘 암송하는데 간단히 "알라 이외에는 없다"라고 한다. Muslim들은 아랍어로 "알라후 악

바르!"라고 늘 큰 소리로 낭송한다. 한 달 동안 금식하는 Sawm 기간을 라마단(Ramadan)이라고도 하는데 가난한 이들의 **헝거**(Hunger 배고픔)를 직접 체험하기 위한 **퍼퍼스**(Purpose 목적)가 있다.

현재 전 세계 Muslim의 수는 15억 명에 근접하고, 이슬람은 가장 빠르게 전파되고 있는 **릴리전**(Religion 종교)이다. 아프가니스탄, 말레이시아, 인도네시아도 과거에는 모두 **부디점**(Buddhism 불교) 국가였지만 지금은 이슬람 국가가 되었다. 이슬람 예배를 드리는 교회를 Mosque라 하고, 종교 지도자를 Imam이라 한다.

Caliph는 아랍어지만 영어에서도 중요한 단어이며, Caliph가 다스리는 나라, 즉 **캘러페이트**(Caliphate 이슬람 국가)라 하는데 뉴스에서도 자주 나오는 단어다.

천국을 보장받는(?) 암살자

지금으로부터 약 1000년 전 11~12세기경 지금의 이란 북부에는 산-노인이라는 교주가 창설한 **퍼내틱**(Fanatic 광신적)인 종교집단이 있었다. 이들은 험준한 산악지대에 **포어트러스**(Fortress 요새)를 짓고 그들만의 비밀 **그룹**(Group 조직)을 만들어 생활했다.

교주는 거리에서 **보이**(Boy 소년)들을 유괴해 산채에 가둔 후 온갖 산해진미와 술 그리고 아름다운 **워먼**(Woman 여성)들을 제공해 소년들이 **플레저**(Pleasure 향락)에 빠지게 만들고, **해쉬쉬**(Hashish 대마초)를 피게 하여 환각 상태에 빠지게 한 뒤 이곳이 바로 **페어러다이스**(Paradise 천국)라 가르친다. 그리고 소년들에게 검술, 변장술(The Art Of Disguise), 독극물 사용법 등을 가르쳐 정치적, 종교적 지도자를 암살하기 위한 인간 병기로 만든다.

Disguise는 '변장' 혹은 '위장'을 뜻한다. 많이 쓰는 표현 중 Blessing In Disguise는 '변장한 축복'이라는 뜻으로, 지금은 **미스포어천**(Misfortune 불행)인 것처럼 보이지만 지나고 보면 **포어처넛**(Fortunate 다행)인 일, 즉 '전화위복'의 의미를 나타내는 말이다. 막 결혼식을 끝낸 커플이 **허니문**(Honeymoon 신혼여행)을 가기 위해 **에어포어트**(Airport 공항)로 가던 중 교통사고로 **허즈번드**(Husband 신랑)의 **풋**(Foot 발)이 부러져 **하스피털**(Hospital 병원)에 입원하는 바람에 걱정하고 있을 때 그들이 놓친 비행기가 **크래쉬**(Crash 추락)해 승객 전원이 사망했다면 이럴 때 쓸 수 있는 표현이 바로 Blessing In Disguise다.

인간 병기로 **트레이닝**(Training 훈련)시키는 소년들에게는 암살 실행 도중 살해당하거나 잡혀 처형을 당하면 곧바로 천국에 가서 영원한 **해피너스**(Happiness 행복)를 누린다고 **브레이놔싱**(Brainwashing 세뇌)시키고, 그 천국에는 종교를 위해 목숨을 바친 순교자에게 바쳐질 72명의 처녀들이 진수성찬, 금은보화와 함께 **프레퍼레이션**(Preparation 준비)되어 있다고 가르쳤다.

지금도 이슬람 극단주의자들은 자살 테러(Suicide Terror)를 감행할 젊은이를 모집할 때 이 72명의 처녀들에 대한 **스토어리**(Story 이야기)를 빼놓지 않는다.

'순교자'라는 의미의 Martyr는 고대 그리스어로 자신이 믿는 '신의 존재를 증언하는 자', 즉 '신의 증인'이라는 뜻이

다. 이렇게 훈련된 살인 기계들을 Hashishin이라 불렀는데 Hashishin은 'Hashish를 피우는 사람'이라는 뜻이다. '암살자'를 영어로 Assassin이라 하는 것은 이 Hashishin이라는 단어에서 유래했다. 이 Assassin과 관련한 이야기는 13세기 이탈리아 베니스의 무역상인 마르코 폴로(Marco Polo)의 『동방견문록(Book Of Marvels Of The World)』에 실려 있다.

근세기에 들어 수많은 Assassination이 일어났는데 그중에서 가장 유명한 것은 1963년 댈러스에서 일어난 미국 **프레지던트**(President 대통령) 존 F. 케네디의 Assassination일 것이다. 이 **인서던트**(Incident 사건)는 수많은 의문에 싸여 아직까지도 많은 사람들이 이 배후에는 검은 **컨스피어러시**(Conspiracy 음모)가 숨겨져 있다고 믿는다.

누가 다이애나를 죽였나

reading word • 73

1997년 8월 31일 밤 **서머**(Summer 여름) 파리(Paris)에는 추적추적 **레인**(Rain 비)이 내리고 있었다. 그날 **나이트**(Night 밤)에 파리에서는 교통 사고(Traffic Accident), **라버리**(Robbery 강도 사건) 등으로 경찰의 **인베스터게이션**(Investigation 수사)이 필요한 사망 사고가 스물두 건이 일어났다. 그중 한 사건은 한 중년 남성이 시동을 건 채 자신의 승용차 **도어**(Door 문)를 걸어 잠그고 보드카(Vodka) 한 병을 마신 후 차의 배기구 호스를 차 안으로 연결해 카아번 **머낙사이드**(Carbon Monoxide 일산화탄소) 중독으로 사망한 것이었고, 수사 결과, 단순 **수어사이드**(Suicide 자살)로 밝혀진다.

그 시각 다이애나 왕세자비(Diana, Princess Of Wales)는 이집트의 재벌 2세인 **러버즈**(Lovers 연인) 도디 알 파예드(Dodi Al Fayed, 당시 42세)와 함께 **히즈**(His 그의)의 아버지가 **오우너쉽**(Ownership 소유)한 파리의 리즈 호텔(Hotel Ritz)에서 **디너**(Dinner 저녁) 식사를 하고 있었다.

웨일스(Wales)는 영국의 서쪽에 있는 지방의 성 이름이며, **넥스트**(Next 차기)로 영국 왕이 될 황태자나 세자비에게 붙이는 칭호. 호텔 밖에는 다이애나의 사진을 찍기 위해 굶주린 하이에나(Hyena) 같은 파파라치들(Paparazzi)이 장사진을 치고 있었다. Paparazzi는 복수형이며, 단수형은 Paparazzo다. Paparazzi를 따돌리기 위해 다이애나와 도디는 호텔 뒷문으로 빠져나가 **쇼우퍼**(Chauffeur 운전기사)인 폴 헨리(Paul Henri)가 **드라이빙**(Driving 운전)하는 메르세데스 벤츠(Mercedes Benz)에 올라 도디의 아파트가 있는 파리의 샹들리제(Champs Elysees)로 **헤더드**(Headed 향해)했다. 그러나 이런 **클럼지**(Clumsy 서툰)한 **트릭**(Trick 속임수)에 넘어갈 Paparazzi들이 아니었다.

이들은 **모우터사이컬**(Motorcycle 오토바이)을 타고 메르세데스 뒤를 따르며 카메라의 셔터를 눌러대기 시작했고, 메르세데스는 **스피드**(Speed 속력)를 내며 터널로 진입했다. 다이애나를 태운 메르세데스 **프런트**(Front 앞)에는 **와잇**(White 흰색)의 **스몰**(Small 작은) 피아트(Fiat)가 **런**(Run 달리다)하고 있었는데 메르세데스가 피아트를 **오우버테익**(Overtake 추월)하기 위해 그

사이드(Side 옆)를 스치듯이 지나는 순간 충돌하고 만다. 메르세데스는 크게 튕기면서 터널 안의 중앙분리대(Median Strip)를 들이받으며 뒤집혔다. 도디와 헨리는 **사이트**(Site 현장)에서 사망하고 다이애나는 의식불명의 중태에 빠진다. 앰뷸런스(Ambulance)는 사고가 난 지 불과 6 **미닛**(Minute 분) 후에 신속히 **어아이벌**(Arrival 도착)했다. 그런데 어찌된 일인지 5킬로미터 내에 있는 가까운 병원이 아닌 두 시간 거리의 다른 응급 병원(Er, Emergency Room)으로 향했고, 그녀는 Ambulance 안에서 **브레쓰**(Breath 숨)를 거둔다. 영어에서 Amble은 '걷다'의 뜻으로 Ambulance는 '걸어 다니는 병원'이라는 의미가 **카너테이션**(Connotation 함축)되어 생긴 **워드**(Word 단어)이다.

경찰에서 발표한 사고 원인(Cause Of Accident)은 헨리의 **블러드**(Blood 혈액)에서 검출된 **크라이티어리어**(Criteria 기준)의 세 배가 넘는 알코올 수치에 따른 음주 운전(Dui, Drive Under Influence)인 것으로 판명이 났고, 단순 Traffic Accident로 **컨클루전**(Conclusion 결론)이 났다. 그러나 헨리는 최고의 **설레브리티**(Celebrity 유명 인사)들의 최고급 차량을 운전하는 프로 중의 프로 Chauffeur였고, 그의 **어크웨인턴시즈**(Acquaintances 지인)들의 증언에 따르면 그가 **웍**(Work 근무) 중 술을 마실 사람이 아니라고 입을 모았다. Chauffeur는 프랑스어에서 온 단어로 **유니폼**(Uniform 제복)에 금테를 두른 **햇**(Hat 모자)을 쓴 고급 운전기사를 지칭한다. 또 당시 호텔 내에서 대기 중이던 헨리가 취한 모습은 호텔 내 어느 CCTV에도 **캡처** (Capture 포착)되지 않았다.

전 세계적으로 이 뉴스는 **샥**(Shock 충격)한 일이었다. 다이애나가 시어머니인 영국 여왕의 눈 밖에 나서 영국의 첩보 기관(Secret Service), Mi 6에 의해 살해된(Was Murdered) 것이라는 음모설(Conspiracy Theory)이 들불처럼 번지기(Spread Like A Wildfire) 시작했다. 급기야 헨리의 혈액이 앞서 언급된 것처럼, 그날 밤 자신의 승용차에서 Suicide한 중년 남성의 피와 바꿔치기 된 것이라는 **루머**(Rumor 소문)가 비밀리에 돌기 시작한다. 다이애나의 차가 피아트 옆을 Overtake해 피아트 앞에서 뒤집혔는데 결정적 **아이윗너스**(Eyewitness 목격자)인 피아트의 운전자는 사라져버리고 종적이 묘연한 **스테이트**(State 상태)였다. 사람들 사이에서는 이 운전자가 Conspiracy의 **어캄플러스**(Accomplice 공범자)이라는 소문이 떠돌았다.

3개월 후, 빌딩 **가아드**(Guard 경비원)로 일하던 22세의 베트남 국적의 청년 리 반 탄이 자신이 운전자라고 프랑스 경찰 앞에 나타났으나 모든 것이 의문투성이었다. 참고로 Mercedes는 '머세이디즈'라고 발음해야 원어민들이 알아

듣는다. 또 **저머니**(Germany 독일)의 고급 차종인 Bmw는 친숙하게 Beemer, 미국 Gm의 호화 차종인 캐딜락(Cadillac)은 Caddy라고 한다.

프랑스 경찰은 Gendarme, 경찰서는 Gendarmerie라 하는데 고급 어휘로 뉴스에 종종 등장하는 단어다.

해리 왕자가 찰스의 아들이 아니라고?

1981년 19세의 나이로 찰스 황태자(Charles, Prince Of Wales)와 결혼한 다이애나의 결혼 생활은 첫 **디파아처**(Departure 출발)부터 삐걱거렸다. 찰스는 이미 유부녀인 카밀라라는 여성과 깊은 **릴레이션쉽**(Relationship 관계)을 맺고 있었고, 몰래 **어페어**(Affair 불륜)를 나누는 사이였다. 심프슨 부인(Wallis Simpson)을 사랑해 왕위를 버린 **그랜드파더**(Grandfather 할아버지)가 그랬듯 남의 부인을 사랑하는 것이 영국 황실의 **트러디션**(Tradition 전통)인 것일까? 찰스는 다이애나에게 처음부터 **어펙션**(Affection 애정)이 없었고 부부의 관계는 냉랭했다. 이때부터였을까? 다이애나도 다른 남자에게 **아이**(Eye 눈)를 돌리기 시작한다.

당시 차차기 영국 **킹**(King 왕)이 될 윌리엄 왕자(Prince William)가 태어나고, **허**(Her 그녀)의 첫 번째 남자는 왕실 기마대 소

속 **메이저**(Major 소령)이
자 그녀의 개인 승마 **티
처**(Teacher 교사)인 제임스
휴이트(James Hewitt)였
다. 다이애나는 제임스

에게 미친 듯이 열렬한 사랑의 **레터**(Letter 편지)를 보내고 둘
은 **하틀리**(Hotly 뜨겁게)하게 사랑을 나눈다. 그 뒤 다이애나
는 **프레그넌시**(Pregnancy 임신)를 하고 **세컨드**(Second 둘째) 왕자
해리(Harry)가 태어나는데 문제는 해리가 성장하면서 찰스
가 아닌 휴이트를 쏙 빼닮아 가는 것이었다. 만약 첫째 아
들에게 변고라도 생기면 둘째인 해리에게 **쓰로운**(Throne 왕
위)이 돌아가는데 자칫하면 생판 남에게 왕의 자리가 돌아
갈 판이었다.

다이애나의 **트래저디**(Tragedy 비극)는 공식적으로 그녀가 결
혼 생활 중 알려진 것만 해도 여덟 명의 애인을 **데이팅**
(Dating 사귐) 함으로써 영국 왕실의 **디그너티**(Dignity 품위)를 떨
어뜨린 것도 있겠고, 찰스와 세기의 **디보어스**(Divorce 이혼) 후
과거 영국의 식민지 **앤세스트리**(Ancestry 출신)이면서 유색 인
종인 이집트인과 **리메어리지**(Remarriage 재혼)함으로써 여왕의
마나아키(Monarchy 왕조)에 먹칠을 한 데 대한 앙갚음의 **리절
트**(Result 결과)일 수 있다.

'복수하다'라는 의미로 Settle A Score라는 숙어를 자주 쓰는데 'He Is Using His Wealth And Power To Settle Old Scores'라고 하면 '그는 그가 가진 부와 권력을 오랜 **랭커**(Rancor 원한)를 푸는 데 사용하고 있다'는 의미가 된다. 다이애나의 죽음 뒤에는 자존심 높은 영국 왕실(Royal Family) 세력의 보복이라는 Conspiracy Theory가 항상 깔려 있다.

세금이 뭐길래

미디벌(Medieval 중세의) 유럽에서는 왕이 친지나 **배설**(Vassal 신하)들에게 땅을 나누어 주고 일정한 **택스**(Tax 세금)를 바치기만 하면 "나머지는 구워 먹든 삶아 먹든 당신들 마음대로 하시오"라는 방식으로 나라가 **아퍼레잍**(Operate 운영)되었다. 이것을 봉건 제도라 하며 영어로는 Feudal System 또는 Feudalism이라 한다. 그렇게 지역의 **룰러**(Ruler 통치자) 노릇을 하던 봉건 영주를 Feudal Lord라 한다.

Lord는 '왕, 우두머리, 지배자'라는 뜻으로 대문자로 시작하는 Lord는 '주님'이라는 의미로 하나님과 예수 그리스도를 부르는 호칭이다. Landlord는 '건물주, 지주'를 의미하고 Drug Lord는 '마약 조직 두목'을 의미한다.

영어로 '농장'을 Farm이라 하고 '농민'을 Farmer라고 하지만 사실 Farmer는 자신의 땅에서 큰 농사를 짓는 '부유한 농민'을 뜻하는 단어이고, 남의 땅을 빌어 노예처럼 생활했던 농노는 Peasant라 한다. 노예나 다름없는 신분이었던 농노를 다른 말로 Serf라고도 한다. 그래서 Serfdom은 '농노제'를 의미한다. Feudal Lord들은 자신의 영지 안에서 마음대로 세금을 걷고 Peasant가 마음에 안 들면 잡아다 주리도 틀고 학정을 일삼았다. 당시의 Peasant들은 **그리드**(Greed 욕심)가 많은 Feudal Lord를 만나면 '노예나 다름없는 삶'을 살았다.

이렇게 자기 땅이 없어서 남의 땅을 빌어 **프러두스**(Produce 생산)한 농작물의 대부분을 Landlord에게 바치고 근근이 살아가는 농민을 **테넌트**(Tenant 소작농)이라 했다. 현대에 와서는 세를 내고 **오퍼스**(Office 사무실)이나 **하우스**(House 집)를 빌려 **유스**(Use 사용)하는 '임차인'을 Tenant라 부른다.

엿보는 톰

영국의 런던 근교에 코번트리(Coventry)라는 공업 도시가 있다. 지금으로부터 약 1,000년 전 중세에 이 지역의 **어르**(Earl 백작)이었던 레오프릭 (Leofric)이 Peasant들에게 토지를 **렌드**(Lend 빌려)하고 **업레시브**(Oppressive 가혹)한 세금을 거둬들여 원성이 높았다.

'세금 징수'를 Taxation이라 한다.

레오프릭의 부인이었던 아름다운 고다이바(Godiva)는 마음씨도 고운 여성이어서 남편에게 Peasant들에게 받는 세금의 **리미션**(Remission 경감)을 여러 차례에 걸쳐 **플리드**(Plead 간청)했다. **퓨리**(Fury 화)가 치민 레오프릭은 그녀에게 벌거벗은 채 말을 타고 **빌러지**(Village 마을)를 한 바퀴 돌면 요청을 들어주겠다고 제안한다. 그러자 고다이바는 정말로 실오라기 하나 걸치지 않고, 오직 긴 머리카락을 풀어 몸을 **커버**(Cover 가린)한 채 마을을 돌게 된다. 이 소식을 들은 **레지던트**(Resident 주민)들은 부인에게 **그래터투드**(Gratitude 고마움)를 표시하기 위해 모두 집의 문을 걸어 **락**(Lock 잠그다)하고 **윈도우**(Window 창문)의 커튼을 내린 채 부인이 지나가는 **사이트**(Sight 광경)를 내다보지 않기로 서로 약속했다. 그러나 단한 사람, **테일러**(Tailor 재단사)였던 톰(Tom)이 호기심을 못 이겨 창문 **크랙**(Crack 틈)으로 부인의 나체를 **핍**(Peep 훔쳐보고)하고 마는데 그 순간 톰은 천벌을 받았는지 갑자기 눈이 멀고(Strike Blind) 말았다고 한다. 이렇게 해서 '엿보기 좋아하는 사람'이라는 의미의 Peeping Tom이라는 유명한 표현이 생겨났다. 이렇게 남의 은밀한 모습을 훔쳐보며 **섹슈얼**(Sexual 성적)의 만족을 얻는 사람을 Voyeur라 한다.

프랑스어로 '보는 사람'이라는 의미의 Voyeur에서 '시청

자'를 의미하는 영어 단어 Viewer가 나왔다. 이러한 **심프텀**(Symptom 증상)을 고급 단어로 **보이유리점**(Voyeurism 관음

증)이라 하는데 여기에는 '남의 불행을 보고 즐기는 행위'라는 의미도 담겨 있다.

사람들의 외모와 성격이 각기 다른 것처럼 성적 취향(Sexual Orientation)도 가지각색이다. 작고 마른 여성에게 **참**(Charm 매력)을 느끼는 남성이 있는가 하면, 키가 크고 **벌럽처워스**(Voluptuous 풍만)한 몸매의 여성에게만 끌리는 남성도 있다.

요즘 몰래카메라로 여자 **토일럿**(Toilet 화장실) 안이나 **스커트**(Skirt 치마) 속을 **필밍**(Filming 촬영)하다가 체포된 남성에 대한 뉴스를 자주 접하는데 이런 악취미를 가진 **퍼버트**(Pervert 변태)들 중에는 사회적으로 번듯한 지위에 있는 사람들이 많아 더욱 놀라게 된다. Pervert는 '나쁜 길에 빠지다, **데커던스**(Decadence 타락)하다'라는 의미의 동사이자 '변태 성욕자, 성도착자'라는 의미의 명사이다. 파생어인 Perversity는 '비뚤어짐, 성도착, 사악함'이라는 뜻이다. Pervert는 많이 쓰는 단어이며 간단하게 줄여 Perv라 말하기도 한다.

관음증 **페이션트**(Patient 환자)와 반대로 자신의 은밀한 **파아**

트(Part 부분)를 보여 주며 성적 만족을 얻는 노출증 환자, 소위 바바리맨을 Flasher라 하는데 '재빨리 보여 주는 사람'이라는 뜻이다. Flash라는 동사는 '번쩍 비추다, 잽싸게 내보이다'라는 뜻인데 사기꾼이 **카운터핏**(Counterfeit 위조)한 공무원증이나 경찰 배지를 얼른 보여 주고 집어넣는 동작도 Flash라 한다. 이런 Pervert들은 자신들의 **비헤이브여**(Behavior 행동)가 **디스커버드**(Discovered 발각)되어 그동안 쌓은 모든 것을 잃고 사회에서 **오스트러사이즈**(Ostracize 배척)당할 **리스크**(Risk 위험)까지 무릅쓰고 변태 짓을 하는 것으로 성적인 쾌감을 얻는 **패썰라지컬**(Pathological 병적인)인 자들이다. 이런 병적인 상태를 Psychosis 또는 Morbidity라 부른다. Pathological Liar는 '병적인 거짓말쟁이'를 의미한다.

연금으로 놀고먹을래

reading word · 90

아테네(Athens)의 거리에 어
둠이 내리고, **필씨**(Filthy 더러
운)한 **앨리**(Alley 골목)에서 한
여자가 비틀거리며 **웍**(Walk
걸어가다)하고 있다. 며칠을
감지 못했는지 지저분한 머리의 마리아(가명, 21세)가 횡한
시선으로 거리를 지나가는 중년 남성을 **설리싯**(Solicit 호객)
한다.

마리아는 한 끼 **밀**(Meal 식사)을 **설루션**(Solution 해결)할 돈과
악몽 같은 현실을 잊기 위한 한 번의 마약 **인젝션**(Injection
주사)을 맞기 위해 거리에서 몸을 **셀**(Sell 팔다)하고 있다. 그
녀의 처지는 그리스 젊은이들의 현주소를 그대로 반영
하고 있다.

아크로폴리스(Acropolis), 아리스토텔레스(Aristotle), 소크
라테스(Socrates)의 나라, **디마크러시**(Democracy 민주주의)의

 **버쓰플레이스**(Birthplace 발상지)이자 서구 문명의 요람이었던 이 나라가 지금 경제 위기(Economic Crisis)에 **릴**(Reel 휘청)하고 있다. 통계에 의하면 15세에서 24세의 청년 실업률(Youth Unemployment Rate)이 55퍼센트에 이르며, 전 국민의 30퍼센트가 빈곤선 아래에서(Below Poverty Line) 살아가며 하루 먹을 끼니를 걱정하는 **터모일**(Turmoil 혼란)의 **퀘그마여**(Quagmire 수렁) 속으로 빠져들고 있다. 2012년 이후부터 시작된 그리스의 경제 붕괴(Economic Meltdown)가 지금 유럽연합(EU: European Union)의 **앵클**(Ankle 발목)을 잡고 있고, 전 세계를 경제 대참사(Economic Apocalypse)로 끌고 가고 있다.

그리스는 1832년 터키의 오스만 제국(Osman Empire)으로부터 **인디펜던스**(Independence 독립)를 쟁취한 후에 자국의 **커런시**(Currency 통화)로 3000년 전 고대 그리스 때부터 통용된 Drachma란 화폐단위를 사용해 왔다. Drachma는 **핸드풀**(Handful 한 주먹 가득)이라는 의미로, 고대에 한 주먹에 쥘 수 있는 **메털**(Metal 금속) 막대기 여섯 개를 1drachma로 화폐처럼 사용한 데서 유래했다고 한다.

1970년대 군사 쿠데타(Coup D'□tat)로 얼룩진 시대를 지나 일반 대중의 **파펄레러티**(Popularity 인기)에 영합하는 **러짐** (Regime 정권)이 들어서면서 **뎃**(Debt 빚)을 내어 돈으로 **보우터** (Voter 유권자)들의 **티컷**(Ticket 표)을 사게 된다. 그리스 국민들은 적게 일하고 많은 **웰페어**(Welfare 복지)를 원했고, 정권을 잡기 위해 그리스 **팔러티션**(Politician 정치인)들은 외국에서 돈을 빌려 와 재정 적자(Fiscal Deficit)를 늘리며 국민들의 **디맨드**(Demand 요구)에 응하게 된다. 다음의 정권이 들어서자 **비포어**(Before 이전)의 정권이 남겨 놓은 빚이 어마어마하다는 것을 알았지만 **컨실먼트**(Concealment 감추다)하기에 급급했고, 그리스 정부의 Fiscal Deficit은 **스노우볼**(Snowball 눈덩이)처럼 불어나기만 했다.

밑 빠진 독에 물 붓기

유럽의 역사는 피로 얼룩진 전쟁의 역사였다. 이 조그만 **칸터넌트**(Continent 대륙)가 마흔여 개 나라로 갈리어 전쟁을 벌여 왔고 **피스펄**(Peaceful 평화로운)한 시기는 별로 없었다. 그리고 영국의 파운드, **프랜스**(France 프랑스)의 프랑, 이탈리아의 리라 등 나라마다 통화가 달라 무역을 할 때마다 환전 수수료(Exchange Fee)가 **어커런스**(Occurrence 발생)하고, **프라덕트스**(Products 물품)와 서비스가 **보어더**(Border 국경)를 넘을 때마다 **테어러프**(Tariff 관세)가 발생해 매우 **인컨비년트**(Inconvenient 불편)했다. 그래서 유럽 국가들은 오래전부터 유럽을 하나로 **인터그레이션**(Integration 통합)하려고 꾸준히 노력해 왔다. 1993년 네덜란드의 **시티**(City 도시) 마스트리히트(Maastricht)에서 체결된 마스트리히트 조약(Maastricht Treaty)으로 마침내 유럽의 정치적, **에커나믹**(Economic 경제적) 통합이 이루어져 EU가 탄생하게 된다.

한 나라의 경제 정책은 통화 정책(Monetary Policy)과 재정 정책(Fiscal Policy)으로 크게 나뉘는데 Monetary Policy는 국가에서 **이슈잉**(Issuing 발행)할 화폐의 **스케일**(Scale 규모)과 중앙은행(Central Bank)의 **인터어레스트 레이트**(Interest Rate 금리)를 결정하는 것이고 Fiscal Policy는 얼마의 세금을 걷고, 어디에 얼마만큼의 돈을 **스펜딩**(Spending 지출)할 것인가를 결정하는 것이다.

2001년 1월 1일, 그리스가 EU에 **조인**(Join 가입)하기 전까지만 해도 그리스 정부가 Monetary Policy와 Fiscal Policy의 **라이트**(Right 권한)를 모두 가지고 있어 그런대로 넘어갔지만 Eu 가입 이후로 유럽 중앙은행(ECB: European Central Bank)이 Monetary Policy의 권한을 가지게 되고 그리스 정부는 Fiscal Policy의 권한만 가지게 되어 **프라블럼**(Problem 문제)이 발생한다.

EU에 가입할 당시에 천문학적인 국가 부채를 철저히 **히던**(Hidden 숨긴)을 한 그리스는 독일이 주도하는 EU의 덕을 톡톡히 보게 된다. 그전에는 외국에서 100만 원을 빌리면 일 년 뒤에 118만 원을 갚아야 했지만 EU의 **멤버**(Member 회원)가 된 후에는 103만 원만 갚아도 되었기 때문에 그리스 정부는 더욱 많은 돈을 빌려 국민들에게 마구 뿌리게 된다. **일렉션**(Election 선거)에서 이기기 위해서라면 어떤 공약(Public Commitment)도 서슴지 않았다.

예를 들어(For Example), **뷰티**(Beauty 미용) 노동조합은 정년(Retirement Age)을 55세로 낮추어 달라고 정부에 요구했다. 미용사들이 파마(Permanent(Wave) / Perm)를 할 때 위험한 **리퀴드**(Liquid 액체)를 만지고 해로운 **스멜**(Smell 냄새)를 맡아야 하는 위험 직종(Hazardous Occupation)에 종사하므로 55세에 **리타이어먼트**(Retirement 은퇴)해 **컨트리**(Country 국가)의 **펜션**(Pension 연금)으로 죽을 때까지 **이절리**(Easily 편안)하게 살게 해 달라는 것이었다. 미용 **유년**(Union 노조)이 표를 주겠다고 약속하자 정부는 그들의 요구를 들어준다. 그러자 이번에는 방송국(Broadcasting Station)의 아나운서들과 카메라맨들이 자기들도 여러 사람이 사용하는 **브로드캐스팅**(Broadcasting 방송) 장비에서 **점**(Germ 병균)이 옮을 수 있는 Hazardous Occupation에 종사한다며 55세 Retirement Age를 요구했다. 이렇게 모든 **프러페션**(Profession 직종)에서 벌떼처럼 일어나 국가의 재정을 축내기 시작했다. 인구가 3만 명인 그리스의 한 **아일런드**(Island 섬)에서는 8000명이 **블라인드**(Blind 맹인)로 **레지스트레이션**(Registration 등록)되어 국가로부터 장애인 수당(Disability Benefits)을 받고 있는 것으로 조사되었다.

2008년 **오텀**(Autumn 가을), 미국에서 서브프라임 모기지론(Subprime Mortgage Loan) 부실 사태가 벌어져 리먼 브라더스(Lehman Brothers) 투자금융 회사가 **뱅크럽시**(Bankruptcy 파산)하면서 세계 금융 위기(Global Financial Crisis)가 시작되자 **투어리점**(Tourism 관광업)과 **쉬핑**(Shipping 해운업)으로 먹고 살던 그리스는 파산(Bankruptcy) 지경에 이르게 된다. 2010년, 그리스 정부는 국가 채무가 4000억 유로(Euro), 국내총생산(GDP)의 170퍼센트에 이르자 심각한 재정 상황을 더 이상 숨길 수 없게 되었고 결국 채권국들에게 빚을 갚을 수 없는 **디폴트**(Default 채무 불이행) 상태에 빠지게 되었다.

유럽위원회(EC: European Commission)와 ECB 그리고 국제통화위원회(IMF: International Monetary Fund)가 2010년에 1100억 유로(110 Billion)의 **베일라우트**(Bailout 구제 금융)를 제공한 데 이어 2012년에는 130 Billion 유로의 Bailout을 제공했지만 밑 빠진 **자아**(Jar 독)에 물 붓기였다. 그리스에 **펀딩**(Funding 자금)을 **서포어트**(Support 지원) 할 수 있는 트로이카(Troika)인

EC, ECB, IMF는 돈을 빌려 주는 **컨디션**(Condition 조건)으로 그리스에 긴축 조치(Austerity Measures)를 요  구했다. 세금을 올리고 Pension을 **컷백**(Cutback 삭감)하는 등 모두가 고통을 분담해(Share The Pain) 빚을 갚기 위해 노력하라는 것이었다. 그러자 그리스에서는 대규모의 폭동이 일어나기 시작했고 자살자가 속출했다.

2014년에는 좌파 정부가 집권하더니, 미안하지만 빚은 갚을 수 없고 EU에서 탈퇴하겠다고 선언했다. 그리스 정부가 Fiscal Policy의 권한을 되찾아 다시 Drachma 화폐를 찍어 내어 자국 경제를 되살리겠다는 것이었다.

그리스에서는 전체 직장인의 자그마치 3분의 1이 공무원, 교사, 국립공원 직원, 국가 **빌롱**(Belong 소속)의 도로 청소원 등 국가에서 급여를 받는 공적 부문(Public Sector) 종사자들이다. 일반 직장인들도 **스웻**(Sweat 땀)을 흘려 일하기보다 **플레이잉**(Playing 놀기)을 좋아해 독일인 한 사람이 할 일을 그리스인 세 사람이 할 정도니 도덕적 해이(Moral Hazard)가 심각한 상황이다. 공무원들은 관청에 **어텐던스**(Attendance 출근) 도장만 찍고 나면 집으로 돌아와 텃밭에서 **파아밍**(Farming 농사)을 지어 월급은 월급대로 타면서 **퍼퀴짓**(Perquisite 부수입)을 올리고 있으며, **리치**(Rich 부자)들은 국가의 위기 상황에서도 세금을 포탈하려고(Evade Tax) 온갖 **치팅**(Cheating 꼼수)을 부리고 있다.

그리스 정부가 부자들로부터 세금을 거두기 위해 어느 날 아테네 상공에 **헬리캅터**(Helicopter 헬기)를 띄워 **서베이**(Survey 조사)를 해보니 **가아던**(Garden 정원)에 풀장이 딸려 있는 집이 1만 2000곳이 넘었다고 한다. 그 다음 날부터 풀장을 덮기 위한 비닐 천막(Plastic Tent)이 불티나게 팔렸다니 기가 찰 노릇이다.

1997년 아시아 외환 위기(Asian Financial Crisis)가 닥쳤을 때 우리나라 국민들은 금 모으기 운동(Gold-Collection Drive)을 펼치고 허리띠를 졸라매어(Tighten One's Belt) **크라이시스**(Crisis 위기)를 극복했다. 우리나라에서 금 모으기를 할 때도 주로 서민들이 **파아티서페이션**(Participation 참여)했고 정작 부자들은 가진 금을 숨겨 두는 씁쓸한 경우가 있었다. 하지만 그리스는 전 국민이 자기 나라의 경제 위기를 나 몰라라 하고 있어 더욱 한심하다.

나우(Now 지금)의 그리스 문제는 한 나라만의 문제가 아니라 유럽 전체, 나아가 전 **글로우벌**(Global 세계적)한 문제가 되어 엄청난 Economic Meltdown으로 이어질 것이 확실하지만 어떤 뾰족한 해결책도 나오지 않고 있다.

알키오네와 태평성대

reading word • 54

영어로 전쟁이나 **패민**(Famine 기근)이 없는 '태평성대'를 Halcyon Days, Halcyon Era 혹은 Halcyon Period라 하는 데 **히어**(Here 여기)에는 죽음도 갈라놓지 못한 사랑의 이야기가 있다.

아주 옛날 그리스, **윈드**(Wind 바람)의 신 아이올로스(Aeolus)에게는 알키오네(Alcyone)라는 예쁜 **도터**(Daughter 딸)가 있었다. 알키오네는 자라서 테살리아(Thessaly)라는 나라의 왕 케익스(Ceyx)와 결혼하는데 이 부부의 사랑은 하늘도 시샘할 정도였다. 두 사람은 **조욱**(Joke 장난)스럽게, 서로를 신들의 왕인 제우스(Zeus)와 그의 아내인 헤라(Hera)라 불렀는데 이것이 제우스를 **이그재스퍼레이팅리**(Exasperatingly 노엽게)하게 만들었다.

어느 날, 케익스는 사랑하던 남동생이 죽고 **새드너스**(Sadness 슬픔)에 빠진다. 또 자신이 다스리던 나라 테살리아에 **디지즈**(Disease 질병)와 Famine이 들기 시작했다. 케익

111

스는 이 모든 일련의 불행(A Series Of Misfortune)의 원인을 알 수 없었기에 **선**(Sun 태양)과 **프라퍼시**(Prophecy 예언)의 신인 아폴로(Apollo)의 **오어러컬**(Oracle 신탁)을 받기 위해 항해에 나서기로 **레절루션**(Resolution 결심)한다. 바람의 신의 딸이었던 알키오네는 바람의 위험성을 너무나 잘 알고 있었기 때문에 남편에게 Voyage에 나서지 말라며 **티어즈**(Tears 눈물)로 애원했다. 알키오네의 아버지 아이올로스는 깊숙한 동굴에 바람을 **임프리전**(Imprison 감금)하고 자신보다 더 높은 신들의 요청에 의해 조금씩 풀었다 놓았다를 **레퍼티션**(Repetition 반복)했다. 바람이 너무나 흉포해서 다루기 힘들었기 때문이다.

케익스는 알키오네의 만류를 뿌리치고 Voyage에 나선다. 제우스는 케익스에게 벌을 내릴 절호의 **아퍼투너티**(Opportunity 기회)를 잡는다. 첫날밤이 되자 동쪽에서 불던 바람이 점차 거칠어지고 **썬더**(Thunder 천둥)가 울렸다. 높은 **웨이브**(Wave 파도)는 **쉽**(Ship 배)을 검은 하늘까지 들어 올렸고, 물보라가 **클라우드**(Cloud 구름)를 적셨다. 그러다 배는 바다의 **바텀**(Bottom 밑바닥)까지 곤두박질쳐졌다. 숨을 거두는 순간 케익스가 마지막으로 부른 이름은 알키오네였다. 죽어가는 케익스는 바다의 신 포세이돈(Poseidon)에게 자신의 시신을 아내에게 실어 보내 줄 것을 부탁하며 숨을 거둔다.

알키오네는 남편의 죽음을 모른 채 매일 **시쇼어**(Seashore 바닷가)로 나가 케익스가 돌아올 **데이**(Day 날)를 기다렸다. 그녀는 특히 여신 헤라에게 케익스의 무사귀환(Safe Return)을 위해 **프레어**(Prayer 기도)했다. 케익스가 죽은 사실을 모른 채 그를 한없이 **웨이팅**(Waiting 기다리는)하는 알키오네를 **피티펄리**(Pitifully 가엾게)하게 여긴 헤라는 시녀인 **레인보우**(Rainbow 무지개)의 **페어리**(Fairy 요정) 아이리스(Iris)를 시켜 알키오네에게 케익스의 죽음을 알릴 것을 명한다. 그러자 아이리스는 **슬리핑**(Sleeping 잠)과 **드림**(Dream 꿈)의 신 모피우스(Morpheus)에게 알키오네가 덜 충격을 받도록 케익스의 죽음을 알릴 것을 부탁한다. 모피우스는 케익스의 모습으로 **디스가이즈**(Disguise 변장)해 알키오네의 꿈속으로 걸어 들어간다. 케익스의 **애퍼리션**(Apparition 유령)은 자신이 당한 폭풍우에

난파된 배에 대해 말하며, 자신의 죽음을 담담하게 이야기한다. 잠에서 깨어나 바닷가로 달려간 알키오네는 그곳에서 파도에 밀려온 케익스의 시신을 발견한다. 참을 수 없는 슬픔에 그녀는 **클로운즈**(Clothes 옷)를 **티어**(Tear 찢다)하며 달려가 파도에 몸을 던져 **드라우닝**(Drowning 익사)한다.

알키오네와 케익스의, 죽음도 갈라놓지 못한 사랑을 불

쌍히 여긴 신들이 그들을 바닷새 Halcyon으로 만들었다. Halcyon은 얕은 바다에 **네스트**(Nest 둥지)를 틀어 **에그**(Egg 알)를 낳는다. 이 새가 알을 낳는 **디셈버**(December 12월)가 되면 동지(冬至) 경에(Around The Winter Solstice) 항상 거칠던 바다가 잔잔해지면서 이때를 전후해 약 두 주간 Halcyon이 알을 **잉큐베이션**(Incubation 부화)하고 새끼를 기를 수 있게 된다. 바람의 신인 알키오네의 아버지 아이올로스가 바람을 **어저스트**(Adjust 조절)해 주는 것이다. 이 두 **데일라이트**(Daylight 주간)의 잔잔한 기간을 Halcyon Days라 부르는데 **피그여어티브**(Figurative 비유적)로 **프라스페러티**(Prosperity 번영)와 **리버레이션**(Liberation 해방) 그리고 **트랭퀼리티**(Tranquility 평온)의 시대를 의미하게 되었다.

세계 두 번째 부자이자 **스탁**(Stock 주식) 투자의 귀재 워런 버핏(Warren Buffett)의 별명은 오마하의 현인(Oracle Of Omaha)이다. 오마하는 그가 사는 마을 이름이다. 버핏은 빌 게이츠(Bill Gates)와 함께 자기 재산의 대부분을 좋은 일에 쓰는 **필랜쓰러피**(Philanthropy 자선 활동)를 하고 있는데 이런 자선 사업가를 Philanthropist라 한다.

Poseidon은 로마에 와서 Neptune으로 이름이 바뀌는데 천문에서는 **넵툰**(Neptune 해왕성)을 가리킨다. 모피우스는 고통받는 사람들을 잠
으로 **엑스트러다이트**
(Extradite 인도)해 행복한
꿈을 꾸게 만드는 신이
다. 잠과 꿈의 신 모피우스에서 **드러그즈**(Drugs 마약)인 모르
핀(Morphine)이라는 단어가 나왔다. **태드포울**(Tadpole 올챙이)이
프라그(Frog 개구리)가 되고 **라아버**(Larva 애벌레)가 **모쓰**(Moth 나방)
로 되는 것처럼 형태가 전혀 다르게 변하는 '변태(變態)'를
의미하는 Metamorphosis라는 단어도 모피우스에서 유래
했다.

단어 앞에 오는 Meta–는 변화를 나타낸다. 모피우스의 아
버지는 Hypnos이며 그의 이름에서 '최면술'이라는 의미의
Hypnosis가 생겨났다.

Apparition은 '갑자기 나타나는 것', 즉 '유령'이라는 뜻이다.
Apparition의 유의어인 Revenant는 '장기간 사라졌다 나타
나는 것'을 의미하며 이것 또한 유령이라는 말이다. Wraith
도 '유령'이라는 뜻인데 이 단어는 사람이 임종할 때 나타나
는 망령을 말한다. 레오나르도 디카프리오(Leonard Dicaprio)
가 주연해 그에게 2015년 오스카 상(Oscar Award)의 영예를
안겨준 영화의 제목이「레버넌트(Revenant)」였다.

공포의 지카 바이러스

2000년대 들어 급격한 경제 성장(Economic Growth)으로 세계를 **섶라이즈**(Surprise 놀라)하게 한 브라질(Brazil)은 국가의 위상을 높이기 위해 2012년 월드컵과 2016년 하계올림픽을 유치함으로써 대대적인 **컨스트럭션**(Construction 건설) 붐을 일으켰다. 그러나 **래퍼드**(Rapid 고도성장)의 그늘에서 빈부의 **갭**(Gap 격차)은 늘어만 갔고 건설에 쏟아부을 천문학적 돈을 가난한 이들을 위해 써야 한다며 유치를 **아퍼지션**(Opposition 반대)하는 목소리도 높아 갔다.

Favela라 불리는, 브라질의 가난한 이들이 모여 사는 **슬럼**(Slum 빈민가)은 **더트**(Dirt 불결)하기로 악명이 높다. 브라질 정부는 Favela를 밀어버리고 고급 주택가로 만들기 시작했는데 이 과정에서 빈민들은 살 곳을 잃고 쫓겨나야만 했다. 가난한 이들의 **프로우테스트스**(Protests 시위)는 늘어만 갔고 시위는 폭력으로 번지기 일쑤였다. 이처럼 '빈민가를 **데멀리션**(Demolition 철거)해 **서피스터케이티드**(Sophisticated 세련된)

한 거주지로 **리디벨럽먼트**(Redevelopment 재개발)하다'라고 할 때 Gentrify라는 단어를 쓴다. 명사형은 Gentrification으로, 자주 쓰이는 **칸서퀸스**(Consequence 중요)한 단어다. Gentry 는 '상류 사회, 신사 계급'을 가리키는 말이다. Favela라는 단어도 뉴스에 자주 나오므로 알아두면 **유스펄**(Useful 유용)하다.

이런 와중에 2013년 11월 리우데자네이루(Rio De Janeiro)에 건설 중이던 월드컵 주경기장(Main Stadium)이 **컬랩스**(Collapse 붕괴)되어 두 명이 사망하는 **액서던트**(Accident 사고)가 발생했다. 원인은 요즘 우리나라에서도 자주 듣게 되는 **싱크호울**(Sinkhole 땅꺼짐 현상)이었다. 이듬해 **재뉴에어리**(January 1월)에는 한창 공사 중이던 카약(Kayak) **스테이디엄**(Stadium 경기장)의 **러군**(Lagoon 석호潟湖)에 이상 적조 현상(Red Tide)이 발생해 30만 톤 이상의 물고기가 떼죽음을 당하는 사고도 있었다. Lagoon은 바닷물이 **세더먼테이션**(Sedimentation 퇴적)되는 모래에 갇혀 **어커링**(Occurring 생기는)된 해수 **레익**(Lake 호수)을 가리킨다.

브라질 하면 떠오르는 랜드마크(Landmark)는 리우데자네이루에 높이 세워진 30미터의 예수상(Christ The Redeemer)일 것이다. 2014년 1월 천둥 **라잇닝**(Lightning 번개)과 폭풍우로 예수님의 손가락이 떨어져 나가는 Accident가 발

생했는데 사람들은 가난한 이들을 외면하고 돈 **피스트**(Feast 잔치)에 몰두하는 정치가에게 **가드**(God 하나님)가 울리는 **아머너스**(Ominous 불길한)한 **오우먼**(Omen 징조)이라고 수군대기 시작했다.

그러나 더더욱 Ominous한 재앙이 다가오고 있었으니, 2015년 **에잎럴**(April 4월)부터 시작해 전 세계를 **피어**(Fear 공포)로 몰아넣은 지카 바이러스(Zika Virus)가 바로 그것이다. 남미와 중앙아메리카, 동남아에서 놀라운 **벌라서티**(Velocity 속도)로 번졌는데 그중에서도 가장 심각한 곳이 브라질이었다. 전 세계 총 170만 건의 발병 중 150만 건이 브라질에서 일어났으니 브라질이 **에퍼센터**(Epicenter 진앙지)라 해도 과언이 아니다.

어떠한 질병이 한 지역에서 발생하는 것을 **엔데믹**(Endemic 풍토적)이라 하고, 그 질병이 확산되는 것을 **에퍼데믹**(Epidemic 유행병)이라 하며, 전 세계적으로 퍼져 나가면 **팬데믹**(Pandemic 전세계적인 유행병)이라 하는데 Zika Virus는 Pandemic 단계에 있었다.

소두증의 원인?

Zika Virus는 1947년 우간다의 Zika라는 **포어러스트**(Forest 숲)에서 처음 발견되었는데 Zika는 아프리카어로 '숲이 우거진'이라는 뜻이다. Zika는 **뎅그 피버**(Dengue Fever 뎅기열)나 **옐로우 피버**(Yellow Fever 황기열), **멀레어리어**(Malaria 말라리아)와 비슷한 **카인드**(Kind 종류)의 **인펙셔스 디지저즈**(Infectious Diseases 전염병)이지만 Dengue Fever나 Yellow Fever, Malaria는 **리썰 레이트**(Lethal Rate 치사율)가 높은 데 비해 Zika는 비교적 증상이 가볍고 Zika Virus에 의해 **하스피털러제이션**(Hospitalization 입원)하거나 사망한 사례는 없었다.

Zika Virus에 걸린 사람 100명 중 여든 명은 아무 증상을 못 느끼며 스무 명 정도만 **라이트**(Light 가벼운)한 두통과 **래쉬**(Rash 발진), **어티카아리어**(Urticaria 두드러기), **칸정크티비티스**(Conjunctivitis 결막염) 그리고 오한의 증상이 나타났지만 그 **디그리**(Degree 정도)가 가벼웠기에 보건 당국에서는 크게 **컨선**(Concern 우려)하지 않고 가볍게 넘어갔다.

2015년 4월 Zika Virus 유행 이후 브라질에서는 유난히 머리가 **애브노어멀**(Abnormal 비정상)적으로 작은 **베이비**(Baby 아기)가 **머치**(Much 많이)하게 **본**(Born 태어나다)했다. 이렇게 태어난 아기들은 **브레인**(Brain 뇌)의 일부분이나 아예 **인타여**(Entire 전체)가 없었는데 이들은 얼마 안 가 사망하거나, 살아도 지적 **디세이블드**(Disabled 장애인)나 장님이 되었다. 이렇게 **이네이트**(Innate 선천적)한 **디소어더**(Disorder 장애)를 가지고 태어나는 것을 '결손, 결함'이라는 뜻의 Defect를 써서 Birth Defect라 한다. 육체적 결함이 아닌 정신적 결함은 Mental Defect라 한다.

디폼드(Deformed 기형적)로 작은 머리를 가지고 태어나는 병을 '소두증, 소뇌증'이라 하며 Microcephaly라 한다. '작은'이라는 의미의 Micro-와 '머리'라는 뜻의 라틴어 의학 용어 Cephaly가 합쳐진 단어로 Zika Virus의 창궐로 널리 **노운**(Known 알려진)한 단어다. Zika Virus에 **인펙션**(Infection 감염)된 산모들에게서 태어난 신생아 중에서 유독 Microcephaly를 가진 아기가 많이 태어났고 산모의 혈액에서 Zika Virus **진**(Gene 유전자)이 **디텍트**(Detect 검출)되었기에 Microcephaly가 Zika Virus와 관계가 있지 않나 **컨젝처**(Conjecture 추측)는 하지만 확증된 것은 없고, 아직 **레머디**(Remedy 치료법)나 백신(Vaccine)이 **디벨럽트**(Developed 개발)되지 않은 상태다.

Micro-에 '들여다보는 기계'라는 뜻의 -scope가 붙으면 **마익러스코웁**(Microscope 현미경)이 되며, '누군가를 믿고 빌려 주는 신용 거래'라는 의미의 -credit가 붙으면 **마익로욱레딧**(Microcredit 소액 대출)이 된다.

Microcephaly는 **머스키토우**
(Mosquito 모기)에 의해 **트랜스미**
션(Transmission 전염)되는 것으로
알려져 있다. 이처럼 어떤 질
병이 '모기로 전염'되는 것을 Mosquito Borne이라 하는데
퍼티컬러(Particular 특정)한 단어 뒤에 Borne이 붙으면 '~로 인
해 전파된, ~로 인해 **캐어리잉**(Carrying 운반)된'이라는 뜻이 된
다. Airborne은 '**에어**(Air 공기)에 의해 전파된', Water Borne
은 '물에 의해 전염되는', 즉 '수인성'을 가리키고 Food
Borne은 병이 '음식을 통해 전염되는' 것을 말한다. AIDS,
매독, 임질같이 성행위에 의해 감염되는 성병은 STD라 하
는데 Sexually Transmitted Disease의 머리글자에서 따온
것이다.

브라질은 경제 성장을 이루는 **프로세스**(Process 과정)에서 아
마존 **리버**(River 강) 같은 열대우림(Rain Forest)을 파괴하고 전
세계에서 가장 많은 화학 **퍼털라이저**(Fertilizer 비료)나 **인섹터**
사이드(Insecticide 살충제)를 사용한 나라로 알려져 있다. 이 과
정에서 Insecticide에 저항력을 가진 **베어리언트**(Variant 변종)
된 모기들이 생겨났다. 브라질 정부는 20만 명이 넘는 군
인들을 **모우벌러제이션**(Mobilization 동원)하여, 가가호호 **비짓**
(Visit 방문)해 Mosquito 박멸에 온 힘을 쏟고 있다. Mosquito

가 알을 낳는 고인 물(Standing Water)을 없애는 데 주력하고 있지만 **이펙트**(Effect 효과)가 있을지는 **언노운**(Unknown 미지수)이다.

모기에 따른 이 같은 질병들은, 자연을 파괴하고 대다수 가난한 국민들의 반대를 무릅쓰고 돈 잔치 **인터내셔날**(International 국제) 행사에 매달리는 정치가들에 대한 **네이처**(Nature 자연)의 복수라는 **크리티시점**(Criticism 비판)까지 나오고 있다.

Mosquito(모기)는 스페인어에서 온 단어로 '파리'라는 뜻의 Mosca에 '작다'라는 뜻의 접미사 –Quito가 붙어 **메익**(Make 만들어) 되었다.

상황이 이렇다 보니, 남미의 엘살바도르(El Salvador)를 비롯한 일부 국가에서는 향후 2년간 여성들에게 임신을 피할 것을 **레커멘드**(Recommend 권고) 한다고 한다.

모우스틀리(Mostly 대부분)한 남미 국가에서는 가톨릭을 **빌리브**(Believe 믿고) 하고, 가톨릭에서는 **어보어션**(Abortion 낙태)이 엄격히 금지되어 있어 **칸트러셉티브**(Contraceptive 피임 기구)의 사용도 꺼리는 경우가 많고, 대개 아이는 생기는 대로 낳는다는 주의다. 또 대다수의 가톨릭 국가는 **섹스**(Sex 성)에 대해 문란한 국가가 많아 **이펙티브너스**(Effectiveness 실효성)가 있을지도 의문이다.

Conceive의 원뜻은 '어떤 생각을 품다'이지만 '임신하다'라는 의미로도 많이 쓰이며 명사형은 Conception이다. 성모 마리아가 예수님을 처녀의 몸으로 잉태(처녀 수태, 동정 수태)한 것을 Immaculate Conception이라 한다. Immaculate은 '순결한, 결점이 없는'이라는 뜻이다.

위(We 우리)가 흔히 간과하기 이지(Easy 쉬운)한 것이 Zero, Zebra, Brazil에서의 Z의 발음이다. J나 G, Z 모두 우리말에서는 ㅈ으로 발음되지만 Z의 이그잭트(Exact 정확)한 소리는 윗니와 아랫니를 딱 붙이고, 텔레비전의 스크린(Screen 화면)이 서더늘리(Suddenly 갑자기)로 나가면서 '지지직'거리는 것처럼 '즈으으'라고 발음해야 한다.

우리나라에서는 말 안 듣는 아이들에게 겁을 줄 때 "저기 **타이거**(Tiger 호랑이)가 온다"라고 하고 미국인들은 "저기 부기 맨(Boogieman)이 온다"라고 말한다. Boogieman은 **워어드로 우브**(Wardrobe 장롱)나 **베드**(Bed 침대) 밑에 숨어 있다가 말 안 듣는 아이들을 잡아가 머리부터 아작아작 **추**(Chew 씹어)해 먹는다는 귀신이다. 그런데 아랍 사람들은 "저기 구울(Ghul)이 너 잡으러 온다"라는 말로 **쓰렛**(Threat 위협)한다. 아랍 **포욱로어**(Folklore 민속)에 의하면 Ghul은 **그레이뺠드**(Graveyard 묘지) 밑에 사는 귀신으로 **데이타임**(Daytime 낮)에는 **데저트**(Desert 사막)를 떼 지어 다니는 자칼(Jackal)이지만 밤이 되면 아름다운 여자로 둔갑해 **트래벌러**(Traveler 나그네)를 유혹해 죽인 후 시체를 먹는 **만스터**(Monster 요괴)다. 그리고 자신이 마지막으로 죽인 사람으로 둔갑해 돌아다닌다고 한다.

이렇게 Disguise에 능한 이 귀신도 **당키**(Donkey 당나귀)의 **후프**(Hoof 발굽) 같은 발만은 Disguise할 수 없었기 때문에 발을 살펴보는 것이 **아이덴터티**
(Identity 정체)를 알아 낼 수 있는
유일한 **웨이**(Way 방법)이었다고
한다.

훗날 Ghul은 영어 단어 Ghoul이 되어 '잔인한 **신**(Scene 장면)
을 보고 좋아하는 사람' 혹은 **오어더네어리**(Ordinary 보통) 사람
들이 몸서리를 치는 '잔인한 짓을 거리낌 없이 하는 사람'
을 의미하게 되었다. '소름 끼치는'이라는 의미의 **애직티브**
(Adjective 형용사) Ghoulish나 '유령'이라는 의미의 Ghost도 이
아랍 귀신 Ghul에서 유래했다.

무비(Movie 영화) 「반지의 제왕(The Lord Of The Rings)」에 나오
는 골룸(Gollum)도 Ghul에서 나온 것으로 Ghul의 **액추앨러
티**(Actuality 실제)한 모습과 유사하다고 한다. 또 사람이 죽
어 **베어리얼**(Burial 매장)을 하게 되면 고인이 지니고 있던 귀
금속을 함께 묻어 주는데 이것을 노려 야밤에 무덤을 **디깅**
(Digging 파다)해 도둑질해 가는 '도굴꾼'도 Ghoul이라 한다.

'카데바'의 유래

의학이 발전하려면 인체 **인터널**(Internal 내부)의 모습을 알아
야 하는 **어내터미**(Anatomy 해부)가 필수적인데 기독교가 **베이**

서스(Basis 근간)를 이루었던 서구 중세 사회에는 맹수에게 물어뜯기거나 전쟁, 사고 등으로 신체가 훼손된 시신은 **헤번**(Heaven 천국)에 들어갈 수 없다는 관념이 있었으므로 사람의 몸에 **나이프**(Knife 칼)를 대는 **다이섹션**(Dissection 절개)은 **스트릭트**(Strict 엄격)하게 금지되었다. 이러한 관습이 **비그**(Big 커다란)한 장애물이 되었기 때문에 1800년경까지 유럽의 Medicine은 크게 발전하지 못했다.

1800년대 이후 영국을 **센터**(Center 중심)로 의과대학(Medical School)이 설립되고 의학에 대한 과학적 접근이 이루어지자 Anatomy에 필요한 시체의 수요가 **익스플로우시브**(Explosive 폭발적)로 증가하게 되었다. 처형당한 범죄자나 객사한 **베이그런트**(Vagrant 부랑자)의 Corpse를 **유너버서티**(University 대학)에서 몰래 사들여 Anatomy **프랙티스**(Practice 실습)를 했지만 그 수가 턱없이 부족해지자 **리선틀리**(Recently 최근)에 죽은 사망자의 **툼**(Tomb 무덤)에서 몰래 파낸 Corpse를 팔아먹는 **굴**(Ghoul 도굴꾼)들이 등장했다.

그들은 Corpse를 한 구당 당시 금액 10파운드(현재 금액으

로 약 100만 원)에 암거래했는데, **코핀**(Coffin 관)을 **바이**(Buy 구입)할 **스페어**(Spare 여유)가 없는 가난한 사람

들은 Corpse를 땅 속에 그냥 묻었기 때문에 주요한 **타아것** (Target 표적)이 되었다. 영국의 스코틀랜드(Scotland)의 웨스트 포트(West Port)에 Vagrants나 가난하고 병든 사람들을 **어카 머데이트**(Accommodate 수용)하는 노숙자 쉼터(Boarding House)를 운영하던 버크(Burke)라는 남자가 있었다. 그는 자신의 Boarding House에서 죽은 병자의 Corpse를 몰래 Medical School에 팔아해 돈을 챙기곤 했다. 그러다 돈에 눈이 먼 버크는 **프렌드**(Friend 친구)인 헤어와 애인인 헬렌과 공모해 멀쩡한 사람을 **루어**(Lure 유인)해 목 졸라 살해하고(Strangle To Death) 그 시신을 의과대학에 팔기 시작했는데 그 수가 20명 가까이 되었다. 이 사건이 그 유명한 웨스트 포트 살인 사건(West Port Murders)이다.

어느 날, 의과대학에서 해부 실습을 하던 한 **스투던트** (Student 학생)가 수술대 위에 놓인 한 Corpse를 보고 깜짝 놀라며 "아니, 이 여자는 카데바(Cadaver)잖아"라고 소리쳤다. 카데바는 웨스트 포트에서 몸을 팔던 **프라스터툿**(Prostitute 창녀)였으며 그 학생은 이틀 전에 그녀와 함께 밤을 보냈던 것이다. 이렇게 해서 **크라임**(Crime 범행)이 발각된 버크 일당은 체포되었고, 버크는 공개적으로 **행잉**(Hanging 교수형)에 처해진다. 버크의 시신은 스코틀랜드의 에든버러 의과대학(Edinburgh Medical School)에 보내져 해부되었는데(Was

Anatomized) 지금도 그의 머리는 그 대학 **뮤지엄**(Museum 박물관)의 **글래스**(Glass 유리)병에 **엠바밍**(Embalming 방부) 처리되어 보관되어 있다. 그 일당의 **머더**(Murder 살인) 수법이 목을 **초욱**(Choke 졸라)하여 죽이는 **스트랭결레이션**(Strangulation 교살)이었으므로 버크의 이름에서 '목 졸라 죽이다'라는 의미의 영어 단어 Burke가 생겨났다. 나중에 Burke는 원래 의미 이외에도 '진실을 은폐하다, **익스프레쉐웨이**(Expressway 고속도로) 등에서 일부러 **슬로울리**(Slowly 천천히)로 달려 **트래픽**(Traffic 교통)을 방해하다'라는 의미까지 갖게 되었다.

지금도 대학에서 해부학 수업(Anatomy Lecture)을 할 때는 자신의 몸을 기부한 사망자에게 경의를 표하기 위해 "Cadaver에게 묵념!"이라고 외친 후에 Anatomy에 들어간다. 이렇게 '해부 실습용 시체'라는 의미의 단어 Cadaver는 버크에게 살해당한 Prostitute의 이름에서 유래한 것이다. Prostitute를 속어로 Hooker, Whore이라고 부르기도 한다. 또 **어쓰퀘익**(Earthquake 지진)이나 재난 현장에서 생존자나 시신을 찾는 '경찰견'을 Cadaver Dog이라 부른다. 훗날 헨리 그레이(Henry Gray)라는 사람이 Anatomy를 집대성한 방대한 의학 교재인 『그레이의 해부학(Gray's Anatomy)』이라는 **북**(Book 책)을 발간했는데 이 책은 오늘날까지 의과대학의 **이센셜**(Essential 필수) 교재로 사용되고 있다.

데드 맨 워킹

1983년 **노우벰버**(November 11월),
미국 루이지애나(Louisia Na) 주
에서 한 **주어러**(Jeweler 보석상)
가 뒷머리에 **슈팅**(Shooting 총격)

을 받아 사망하고 다량의 보석이 **엑스토어션**(Extortion 강
탈)당하는 강도 살인 사건이 발생했다. 30세였던 글렌
포드(Glenn Ford)는 사건 당시 Jeweler에게 **엠플로이먼트**
(Employment 고용)되어 그의 집 정원의 **그래스**(Grass 잔디)를
깎는 작업을 하고 있었다.

수사가 **프라그레스**(Progress 진행)되면서 한 목격자가 사
건 현장에서 글렌을 보았다고 **테스티파이**(Testify 증언)했
다. 조사 결과 글렌에게는 좀도둑(Petty Theft) 전과(Criminal
Record)가 있었고, 강탈당한 보석의 일부를 **폰샵**(Pawnshop
전당포)에 맡긴 사실도 밝혀졌다. 글렌은 흑인이었고 유
력한 용의자(Primary Suspect)가 되었다. 이 사건은 당시

32세였던 **칸퍼덴스**(Confidence 자신감)가 넘치고 **에어러건스**(Arrogance 오만)한 **프라시큐터**(Prosecutor 검사) 마티 스트라우드(Marty Stroud)에게 **앨러케이션**(Allocation 배당)되었다. 사형이 걸린 사건(Capital Case)은 처음 맡는 것이었기에 마티는 **익사잇먼트**(Excitement 흥분)했다.

Capital Case를 Death Penalty Case라 하기도 한다. Death Penalty는 '사형'을 뜻하는데 Capital Punishment라고도 한다. Capital은 '우두머리, 머리, 주요한'이라는 의미가 있어 Capital Letter는 '대문자'를, Capital City는 나라의 '수도'를 말하고, '대장'이라는 의미의 Captain도 여기서 유래했다.

모든 정황상 마티는 글렌이 **컬프릿**(Culprit 범인)임에 틀림없다고 **컨빅션**(Conviction 확신)하며 그를 인간 **트래쉬**(Trash 쓰레기)라고 단정했다. 반드시 사형을 받아내어 **어니지**(Uneasy 불안)에 떠는 지역 주민들에게 훌륭하고 **저스터스**(Justice 정의)한 Prosecutor로 **레커그니션**(Recognition 인정)받기를 원했다. **트라열**(Trial 재판)은 일사천리로 진행되었고 가난한 글렌에게는 형사 사건의 **익스피어리언스**(Experience 경험)가 전혀 없는 초짜 **로여**(Lawyer 변호사)들이 국선 변호인(Public Defender)으로 **어포인트**(Appoint 선임)되었다.

변호사를 나타내는 단어는 Lawyer 외에 Attorney,

Counselor, Defender, Solicitor 같은 것이 있고, '옹호자, 지지자'라는 Advocate도 '변호사'라는 의미가 있다. '커피 **엑스퍼트**(Expert 전문가)'를 의미하는 Barista와 비슷한 Barrister 역시 '변호사'를 의미한다. Attorney General은 '법무장관'을, Solicitor Genera은 '법무차관'을 의미한다.

열 명의 **주어러**(Juror 배심원)들은 마티의 개입으로 전원 백인으로 **필**(Fill 채워지다)되었다. 배심원들이 글렌의 **길티**(Guilty 유죄)의 여부와 **센턴스**(Sentence 형량)를 논의하는 **딜리버레이션**(Deliberation 숙의) 과정은 3시간밖에 걸리지 않았고 결국 글렌은 **컨빅션**(Conviction 유죄 판결)과 사형 **센턴싱**(Sentencing 선고)을 받았다.

'백인'은 주로 White라고 쓰지만 어려운 말로 Caucasian이라고도 많이 쓴다. '흑인'을 지칭할 때는 Black 혹은 African American이라 해야 하며, 경멸적인 용어인 Negro, Nigger라는 말은 **네버**(Never 절대)로 사용해서는 안 된다.

글렌은 **펠런**(Felon 흉악범)을 가두는 루이지애나 주의 Angola Prison(앙골라 감옥)에 **인메이트**(Inmate 수감)되었는데 그곳은 가장 삼엄한 경비(Maximum Security)로 유명한 곳이었다. 글렌은 그곳에서도 **프리저너**(Prisoner 죄수)들이 가장 싫어하는 독방(Solitary Confinement)에서 30년을 죽음의 공포와 **파이트** (Fight 싸우면)하며 보내게 된다. 글렌은 그곳에서 하루 한 시간의 **스트로울**(Stroll 산책)을 제외하고 23시간을, 여름이면 40 도에 달하는 무더위와 **윈터**(Winter 겨울)면 살을 에는 듯한 혹한과 싸우면서 30년을 보내게 된다. 당해 보지 않은 사람 은 **이매저네이션**(Imagination 상상)하기도 힘든 이런 **언베어러벌** (Unbearable 견딜 수 없는)한 정신적 육체적 고통을 Anguish라 고 한다.

2013년에 새로운 **인포어먼트**(Informant 제보자)에 의해 당시 **서 스펙트**(Suspect 용의자)들 중 한 명이 보석상을 살해한 진짜 범 인이라는 것이 밝혀졌고 글렌은 **이그자너레이티드**(Exonerated 무 죄)가 되어(Was Exonerated) 2014년 3월에 마침내 **릴리스**(Release 석방)되었다.

'무죄임을 밝혀 주다, 면죄하다'라는 의미의 동사 Exone rate와 비슷한 단어로 '무죄를 입증하다, 혐의를 벗기다'라 는 의미의 Vindicate가 있는데 모두 자주 사용되는 중요한 단어다.

진짜 사형 선고

그가 **프리전**(Prison 교도소)을 뒤로하고 나오는 순간 하늘에 무지개가 떴고 그의 얼굴
에는 옅은 **스마일**(Smile 미소)
이 떠올랐다. 34세 때 들어
가 64세의 노인(Old Man)이
되어서 나온 것이다. 글렌이 교도소 문을 나설 때 받은 것
은 20달러짜리 직불 카드(Debit Card)가 전부였다. 다음날 신
문에 "죽은 자가 걸어 나오다(Dead Man Walking)"이라는 기사
헤드라인(Headline 대제목)이 대문짝만 하게 실렸다.

자유의 몸이 된 **조이**(Joy 기쁨)도 잠시뿐, 극도로 **윅**(Weak 쇠
약)해진 글렌은 몇 **먼쓰**(Month 달) 후 폐암 말기(Terminal Lung
Cancer) **다이어그노우서스**(Diagnosis 진단)를 받고 여명이 얼
마 남지 않았다는 말을 듣는다. 두 번째 사형 선고(Death
Sentence)를 받는 **모우먼트**(Moment 순간)이었다. 그러나 또다
시 내려진 Death Sentence는 **이네버터벌**(Inevitable 피할 수 없는)
한 것이었다.

1973년 이후 미국에서는 사형 선고를 받았다가 나중에
무죄로 풀려난 사람들이 150여 명에 달한다. **이너선트**
(Innocent 무고)한 사람이 사형 직전까지 몰렸던 것인데 실제
로 형장에서 **두**(Dew 이슬)로 **배니쉬**(Vanish 사라진)한 사형수 중
언저스틀리(Unjustly 억울)하게 죽은 Innocent한 사람은 없었
던 것일까?

글렌을 사형수 동(棟 Death Row)에 보낸 검사 마티는 출세를 거듭해 지역에서 **리스펙트**(Respect 존경)를 받는 인사가 되었는데 글렌의 무죄 방면 소식에 충격을 받는다. 그는 자신의 **휴브러스**(Hubris 오만)와 **프레저디스**(Prejudice 편견)로 무고한 사람이 오랜 고통을 받았다는 사실에 심한 양심의 가책(Guilty Conscience)을 느꼈다. On Death Row는 자주 쓰는 표현으로 '사형수로 수감 중인'이라는 의미다.

마티는 공개적으로 **어팔러지**(Apology 사과) 성명을 발표하고 법무부(DOJ: Department Of Justice)에 자신의 **캐스터게이션**(Castigation 징계)을 요청했다. 그는 "나의 오만과 독선이 글렌의 인생을 **루언**(Ruin 파멸)시켰다. 그리고 이 순간 나의 인생도 무너졌다"고 말하며 탄식했다. 글렌은 주 정부에 30년간의 억울한 옥살이에 대한 손해 **캄펀세이션**(Compensation 배상)을 청구했지만 **코어트**(Court 법원)는 이를 **디스미설**(Dismissal 기각)했다. 루이지애나 주 법률에 따르면 피고가 범행에 조금이라도 **릴레이션**(Relation 관련)되어 있으면 **레퍼레이션**(Reparation 배상)이 **임파서블**(Impossible 무리)하다는 요지였다. 글렌이 **라브드**(Robbed 도난)당한 Jewelry를 전당포에 맡겼기 때문이다. 한 **체리티**(Charity 자선단체)의 **어시스턴스**(Assistance 도움)를 받아 병마와 싸우던 글렌은 2015년 6월 29일에 결국 숨을 거두었다. 사망 원인(Cause Of Death)은 폐암(Lung Cancer)

으로 인한 **캄플러케이션**(Complication 합병증)이었다.

부인과 정부(情夫)를 살해한 누명을 쓰고 수감된 은행가의 이야기를 다룬 「쇼생크 탈출」이라는 유명한 영화가 있는데 영어 제목은 「Shawshank Redemption」이다. 그다지 익숙하지 않은 Redemption이라는 단어는 '대속(代贖)'의 의미로, '노예를 값을 치르고 다시 사 오기, 남의 죄를 **인스테드**(Instead 대신)해 벌을 받거나 속죄함'이라는 뜻을 나타낸다. 기독교에서는 예수 그리스도가 인간의 원죄(Original Sin)을 대신해 '피를 흘림, **샐베이션**(Salvation 구원)'이라는 의미로 쓰인다.

글렌의 억울한 영혼이 하늘에서 **리뎀프션**(Redemption 구원)받을 수 있기를.

브리트니 메이너드의 선택

reading word · 37

브리트니 메이너드(Brittaney Maynard)는 결혼한 지 꼭 일 년
이 되는, **버베이셔스**(Vivacious 생기가 넘치는)한, 아직 **눌리웨드**
(Newlywed 신혼)의 단꿈에 젖어 있을 아름다운 29세 여성이
었다. 대학에서 **페더고우지**(Pedagogy 교육학) 석사 학위(Master's
Degree)를 수료한 그녀는 **트래벌**(Travel 여행)을 좋아해 베트남
(Vietnam), 캄보디아 등 동남아를 여행하고, 네팔(Nepal)에서
는 **오어퍼너지**(Orphanage 고아원)에서 교사로 **서버스**(Service 봉사)
할 만큼 마음씨도 고운 사람이었다. 그런데 어느 날부터
인가 두통이 심해져 병원을 방문한 그녀에게 청천벽력 같
은 진단이 내려진다. 브리트니의 머릿속에서 **투머**(Tumor 종
양)가 발견되었고 이 Tumor는 진행 속도가 빠른 뇌암(Brain
Cancer)으로, 앞으로 6개월

밖에 살 수 없다는 의사
의 진단이 나온 것이다.
그녀의 충격은 말로 다

할 수 없었다. 그녀는 **어니스트**(Earnest 간절)하게 살고 싶었다. 사랑하는 남편 댄 디아즈(Dan Diaz)와 아기도 갖고 행복한 **패멀리**(Family 가정)를 꾸려야 했기 때문이다. 그러나 그녀의 Brain Cancer는 치료가 불가능했다. 여러 번의 **아퍼레이션**(Operation 수술)의 부작용(Side Effects)으로 그녀의 얼굴은 **스웰링**(Swelling 부어)되어 있었다. 방사능 치료(Radiation Therapy)와 독한 항암제, **키모우쎄러피**(Chemotherapy 화학 치료)로 그녀의 머리카락은 다 빠지고, 빠진 **스캘프**(Scalp 두피)에는 흉한 **번**(Burn 화상) 자국이 남을 것이다. 그녀는 고문과 같은 고통 속에서 죽어갈 것이다.

브리트니는 사랑하는 남편에게 흉한 모습을 보여 주면서 세상을 떠나고 싶진 않았다. 그녀는 **유써네이저**(Euthanasia 안락사)를 **원티드**(Wanted 원하다)했다. 그러나 미국의 52개 모든 주에서는 의사가 직접 관여하는 Euthanasia는 법으로 금지되어 있었다. 그녀가 살고 있는 캘리포니아(California)와 **어벗스**(Abuts 인접)한 오레곤(Oregon) 주에는 존엄사(Death With Dignity)라는 법이 있었다. 이 법에 따르면 의사가 치료 불가능한 말기 환자(Terminally Ill Patient)에게 스스로 목숨을 끊을 수 있도록 **메더선**(Medicine 약)을 **프러스크라이브**(Prescribe 처방)해 주면 환자는 자신의 **윌**(Will 의지)에 따라 사랑하는 이들 (Loved Ones)이 지켜보는 가운데 운명할 수 있다.

Death With Dignity 법이 **엔포어스먼트**(Enforcement 시행)되는 주는 오직 다섯 개 주밖에 없었다. 브리트니는 오레곤 주로 **무브**(Move 이사)했고, 그곳에서 의사의 **프러스크립션**(Prescription 처방)을 받아 치사량(Lethal Dose)만큼의 약을 받았다. 그녀는 얼마 남지 않은 생애 동안 **액티블리**(Actively 적극)적으로 방송에 **어피어**(Appear 출연)해 Terminally Ill Patient의 Euthanasia가 많은 주에서 **리걸러제이션**(Legalization 합법화)될 수 있도록 캠페인을 벌여 나갔으며 이 운동을 죽음을 위한 도움(Aid In Dying)이라 불렀다.

Euthanasia는 그리스어에서 '행복한'이라는 접두사 eu-에 '죽음'이라는 의미의 Thanatos가 합해져 말 그대로 '행복한 죽음'을 뜻한다. '행복감'이라는 뜻의 Euphoria, 죽은 이를 마지막으로 보낼 때 하는 '추모사'를 Eulogy라 하여 모두 eu-로 시작하는데 eu-는 '좋은, 행복한'이라는 뜻의 접두사다. 아무리 악인일지라도 죽은 후에 하는 Eulogy만큼은 좋은 말로 보내 주어야 하기 때문이다.

그러나 한편으로는 이런 Aid In Dying 운동에 반대의 목소리도 높아 갔다. **디센터**(Dissenter 반대자)들은 이 법이 시행되면 가난해 치료비가 없는 사람들, 노인(Elderly People), 장애인 등 **디서드밴티지드**(Disadvantaged 사회적 약자)들이 매정한 가족들에 의해 죽음을 선택할 것을 **코워션**(Coercion 강요)당할 것이라 주장했다. 특히 하나님이 주신 **노우블**(Noble 고귀)한 생명을 인간이 **페인펄**(Painful 괴롭다)하다고 스스로 끊을 수는 없다는 종교계의 반발도 거셌다. 일종의 자살 방조(Assisted Suicide)라는 것이다.

2014년 11월 1일, 그녀는 남편과 **머더**(Mother 어머니)가 지켜보는 가운데 숨을 거두었다. 그녀가 사망한 후에도 Death Of Dignity에 대한 논쟁은 **컨티뉴어슬리**(Continuously 계속)되고 있다. 브리트니는 **랏**(Lot 많은)한 논쟁을 남기고 사망했지만 그녀의 죽음은 우리에게 인간 생명의 존엄에 대한 엄숙한 문제를 **서제스천**(Suggestion 제시)하고 있다.

그녀의 죽음을 계기로 Euthanasia에 **엠퍼씨**(Empathy 공감)하고 찬성를 보내는 **서포어터**(Supporter 지지자)가 급격히 늘어났고 이는 우리 사회에 커다란 영향을 미쳤다.

케네디 가의 저주

1946년 당시 29세이던 JFK(John F. Kennedy, 애칭은 Jack)는 **영**(Young 젊고)하고, 잘생겼으며, 만능 스포츠맨에다, 정의감에 불타는 **유쓰**(Youth 청년)이었다. 그의 아버지 조세프 케네디(Joseph Kennedy 애칭은 Jo)는 **뱅커**(Banker 은행가)로 미국에서 가장 부유한 사람 중 한 명이었으며 **티퍼컬**(Typical 전형적)한 **어이스터크랫**(Aristocrat 귀족) 계급 출신이었다. 조는 건장한 체격에 **플러테이셔스**(Flirtatious 바람기)가 많은 남자였다. 그는 여자를 남자들의 **토이**(Toy 노리개)쯤으로 **쏫**(Thought 생각)했고, **석세스**(Success 성공)한 남자는 수많은 여자를 거느려도 상관없다는 사고방식을 가지고 있었다. 그리고 그의 아들들도 그와 같은 성공한 삶을 살기 원했다.

케네디는 부유한 집안의 아름다운 재클린(Jacqueline 애칭은 Jackie)을 **밋**(Meet 만나)해 결혼한다. 재키의 아버지도 악명 높은 **플레이보이**(Playboy 바
람둥이)였고, 재키도 남자
의 바람기를 당연한 것으
로 생각한다. 케네디 가문
(Family Crest)의 여자들은 그렇게 남자들의 바람을 **커나이번**
스(Connivance 묵인)했다. 케네디는 바람둥이 기질인 아버지
의 유전자를 그대로 **인헤럿**(Inherit 물려받다)했으나 불행하게
도 그의 **헬쓰**(Health 건강)만은 이어받지 못한 듯했다. 케네디
는 늘 병마에 시달렸다. 그는 에디슨 병(Addison's Disease)을
앓고 있었다. Addison's Disease는 **키드니**(Kidney 콩팥)에 이
상이 생겨 만성 **퍼티그**(Fatigue 피로)를 느끼는 희귀한 병(Rare
Disease)이었다. 가톨릭 신자였던 케네디는 네 번이나 신부
님(Catholic Priest)으로부터 종부 성사(Last Rites)를 받기도 했
다. Last Rites란 죽음을 앞둔 자에게 베푸는 가톨릭 교회
의 **리추얼**(Ritual 의식)이다.

젊은 시절 케네디는 자주 목발을 짚고 다녔다. 이 병의
오운리(Only 유일)한 치료약인 코티존(Cortisone)은 심각한
부작용(Side Effect)이 있었는데 남녀 모두 이 약을 복용하
면 **러바이도우**(Libido 성욕)가 **아이딜**(Ideal 이상적)로 증가하는
것이었다. 그 결과 케네디는 상대를 가리지 않는 **인디스**
크릿(Indiscreet 무분별)한 수준의 섹스 **어딕션**(Addiction 중독)에

빠졌다.

케네디는 **펄리터컬**(Political 정계)에 발을 들이기 전 2차 세계 대전 당시 뉴욕의 해군 정보국(US Navy Intelligence) 소속으로 미 해군에 근무했다. 케네디는 그 시절 덴마크인(Danish) 잉가 아바드(Inga Arvad)라는 유부녀(Married Woman)와 깊은 관계를 맺고 있었다. 잉가는 히틀러와도 **인터멋**(Intimate 막역한)한 사이었고, 수많은 독일군 **오퍼서**(Officer 장교)들과도 친한 독일 스파이란 의혹을 받는 인물이었다. 이에 따라 미국의 FBI가 은밀하게 조사에 착수하게 되고, 이때부터 FBI는 케네디를 **어텐션**(Attention 주목)하게 된다.

당시 FBI **디렉터**(Director 국장)는 전설적인(Larger Than Life) 존 에드거 후버(John Edgar Hoover)였다. 그는 50년에 걸쳐 Director의 자리를 지키며 여섯 명의 대통령을 거쳤다. 대통령을 비롯한 정치가와 사회 거물(Big Shot)들의 은밀한 비밀이 그의 손아귀 안에 있었다. 그는 미국 대통령들도 눈치를 살피는 막강한 숨은 권력자였다. 지금도 FBI의 **사인보드**(Signboard 간판)에는 그의 이름이 **인그레이브드**(Engraved 새겨져)되어 있다. 후버는 **시크릿**(Secret 은밀)하게 케네디의 성적 방탕(Sexual Indiscretion)과 관련한 자료를 모으기 시작한다. 참고로, 그는 한평생 여자에게는 **인디퍼런스**(Indifference 무관심)한 게이(Gay)였다.

케네디와 후버의 악연은 이때부터 싹이 트기 시작된다. 젊고 패기 넘치는 케네디는 29세 때 매사추세츠 주의 **세너터**(Senator 상원의원)에 **일렉터드**(Elected 당선)된다. **테느여**(Tenure 재직) 시절 케네디의 인기는 하늘을 치솟았고, 그 폭발적인 인기를 업고 대통령의 자리에까지 **챌런지**(Challenge 도전)하게 된다. 선거 운동(Election Campaign)에 나선 케네디를 아버지 조는 물심양면으로 지원을 아끼지 않는다. 조는 은행가가 되기 전 금주법 시절 주류 **부틀레킹**(Bootlegging 밀매)으로 큰돈을 모았고, 마피아와 깊은 관계가 있었다. 마피아는 미 전역의 노조를 장악하고 있었고, Election Campaign에 결정적인 **인플루언스**(Influence 영향력)를 행사했다. 조는 아들의 Campaign를 도와주면 나중에 카지노(Casino) 건설에 **프라핏**(Profit 이권)을 주겠다고 마피아에게 약속한다. 마피아는 케네디가 미국 각지로 유세를 다닐 때 **이벤트**(Event 행사)를 **호우스트**(Host 주최)하며 밤에는 여자를 제공하기도 했다. 그중 한 여자가 이혼녀였던 주디스 캠벨(Judith Cambell)이었다. 그녀는 마피아와 깊은 관계가 있는 고급 창녀(Working Girl)였다. Working Girl에는 '일하는 여성, 여공'이라는 뜻 외에 '매춘부'라는 의미도 있다.

대통령 선거에서 닉슨을 누르고, 1960년 35대 미국 대통령으로 당선된 케네디는 자신의 **브러더**(Brother 동생)인 35세의 새파랗게 젊은 로버트 케네디(Robert Kennedy 애칭은 Bobby)를 후버의 **바스**(Boss 상관)인 법무부장관(Attorney General)으로 **어포인트먼트**(Appointment 임명)한다. 케네디의 여자관계를 샅샅이 조사하던 후버에게는 **디스그레이스펄**(Disgraceful 치욕적)한 일이었다. 후버는 백악관으로 케네디를 찾아가 주디스는 마피아의 여자이니 관계를 끊으라고 **원**(Warn 경고)한다. 그러나 케네디는 후버의 경고를 철저히 무시한다. 자신이 어떤 여자를 사귀든 간섭하지 말라는 식이었다. 당시 케네디는 후버가 얼마나 힘 있고, 무서운 **애드벌서리**(Adversary 적수)인지를 몰랐다.

케네디는 주디스를 백악관으로 끌어들이는 것도 모자라 할리우드의 섹스 심벌 마릴린 먼로(Marilyn Monroe)를 백악관의 대통령 침실로까지 불러들였다. 대통령의 여자관계는 그야말로 **인세이셔벌**(Insatiable 만족을 모르는)한 수준이었다.

'완벽한' 대통령의 '문란한' 여자 관계

먼로의 첫 번째 남편이었던 **플레이라이트**(Playwright 극작가), 아서 밀러(Arthur Miller)는 **카머너스트**(Communist 공산주의자)였고, 먼로와 친한 사람들 중에는 **레프티스트**(Leftist 좌익 인사)가 많았다. 그녀는 **이디엇**(Idiot 백치)이었고, **드러그**(Drug 약물)에 의지했으며,  **이모우셔널**(Emotional 정서적)하게 **언스테이벌**(Unstable 불안한)한 인물이었다. 먼로는 케네디에게 사랑의 **필링**(Feeling 감정)을 느꼈으나 케네디에게 먼로는 한낱 성적 **플레이씽**(Plaything 노리개)에 불과했다. 백치에 마약 중독(Substance Abuse)이었던 먼로가 언제 대통령과의 관계를 **익스포우즈**(Expose 폭로)할지 모를 일이었다.

1962년 5월 백악관에서 케네디의 마흔다섯 번째 **버쓰데이**(Birthday 생일) 파티에 **인비테이션**(Invitation 초대)되어 축가를 부른 먼로는 그로부터 석 달 뒤인 8월 5일 알몸인 상태로 La의 자택에서 숨진 채 발견되었고, 그녀의 죽음은 엄청난 미스터리(Mystery)로 남았다. 그녀가 침실에서 마지막으로 **텔러포운**(Telephone 전화)을 건 상대는 케네디의 동생 바비였고, 그녀의 주검 옆에 **크럼펄드**(Crumpled 구겨진)된 채 놓여진 메모에는 케네디의 백악관 직통 전화번호가 적혀 있었다.

1962년, 영국의 정치가(No. 10 Downing Street 영국 수상 관저의 번지)를 뒤흔든 섹스 스캔들이 발생했다. Downing Street

10번가는 우리나라의 여의도와 같은 정치 중심가다. 당시 19세이던 모델 지망생(Would-Be Model)이 영국 국방장관(Defense Minister)과 불륜 관계에 빠진 사건이었으나 조사 결과, 단순한 바람이 아니었다. 이 모델은 소련의 **엠버시**(Embassy 대사관) 직원과 애인 사이었고 그녀는 소련의 사주를 받은 콜걸들 중 한 명이었던 것이다. 스캔들은 일파만파 **리펄**(Ripple 파장)을 일으키며 영국의 Downing Street를 **힛**(Hit 강타)했고, 이는 결국 총리(Prime Minister)의 **레저그네이션**(Resignation 사임)으로까지 이어졌다.

그런데 그 **리퍼커션즈**(Repercussions 영향)가 미국으로까지 튀게 된다. 콜걸 중 한 명이 미국에서 모델 활동을 할 때 케네디와 잠자리를 했고, 그 과정에서 비밀 **인포어메이션**(Information 정보)을 듣고, 그 것을 소련으로 빼돌렸다는 충격적인 내용이었다. 이 모든 **서스피션**(Suspicion 의혹)에도 불구하고 케네디의 인기는 식을 줄을 몰랐다. 여자를 좋아한 것만 빼면 케네디는 **퍼픽트**(Perfect 완벽)한 대통령이었다. 그는 항상 못 가진 자와 **워커**(Worker 노동자)의 편에 섰고 정의를 외쳤고, 흑인에 대한 차별 철폐를 위해서도 앞장섰다. 소련과 핵실험 금지 조약(Nuclear Test Ban Treaty)을 이끌어 내고, **문**(Moon 달)에 인간을 보낸 아폴로 **스페이스크래프트**(Spacecraft 우주선)의 쾌거로 그의 Popularity는 하늘을 찌를 듯했다. 그러나 케네디의 여성 편력은 여기서 끝나지 않았고, 상대를 가리지 않았다. 그의 마지막 상대는 당시 미국 동독 대사관의 무관(Military Attache)의 부인이었던 엘런 러맷취(Ellen Rometsch)였다.

동독이 심은 스파이였던 그녀는 엘리자베스 테일러(Elizabeth Taylor)와 비교해도 손색이 없을 정도로 미모가 **스트라이킹**(Striking 빼어난)한 여성이었다. 케네디는 그녀에게 깊이 빠져 밤마다 백악관에서 **리에이잔**(Liaison 밀회)을 즐기게 된다.

FBI 국장 후버는 케네디를 인간적으로 증오했고, 이런 대통령의 **러시비어스**(Lascivious 호색)한 여성관계를 견딜 수 없어 했다. 후버는 **써로**(Thorough 철저)하게 공산주의자를 **애브호어**(Abhor 혐오)한 인물이었다. 그러나 그는 국민들의 광적인 지지를 받는 케네디를 쉽게 쓰러뜨릴 수가 없었다. 이런 와중에 댈러스를 방문한 케네디가 **모우터케이드**(Motorcade 차량 행진) 중 **어새선**(Assassin 암살자)의 흉탄에 쓰러진다. 1963년 11월 22일의 일이었다. 이 죽음으로 케네디의 사생활(Private Life)은 비밀에 부쳐지고(Be Shrouded In Secrecy) 그는 미국의 **히어로우**(Hero 영웅)로 길이 남게 된다.

'형의 남자' 로버트 케네디

JFK의 아버지 조는 막대한 재산(Great Amount Of Fortune)을 모 았지만 그것만으로 만족하지 않는다. 그가 진정으로 가지 고 싶었던 것은 **캐셰이**(Cachet 명성)이었다. Cachet는 '공문서 에 찍는 관인'을 말하는 것으로 비유적으로 '사회적 명성, 권력'의 의미가 되었다. 그는 자신이 갈망하는 Cachet의 꿈을 아들들에게 **프라젝션**(Projection 투영)시킨다. JFK는 둘째 아들이었고, 그 위에는 형이 있었다. 큰 키에 잘생기고 **브 라이트**(Bright 총명)한 큰아들을 조는 끔찍하게 사랑했고, 그 래서 그의 이름도 자신과 **세임**(Same 똑같이)하게 조세프 케네 디 주니어(Joseph Kennedy Junior)라고 짓는다. Junior(Jr.)는 2 세, '분신'이라는 뜻이다.

조는 큰아들(One's Eldest Son)을 미국 대통령으로 만들기 위 해 **에저케이션**(Education 교육)에 온갖 투자를 아끼지 않는다. 모든 아버지들이 그렇듯 그는 큰아들에게 각별한 애정을 쏟았다. 그런 아들이 2차 세계 대전에서 해군 장교로 참 전했다가 전사했을 때 조가 느낀 슬픔은 말로 다 할 수 없 는 것(Beyond Description)이었다. 이후 조는 **프러스트레이션** (Frustration 좌절)된 자신의 꿈을 둘째 아들인 JFK에게 쏟기 시작한다. 케네디보다 여덟 살 아래인 셋째 아들 로버트 는 어릴 때부터 작은 키에 **샤이너스**(Shyness 수줍음)를 많이 타는 성격이었다. 로버트의
어피셜(Official 정식) 이름은
Robert Francis Kennedy
로, 후에 형인 JFK와 비교
해 RFK로 유명해졌고, 애
칭(Pet Name)으로 바비(Bobby)라 불린다.

그는 항상 어머니 로즈(Rose)의 치맛자락에 매달려 다니
는 **시시**(Sissy 계집아이 같은 사내)였고 **시스터**(Sister 누나)와 여동
생과만 어울려 놀았다. 조는 그런 바비가 영 마음에 들지
않았다. 그래서 바비를 가리켜 우리 가족의 Runt(런트)라
고 불평했다. Runt는 **피그**(Pig 돼지) 같은 **비스트**(Beast 짐승)가
한 배에 많은 새끼를 낳았을 때 그중 가장 약한 새끼를 가
리킨다. 참고로 조세프를 조, 로버트를 바비로 부르는 것
을 **펫 네임**(Pet Name 애칭)이라 하는데 Pet Name은 친구나 가
족끼리 **프렌들리**(Friendly 친근)하게 부르는 이름으로 알렉산
더(Alexander)를 알렉스(Alex), 에이브러햄(Abraham)을 에이
브(Abe)라 부르는 식을 가리킨다. 바비는 아버지의 관심
을 끌기 위해 일부러 **러프**(Rough 거칠고)하고 남자답게 행동
하지만 내면 깊은 곳에는 **텐더너스**(Tenderness 부드러움)와 수
줍음이 자리하고 있었다. 하버드 대학교를 **그래주에이션**
(Graduation 졸업)하고 로 스쿨(Law School)을 **피니싱**(Finishing 수료)

한 뒤 변호사가 된 바비는 아버지의 후광으로 법무부에 취직해 **뷰러크랫**(Bureaucrat 관료)의 길을 걷게 된다.

바비의 부드러우면서도 **스트롱**(Strong 강인)한 내면의 **케릭터**(Character 성품)를 바르게 간파한 사람은 형 JFK였다. 일찍 정치에 뜻을 둔 케네디는 동생에게 선거 사무실을 책임질 선거 본부장의 자리를 맡긴다. 그리고 바비는 모든 사람의 예상을 뒤집고 훌륭하게 그 **미션**(Mission 임무)을 해낸다. 그는 상대편 닉슨의 선거 운동원들과 몸싸움도 마다하지 않았고, 상대의 거친 말에도 **스파잇펄**(Spiteful 독기서린)한 말로 맞받아쳤다. 그는 형을 당선시키기 위해 모든 **매커네이션즈**(Machinations 권모술수)를 총동원했다. 많은 사람들이 '보기와는 달리 독하고 무섭다'고 혀를 내두를 때 바비는 이렇게 말한다.

"난 무슨 말을 들어도 좋다. 형이 잘 되기만 한다면."

바비의 뛰어난 활약에 힘입어 JFK는 결국 1960년 대통령에 당선된다. 케네디는 바비에게 Attorney General의 자리에 임명한다. 바비가 서른다섯 살 때의 일로 미국 역사상 최연소 기록이었다. 새파란 애송이라는 우려에도 불구하고 바비는 조직 범죄(Organized Crime)와의 싸움과 흑인들의 인권운동(Civil Rights Movement)에 온 힘을 쏟으며, 훌륭하게 업무를 **풀필먼트**(Fulfillment 수행)한다. 바비에게 있어서 JFK는 형 이상의 존재로 그는 진심으로 JFK를 존경하고 따랐다. 그는 소위, 왕의 남자, 아니 형의 남자였던 것이다. JFK도 여덟 살이나 어린 Baby Brother, 바비에게 모든 국가의 중대사를 **디스커션**(Discussion 의논)하고 비밀을 털어놓는다. 바비는 케네디의 **칸퍼댄트**(Confidante 최측근)이자 보호자였다. Confidante는 '비밀을 털어놓을 수 있는 친구'라는 뜻이고, Protector는 '지켜주는 이'라는 뜻이다.

"깨닫는 자는 고통을 받으리라"

JFK는 가난한 자들 편에 서서 평등한 사회를 만들고자 했고, 정의 실현을 위해 **리딩**(Leading 앞장섬)한 역사에 남을 만한 훌륭한 대통령이었다. 미국 국민들은 젊고, 잘생기고 정의감에 **버닝**(Burning 불타는)한 **힘**(Him 그름)을 통해 미국과 **원셀프**(Oneself 자신)의 미래를 보았다. 그러나 JFK는 여자 관계가 **프로우미스쿼스**(Promiscuous 문란한)한 인물이었다. 부유한 집안의 재키와 결혼했으나 대통령이 되었어도 백악관으로 고급 콜걸들을 끌어들이고, 여비서(Female Secretary)들, 10대 인턴 여직원들과 문란한 관계를 이어간다.

바비는 JFK의 Lightning Rod이기도 했다. Lightning Rod 는 '피뢰침'으로, '남이 받아야 할 비난을 자신이 대신 받는 자'를 가리킨다. 바비는 대통령에게 쏟아질 비난을 온몸으로 **블락**(Block 막다)한다. JFK가 1963년 댈러스에서 Assassination당했을 때 바비의 충격과 슬픔은 이루 다 말할 수 없을 정도였다. 너무나 큰 슬픔으로 그는 건강을 해치고 미래까지도 **글루미**(Gloomy 암울)한 지경에 처한다. 이런 바비를 곁에서 위로해 준 사람은 형수(Elder Brother's Wife)인 재키였다. 재키는 바비에게 그리스의 시인 아이스킬로스(Aescylos)의 시집을 선물한다. 바비는 이 시집을 읽고 또 읽으며, 슬픔을 극복하고, 슬픔을 통해 더 큰 힘을 얻고 더 강해져 갔다. 이를 계기로 바비와 재키는 자주 둘만의 시간을 가졌고, 케네디의 묘소를 함께 가기도 하며 관계가 급속히 가까워진다.

바비는 24세 때 재벌가의 딸 에설 스카켈(Ethel Skakel)과 결혼했는데 에설은 성격이 **아웃고우잉**(Outgoing 명랑)하고 스포츠를 **엔조이잉**(Enjoying 즐기는)하는 착한 여성이었다. 결혼 전 **디바우트**(Devout 독실한)한 가톨릭 신자로 한때 **넌**(Nun 수녀)이 될 결심을 한 적도 있었다. 그녀는 바비가 형수인 재키와 지나치게 가까이 지내는 것을 **토어멘티드**(Tormented 괴로워)한다. 그러나 바비가 결국 자신을 버리지는 않을 것이라는 확신이 생기자 재키가 집에 오면 일부러 **아웃**(Out 외출)을 하여 따로 자리를 만들어 주기까지 했다. 재키는 JFK와 결혼 생활을 했지만 그녀가 진정으로 사랑한 남자는 바비였다. 바비가 1968년 대통령 출마를 선언하자 불길한 **헌치**(Hunch 예감)를

한 재키는 눈물로 말리기도 했다.

당시 미망인이었던 재키에게는 그리스의 선박 왕(Shipping Magnate)이자 세계적 갑부 오나시스(Aristotle Onassis)가 청혼한 상태였다. 오나시스의 이름은 Aristotle로, 그는 그리스의 대철학자 아리스토텔레스와 이름이 같았다. 재키는 바비의 대통령 선거(Presidential Election)가 끝날 때까지 기다려달라고 오나시스(Onassis)에게 부탁한다. 오나시스도 재키와 바비의 관계를 알고 있었다. 오나시스는 이 Affair를 폭로해 바비를 파멸시키고 싶었으나 재키가 자신을 떠날까봐 두려워 그러지 못했다.

바비도 Over My Dead Body라는 표현을 쓰며, 재키가 오나시스와 결혼하는 것을 **바이얼런틀리**(Violently 극렬히)하게 반대했다. Over My Dead Body는 직역하면 '나의 죽은 몸을 넘어'로, '내 눈에 흙이 들어가기 전에는 절대 안 돼'라는 뜻으로 자주 쓰는 **이디엄**(Idiom 숙어)이다.

당시 측근들의 증언에 따르면 두 사람이 **이넙로웁리잇**

153

(Inappropriate 부적절)한 사이었다는 의심을 받기에 충분한 **에버던스**(Evidence 증거)들이 있었다. 바비와 재키가 가족끼리 **러그저리**(Luxury 호화)한 요트 여행을 갔을 때 두 사람이 갑판 아래의(Below Deck) **캐번**(Cabin 선실)에서 오랜 **타임**(Time 시간)을 함께 보낸 일도 있었다. **소우셜랏**(Socialite 사교계의 명사)인 한 여성은 케네디 가의 파티에 초대받아 갔다가 풀장 근처 의자에 **타플러스**(Topless 상반신 노출)를 한채 누운 재키 옆으로 바비가 다가와 한 적나라한 행동을 생생히 전하기도 했다. 바비의 **세크러테어리**(Secretary 비서)는 재키가 집무실 의자에 앉아 있는 바비의 무릎 위에서 **스트래덜**(Straddle 올라앉아)하고 팔로 바비의 목을 감싸 안은 장면을 **사이팅**(Sighting 목격)하기도 한다.

'제왕은 무치(無恥)'라는 말이 있다. 권력자는 '수치심(A Sense Of Shame)이 없다'라는 의미다. 원래는 아주 깊은 뜻이 있는 **세이잉**(Saying 명언)이지만 어마어마한 부자나 권력자는 일반인의 도덕관을 **트랜센드**(Transcend 초월)한다. 바비는 대통령 예비선거에서 큰 **빅터어리**(Victory 승리)를 거두고 로스앤젤레스의 앰베서더 호텔(Hotel Ambassador)로 돌아와 파티를 연다. 호텔의 **키천**(Kitchen 주방)에 들러 **쿡**(Cook 요리사)들에게 **쌩크스**(Thanks 감사)의 **그리팅**(Greeting 인사)을 하던 바비는 24세의 요르단 청년, 시르한 시르한(Sirhan Sirhan)의 **불럿**(Bullet 총탄)에 쓰러진다.

병원으로 옮겨진 바비는 뇌사(Brain Death) 상태에 빠진다. 그리고 생명 연장 장치를 떼(Pull The Plug), 바비를 저세상으로 보내는 자리에 있던 여인은 에설이 아닌 재키였다. 1968년 **준**(June 6월) 6일의 일이었고, 재키는 그해 **악토우버**(October 10월), 오나시스와 결혼식을 올린다. 바비는 형의 무덤에서 약 30미터 떨어진 알링턴 Arlington National Cemetery(국립묘지)에 묻혔다. 그의 무덤 **에퍼태프**(Epitaph 묘비명)에는 재키가 선물한 그리스 시인의 시 한 구절이 다음과 같이 새겨져 있다.

He Who Learns Must Suffer. And Even In Our Sleep, Pain That Cannot Forget Falls Drop By Drop Upon Our Heart(깨닫는 자는 고통을 받으리라. 꿈속에서라도, 견딜 수 없는 아픔이 방울방울 심장 위로 떨어진다).

자살인가, 타살인가

마릴린 먼로(Marilyn Monroe)는 1926년 6월 1일에 태어났다. 어머니는 영화 제작소의 직원이었고 아버지는 Drifter였다. Drifter는 일정한 **어보우드**(Abode 거주지)가 없이 일거리를 찾아 떠돌아다니는 사람을 가리키는데 비슷한 단어로

Vagrant가 있다.

아버지는 어린 마릴린과 어머니를 **어밴던**(Abandon 버리고)하고 떠나버린다. 어머니는 정서적으로 불안한 사람이었고 **헐루서네이션**(Hallucination 환청)에 시달리는 정신분열증으로 정신병원을 들락거리는 일을 반복한다. 어린 마릴린은 열 군데가 넘는 위탁 가정(Foster Home)을 전전하며 불행한 어린 시절을 보낸다.

뛰어난 미모를 가진 마릴린은 곧 할리우드의 촉망되는 샛별(Rising Star)이 되어 여러 영화에 단역(Minor Roles)으로 출연한다. 그러다 한국전(Korean War)에 참전한 미군의 위문 공연(Entertaining Troops)으로 폭발적인 인기를 끌며 미국 **베스트**(Best 최고)의 섹스 심볼로 우뚝 서게 된다. 그녀는 권력 있는 남자에게 끌렸고, 권력 있는 남자들은 **매그넛**(Magnet 자석)에 끌리는 쇠붙이처럼 그녀에게 **개더**(Gather 모여)하였다. 그러나 그녀의 **센셔월**(Sensual 관능적)한 몸만 **커벗**(Covet 탐하다)한채 결국은 그녀의 곁을 떠나버렸다.

세 번의 이혼과 세 번의 유산, 헤아릴 수 없는 **파아팅**(Parting 이별)이 그녀의 **스피럿**(Spirit 정신)을 **노**(Gnaw 갉아먹다)하기 시작했다. 마릴린은 불면증에 시달리며, 밤마다 독한 위스키에 다량의 **세더티브**(Sedative 신경안정제)를 삼키고서야 가까스로 잠이 들었다. **모어닝**(Morning 아침)이면 약에 취해 몸을 가누지 못할 지경이 되었고, 심한 감정 기복(Mood Swings)에 시달린다. 이때 그녀에게 **페이트**(Fate 운명)처럼 거대한 권력을 지닌 두 남자가 다가온다. 당시 35세의 최연소 Attorney General이었던 로버트 케네디와 그의 형인 미국 대통령 JFK였다.

1952년 8월 4일 밤 마릴린은 친구였던 할리우드의 미남 배우 피터 로퍼드(Peter Lawford)와 저녁 식사 약속이 있었다. 피터는 JFK의 여동생 퍼트리샤(Patricia 애칭은 Pat)와 결혼한 대통령의 처남(Brother-In-Law)으로 마릴린을 JFK에게 소개해 준 인물이었다. 저녁 약속이 취소되어 자신의 저택으로 **얼리**(Early 일찍)하게 **호움커밍**(Homecoming 귀가)한 마릴린은 오후 8시가 조금 넘은 이른 시간에 잠자리에 들었다.

가정부였던 유니스 머리(Eunice Murray) 여사는 자신의 **룸**(Room 방)에서 있다가 **미드나이트**(Midnight 자정)때 보니 마릴린의 방에 불이 켜진 상태로, 누군가와의 **아아겨먼트**(Argument 말다툼)를 듣는다. 그녀는 이를 별로 대수롭지 않게 생각해 제 방으로 돌아왔다. 그녀가 다시 새벽 3시쯤 마릴린의 방 쪽을 보니 불이 계속 켜진 상태였고, 이를 이상하게 여긴 유니스가 마릴린의 주치의인 정신과 의사인 랠프 그린슨

(Ralph Greenson)에게 전화를 했고, 곧바로 달려와 문을 **브레익**(Break 부수다)하고 들어간 랠프는 마릴린이 벌거벗은 채 침대에 사망한 상태로 누워 있는 모습을 발견한다.

1962년, 그녀는 수많은 **칸트러버시**(Controversy 논란)를 남기고 그렇게 사망한다. 신고를 받고 달려온 LA 경찰의 15년 경력 베테랑 **사아전트**(Sergeant 경사)인 잭 클레먼은 **두비어스**(Dubious 석연치 않은)한 **포인트**(Point 점)를 발견한다. 주치의였던 랠프의 **엑스플러네이션**(Explanation 설명)에 의하면 마릴린이 약물 과다(Substance Abuse)로 사망한 것 같다고 했고 마릴린의 **나잇스탠드**(Nightstand 침대 옆 탁자)에는 여덟 개의 약통이 비어 있는 채로 발견되었다. 그러나 어디에도, 알약을 삼킬 물 잔이나 술이 발견되지 않았다. Housekeeper였던 유니스에게 **퀘스천**(Question 질문)을 할 때 그녀는 초조해 보였고, 뭔가를 감추고 있는 듯 보였다.

LA 경찰국(Lapd, Los Angeles Police Department)으로 옮겨진 시신은 곧바로 **오탑시**(Autopsy 부검)에 들어갔고 결과는 '자살의 가능성이 있음(Probable Suicide)'이라는 **앰비규어스**(Ambiguous 모호)한 것이었다. Probable은 '확실하지는 않지만 그럴 가능성이 있는'이라는 뜻을 나타낸다.

코러너(Coroner 검시관)의 중 한 명인 일본계 미국인(Japanese Descent)인 토머스 노구치가 **하머사이드**(Homicide 살인 사건)의

라익리후드(Likelihood 가능성)를 주장했지만 받아들여지지 않는다. 그렇게 마릴린의 죽음은 Mystery에 싸인 채 대중들의 뇌리에서 잊혀져 갔다.

그런데 마릴린이 죽은 그날 밤, 그 방에서 일어난 모든 대화와 소리는 비밀리에 **러코어더드**(Recorded 녹음) 되고 있었다. 그 극비 테이프(Secret Tape)는 베일(Veil)에 싸여 비밀리에 보관되고 있었고 그 존재를 아는 이도 없었다.

마릴린의 죽음을 끝까지 추적하던 **라이터**(Writer 작가), 레이먼드 스트레이트는 1996년 한 통의 놀라운 제보 전화를 받게 된다. 레이먼드는 **위설블로워**(Whistleblower 내부고발자)와 사막 한가운데서 만나 직접 Tape에 담긴 충격적인 주요 대화 내용을 듣는다. Tape에 담긴 목소리의 **프로우태거너스트**(Protagonist 주인공)는 놀랍게도 바비였고, 그는 마릴린과 심하게 다투고 있었다. 바비는 "입을 다무는 게 좋을 것"이라며 위협하고 있었고, 마릴린은 "마음대로 해라. 나는 천하의 마릴린 먼로"라고 맞받아치고 있었다.

극작가는 틀리기 쉬운 단어로 Playwriter가 아니라 Playwright다. Liaison은 불어에서 온 단어로 '연락, 동맹, 관계'라는 뜻을 나타낸다. 군대에서 연락 장교를 Liaison Office라 한다. '남녀의 정사'라는 의미도 있다. **스킷서프리니어**(Schizophrenia 정신분열증)는 간단히 Schizo라고도 한다. 정신분열증 환자는 Schizophrenic이라 한다.

마지막에는 악에 받힌 마릴린이 "내 집에서 썩 나가!"라고 **샤웃스**(Shouts 고함)하는 내용이 고스란히 녹음되어 있었다. 다음날 레이먼드와 만나기로 한 Whistleblower는 영영 나타나지 않았고, Tape도 사라져버린다. 바비와 케네디 형제는 둘 다 마릴린을 성적 노리개로 삼아 실컷 **커조울**(Cajole 농락)하고 이제는 버리려 하고 있었다. 배신감을 느낀 마릴린은 분한 마음을 금할 수가 없었다.

마릴린은 대통령이 국민들에게 그녀와의 관계를 털어놓고(Go Public With The Affair) 영부인인 재키와 이혼한 후 자신과 결혼할 것을 요구했다. 세계 최고의 권력자인 케네디와, 차기 대통령을 꿈꾸던 바비로서는 도저히 받아들일 수 없는 요구였다. 마릴린의 **마우쓰**(Mouth 입)에 케네디 가문의 운명이 달려 있는 상황이었다. 그러나 바비에게도 방책은 있었다. 그는 마릴린이 그녀의 주치의인 랠프 그린슨과 은밀한 관계라는 사실을 알고 있었고, 이는 그 두 사람이 숨기는 비밀이었다.

랠프는 당시 미국 최고의 Psychiatrist로 존경받는 **퍼지션**(Physician 의사)이었고 마릴린은 그에게 **디플리**(Deeply 깊이)하게 의지하고 있었다. 둘 사이는 육체관계(Sexual Relationship)로까지 발전했다. Secret Tape에서도 침실에서 사랑을 나누는 소리, 침대의 스프링이 삐걱거리는 소리가 녹음되어 있었다. 마릴린이 죽기 전날 밤 바비는 랠프에게 전화를 걸어 그를 협박한다. 마릴린과의 비밀이 폭로되면 랠프는 자신의 가정이 무너지는 것은 물론, 의료법에 따라 자신의 환자와 Sexual Relationship을 맺은 죄로 의사 **라이선스**(License 면허)가 **캔슬레이션**(Cancellation 취소)되고, 꼼짝없이 감옥에 가야 할 처지였다.

그러던 중 **사일런스**(Silence 침묵)를 지키던 마릴린의 House keeper였던 유니스가 오랜 침묵을 깨고, 1995년 **파얼러멘트**(Parliament 의회)에서 증언을 한다. 그날 마릴린이 사망한 날 그녀와 다툰 이는 바비였고, 그가 돌아간 후 새벽 3시 마릴린의 방에 불이 켜진 것을 **서스피셔슬리**(Suspiciously 수상히)하게 여겨 그녀가 랠프 그린슨에게 전화를 했고 그린슨이 문을 부수고 들어갔을 때는 마릴린이 살아 있었다는 증언이었다. 그녀는 **칸셔스너스**(Consciousness 의식)가 없던 마릴린에게 그린슨이 **서린지**(Syringe 주사기)로 약물을 주사하는 것을 지켜보았고, 둘이서 마릴린을 침대에 똑바로 뉘였는데 경찰이 도착했을 때 그녀는 엎드려 있는 상태였다고 했다.

바르게 놓인 사체가 왜 뒤집어진 걸까? 거기에는 **리전**(Reason 이유)이 있었다. 사체를 엎어 놓으면 피가 아래로 쏠려 주사 **마아크**(Mark 자국)가 **이어레이스**(Erase 지워져)되어버리기 때문이었다. 바비는 마릴린의 죽음 이후 많은 의심을 받았으나 자신은 그녀가 죽던 날 LA에 있지 않고 샌프란 시스코의 친구 집에 있었다고 주장했다. 그러나 LAPD의 한 경관이 후일 **스테잇먼트**(Statement 진술)한 바에 따르면 사실은 그와 달랐다. 경관은 그날 마릴린의 집에서 가까운 한 **로우드**(Road 도로)인 올림픽 대로(Olympic Boulevard)에서 시속 50킬로미터의 도로를 110킬로미터 속도로 달리는 **스피딩**(Speeding 속도위반)의 차량을 발견했다. 차를 멈추게 하고 차 **인사이드**(Inside 안)를 살펴보니 유명 **액터**(Actor 배우)인 피터가 타고 있었고, 그 옆에는 그린슨 **닥터**(Doctor 박사)가 있었다. 뒷좌석(Rear Seat)에는 자신의 까마득한 상관인 바비가 타고 있었다.

JFK의 Baby Brother였던 바비는 당시 형 이상의 Popularity를 누리고 있던 전도유망한(Up-And-Coming) 정치가였다. Baby Brother는 나이 차가 많이 나는 동생을 가리킨다. 그는 하버드를 졸업한 변호사로서 형을 이어 자유세계를 이끌 다음의 대통령이 **서턴**(Certain 확실)시 되는 잘생긴 정치 **루키**(Rookie 신인)이었다. 암살당한 케네디 대통령과 로버트, 두 형제의 죽음으로 마릴린의 죽음에 대한 비밀도 그렇게 **퍼레버**(Forever 영원히)하게 묻히고 만다.

마르틴 루터(Martin Luther)가 태
어난 15세기 말의 유럽은 가톨
릭이 지배하던 **드리어리**(Dreary
암울)한 시기였다. 사람들은 태
어나자마자 바로 교회에서 **뱁**
티점(Baptism 세례)을 받고 교회에서 세운 학교에서 공부하
며, **프리스트**(Priest 신부)의 주례로 **커씨드럴**(Cathedral 성당)에서
결혼식을 하고, 교회 소유의 밭에서 일하며 세금을 교회에
바치고, 죽으면 교회에서 사망 성사(Last Rite)를 받고 교회
의 **세머테어리**(Cemetery 묘지)에 묻혔다. 교회의 가르침과 율
법은 생활의 모든 **애스펙트**(Aspect 측면)에 **퍼미에잇**(Permeate 스
며들다)하였고, 사람들의 삶을 지배했다. 인구의 대부분인
농민들의 삶은 질병과 고된 노동으로 피폐해져 갔으며, **섭**
레션(Suppression 억압)된 규범 속에서 **데설럿**(Desolate 황량)하고
빈곤한 생활을 이어갔다. 태어난 아기의 네 명 중 한 명은

163

다섯 살을 넘기지 못하고 사망했다.

루터는 1483년 독일의 작센 주(Saxony)의 아이스레벤(Eisleben)에서 태어났다. 아버지 한스(Hans)는 **퓨덜리점**(Feudalism 봉건제도)의 굴레에서 벗어나 구리 제련(Copper Smelting)을 **프러페셔널**(Professional 전문)로 하는 **스멜터**(Smelter 제련업자)였다. 루터는 아이스레벤을 떠나 어린 시절을 아버지의 **마인**(Mine 광산)이 있는 만스펠트(Mansfeld)에서 보내게 된다. 그 무렵 독일에는 막 법률가나 관리, 의사 같은 전문직에 종사하는 **부어좌**(Bourgeois 중산 계급)가 등장하고 있었다. 한스는 아들이 변호사가 되기를 원해 엄격하고 **서비얼리**(Severely 호되게)하게 길렀고, 어머니 마가레트(Margarette) 역시 **웜**(Warm 따뜻)한 사랑보다 매를 들어 교육시킨다. 나중에 루터는 자신의 어린 시절을 **헬**(Hell 지옥)과 같은 것이었다고 **레컬렉션**(Recollection 회상)한다. 루터 역시 교회 **콰이어**(Choir 성가대)에서 노래를 하고 미사(Mass) 때는 사제를 **어시스트**(Assist 보좌)하는 복사(服事 Altar Boy)로서 교회에 **페이쓰펄**(Faithful 충실)한 소년으로 성장한다.

한적한 시골에서 성장한 루터는 18세 때 법을 공부하기 위해 **호움타운**(Hometown 고향)을 떠나 **페얼리**(Fairly 제법)하게 큰 도시인 어퍼트(Erfurt)로 유학을 간다. 이 복잡한 도시의 모습은 그에게 충격을 가져다주었다. 거리 곳곳에는 **태**

번(Tavern 선술집)과 바 그리고 시의회(City Council)에서 **더렉트**(Direct 직접)로 운영하는 **브라쎌**(Brothel 사창가)이 있었고, 거리에는 여자들의 **래프터**(Laughter 웃음소리)가 끊이지 않았다. 당시에는 마실 물의 수질(Water Quality)이 좋지 않아 사람들은 **비어**(Beer 맥주)나 와인을 즐겨 마셨고, 루터는 새롭게 사귄 친구들과 Tavern을 드나들며 술을 즐기고, **뮤직**(Music 음악)에 빠져 악기(Musical Instrument)를 배우며 즐거운 대학 생활을 보냈다. 그는 보통의 젊은이로서 청춘이 주는 즐거움을 한껏 **엔조이드**(Enjoyed 즐기다)했다.

루터는 공부도 **이거너스**(Eagerness 열심)하게 하여 문법, **라직스**(Logics 논리학), **레터릭**(Rhetoric 수사학), **메터피직스**(Metaphysics 형이상학) 등에서 석사 과정(Master's Degree)을 마치게 된다. 그러나 1505년 루터가 스물두 살 때 흑사병(Black Death)이라는 **페이털**(Fatal 치명적)한 전염병(Plague)이 유럽 전역을 휩쓸면서 하룻밤 사이에 온 마을 사람들이 죽어 나가는 일이 발생한다. 이 **페스털런스**(Pestilence 전염병)는 이후 100년에 걸쳐 유럽의 인구 **해프**(Half 절반)를 사망에 이르게 한다. 루터도 친구 세 명을 Black Death로 잃게 되는데 이것은 그에게 깊은 **와운드**(Wound 상처)로 남았다. 루터는 Plague를 피하기 위해 잠시 고향에서 머물렀고, 대학으로 돌아가기 위해 말을 타고 어퍼트로 가던 중 심한 폭풍우를 만난 그는 벼락 소리에 놀라 그만 말에서 떨어지고 만다.

죽음의 공포(Fears Of Death)가 밀려와 두려움에 떨던 그는 순간 **니**(Knee 무릎)를 꿇고 하나님께 간절히 기도했다. 그의 뇌리에 친구들의 죽음이 떠올랐고 방탕했던 자신이 죽어 Purgatory에 떨어질지 모른다는 공포감이 밀려왔다. 그는 살려만 주시면 **멍크**(Monk 수도사)가 되어 한평생을 하나님의 종으로 살겠노라며 간절히 기도했다. 하나님과 한 나약한 인간의 거래가 이루어진(Strike A Deal) 것이다. 그 기도 덕분이었을까? 살아 돌아온 루터는 바로 학교에 자퇴서를 **서브미션**(Submission 제출)한 뒤 당시 독일에서 가장 엄격한 **마너스테어리**(Monastery 수도원)인 아우구스투스수도회(Order Of Saint Augustine)로 들어가 Monk가 되었다.

이런 사실에 아버지는 크게 **디서포인트먼트**(Disappointment 실망)하고 불호령을 내렸지만 그의 결심은 **펌**(Firm 단호)했고, 누구도 꺾을 수 없었다. **서브미시브**(Submissive 순종적)하기만 하던 아들이 드디어 자신의 인생을 스스로 결정하면서 **리벨런**(Rebellion 반항)이 시작된 것이다. 이 일을 계기로 루터는 평생을 권위와 잘못된 권력에 도전하는 **레벌**(Rebel 반항아)의 삶을 사는 첫 발을 내딛게 된다.

기대가 싸늘한 절망으로

루터는 Monastery에서 누구보다 엄하게 자기 **이너**(Inner 내면)의 **디자여**(Desire 욕망)와 싸운다. 소박한 **푸드**(Food 음식)와 해진 옷 그리고 **코울드**(Cold 차가운)한 방에서 **블랭컷**(Blanket 담요)도 덮지 않고 잠을 자며 오직 기도에 **데더케이션**(Dedication 전념)하며 수행을 한다. **월들리**(Worldly 세속)에서 누리는 **딜리셔스**(Delicious 맛있는)한 음식과 **컴퍼트**(Comfort 안락)한 잠자리, **피지컬**(Physical 육체적)한 욕망, 이 모든 것을 거부하며 그는 예수님이 광야를 떠돌며 겪은 모든 **하아드쉽**(Hardship 고난)을 그대로 체험하려 한다.

한번은 눈 속에 나가 잠을 자다 거의 죽을 뻔한 것을 **펠로우**(Fellow 동료)인 수사가 끌고 온 적도 있었다. 이때의 수행으로 루터는 **라이프타임**(Lifetime 평생)의 건강을 해치게 된다. Monastery에서는 당시 **다이잉**(Dyeing 염색) 공장과 **브루어이**(Brewery 양조장) 그리고 **팜랜드**(Farmland 농토)를 소유하며 농민들에게 일을 시키고 술과 옷을 팔아 막대한 **인컴**(Income 수입)을 올리고 있었는데 이 일이 루터로 하여금 **디실루전**(Disillusion 환멸)과 혐오를 갖게 한다.

루터는 육체적 **퓰**(Pure 순결)과 **프루갤러티**(Frugality 검소)함, 그리고 간절한 기도로 가장 뛰어난 수사가 되었고, 흰 옷의 **나버스**(Novice 수련 수사)에서 검은 옷의 견진 수사(Confirmed

Monk)로 곧바로 뛰어올라 **빌리버**(Believer 신도)를 이끄는 자리에 오른다.

Novice는 '수련 수사'를 나타내는 말이지만 '초보자, 풋내기'를 뜻하기도 하며, Confirmed는 '진실이 입증된, **빌리프**(Belief 신념)가 깊은'이라는 뜻이다.

이런 루터에게 1510년 가톨릭의 본고장 로마교황청(The Vatican)에서 열리는 회의에 **델러것**(Delegate 대표단) 자격으로 **어텐드**(Attend 참석)하는 임무가 주어지고, 그는 들뜬 마음으로 2개월에 걸친 긴 성지 순례의 길에 오른다. 성 베드로(St. Peter)의 무덤이 있고, 수많은 **마아터즈**(Martyrs 순교자)들이 피를 흘렸으며, 유럽 대륙의 모든 교회의 **캐피털**(Capital 수도)인 성스러운 도시에 발을 디딘다는 **쓰릴**(Thrill 설렘)으로 그는 가슴이 벅차올랐다.

그가 본 로마는 상상을 초월했다. 거대하고 호화로운 **빌딩**(Building 건물)과 대성당 그리고 군대와 **캐넌**(Cannon 대포)으로 둘러싸인 교황의 저택(Papal Apartments) 등이 그의 눈에 들어왔다. 당시는 르네상스의 절정기로 미켈란젤로(Michelangelo)의 성 시스틴 성당(The Sistine Chapel)의 수십 미터에 달하는 천정화(Ceiling Paintings)와 **포웁**(Pope 교황)의 사저에 그려진 라파엘(Raphael)의 벽화(Mural Paint)는 그 사치스러움이 극에 달했다.

돈은 **이벌**(Evil 악)의 **소어스**(Source 근원)이며, 돈을 빌려주고 **인터어레스트**(Interest 이자)를 받는 **유저리**(Usury 고리대금업)는 **바이벌**(Bible 성경)에서 엄하게 금지하는 것이었지만 Vatican은 정반대의 일을 하고 있었다. **퍼블릭**(Public 일반인)들은 거의 대부분이 문맹이었고, 글을 아는 사람은 극소수의 **클레릭**(Cleric 성직자)들뿐이었기 때문에 **버쓰**(Birth 출생) 증명서, 결혼허가서, 사망 **서티피컷**(Certificate 증명서) 등 모든 **다커멘트**(Document 서류) 작성을 위해서는 교회에 돈을 바쳐야 했다.

수녀나 신부가 되기 위해 혹은 고위직인 **카아디널**(Cardinal 추기경)의 자리도 금전으로 매관매직이 이루어졌다.

Vatican은 유럽 영토의 40퍼센트의 토지를 소유했으며, 유럽 각국의 왕들에게 땅을 빌려주고 이자를 받았다. 로마의 더러운 **백스트릿스**(Backstreets 뒷골목)에는 창녀가 넘쳐나고, 성직자들은 여러 명의 애인을 두고 있었고, 심지어 교황까지도 수십 명의 정부와 그 사이에서 혼외 자녀를 두고 있었다. 루터의 기대는 싸늘한 **디스페어**(Despair 절망)로 되어 돌아왔다.

수도원에서 나온 루터에게 조그마한 도시인 비텐베르크

(Wittenberg)에 가서 교회를 맡는 일이 주어진다. 그곳에서 그는 평생의 스승인 요한 본 스타우피츠(Johann Von Staupitz)를 만나게 되고 그의 권유로, 막 짓기 시작한 대학에서 **씨알러지**(Theology 신학)를 가르치는 **프러페서**(Professor 교수)가 되면서 루터는 성경 공부에 매달려 성경 구절을 파고들게 된다. 그는 사도 바울(Paul The Apostle)이 로마인들에게 보내는 **이피설**(Epistle 사도서신)인 사도행전(The Acts Of The Apostles)에서 구원은 교회의 의식이나 성직자의 가르침에 있는 것이 아니라 오직 하나님에 대한 믿음(Only Faith), 즉 라틴어로 Sola Fide에 있다는 것을 깨닫는다.

그 당시 새로 교황이 된 레오(Leo) 10세는 세속적인 욕망에 흠뻑 빠진 사람이었다. 저녁마다 열리는 파티에서는 수 미터에 달하는 사치스러운 케이크가 등장했고, 발가벗은 소년들이 그를 **어텐더드**(Attended 시중)하였다. 그는 그야말로 날마다 주지육림(酒池肉林)에 허우적댔다. 사치가 극에 달한 사냥놀이에는 수천 명의 가난한 농민들이 동원되었다.

수년도 못 가 교황청 재무부의 **스트롱박스**(Strongbox 금고)는 텅텅 비게 되었고, 성 베드로 성당(St. Peter's Basilica)을 비롯한 대공사들이 **서스펜드**(Suspend 중단)될 위기에 처한다. 그러나 교황 레오는 전혀 걱정하지 않았다. 그는 이에 필요한 돈을 **리플레니쉬**(Replenish 충당)하기 위해 **인덜전스**(Indulgence 면죄부)를 만들어 **셀링**(Selling 팔기)하기 시작했다. 당시 가톨릭 교회에서는 **퍼거토어리**(Purgatory 연옥)라는 **칸셉트**(Concept 개념)가 있었다. 아무리 교회를 열심히 다니고, 선행을 베풀어도, 사망하면 일정 기간은 Purgatory의 뜨거운 **파여**(Fire 불) 속에서 고통을 받다가 천국으로 간다는 **라직**(Logic 논리)이었다.

레오는 Indulgence를 사면 이런 고통스런 결과가 없이 바로 하늘나라로 갈 수 있고, 앞으로 그 어떤 **브루털**(Brutal 흉악)한 범죄를 저질러도 그 **신**(Sin 죄)은 씻은 듯이 없어지며 **퍼기브너스**(Forgiveness 용서)를 받을 수 있다고 사람들을 **디시브**(Deceive 속이다) 했다. 이 Indulgence를 팔기 위해 루터가 사는 독일에 도미니크 수도회의 수사인 요한 테츨(Johan Tetzel)이 파견되었는데 그는 마케팅의 **지녀스**(Genius 천재)였다. 테츨은 헌금함에 금화가 땡그랑거리면 곧바로 죄인의 영혼이 천국으로 올려지고, 돈을 더 내고 Indulgence를 사면 이미 죽어 Purgatory에서 고통받고 있는 **페런트스**(Parents 부모)나 **칠드런**(Children 자식)까지도 바로 구제받는다고 **세이**(Say 말)한다. 이 천국으로 가는 티켓의 **어마운트**(Amount 금액)

는 일반인들의 약 6개월치 급여에 달하는 **포어천**(Fortune 거금)임에도 불구하고 **윙즈**(Wings 날개) 돋친 듯 팔려 나갔다.

"루터 만세! 교황에게 죽음을"

이그젬프션(Exemption 면죄부) 탓인지 어느 날부터인가 루터에게 설교를 들으러 오는 신도가 줄기 시작했고, 신도들은 교회 밖에서 방탕한 생활을 즐기고 있었다. 루터는 이런 사실에 **앵거**(Anger 분노)했고, 1510년 10월 31일 저녁, 교회의 잘못을 조목조목 적어 밤새 **라이트**(Write 써내려간)한 95개 항목의 **씨시스**(Thesis 명제)를 **컴플리션**(Completion 완성)한다.

루터는 커다란 **해머**(Hammer 망치)와 **네일**(Nail 못)을 들고 그의 **다이어시즈**(Diocese 교구)인 비텐베르크의 캐슬 교회(Castle Church) **게이트**(Gate 대문)에 이 반박문을 붙인다. 이 사건이 역사적인 루터의 95 명제들(The 95 Theses)이다. 이 행동은 큰 **트러블**(Trouble 물의)을 일으키며 곧 레오에게 **리포어터드**

(Reported 보고)된다. 지상의 가장 거대한 권력과 한 외로운 수도사의, 얼핏 보기에 상대가 될 것 같지 않은 싸움이 시작된 것이다. 그러나 이 싸움은 서양의

역사, 아니 **맨카인드**(Mankind 인류)의 역사를 송두리째 바꾸는 **모우티브**(Motive 계기)가 된다.

크게 노한 교황은 당장 루터를 잡아들여 **헤어러시**(Heresy 이단)로 **인테어러게이션**(Interrogation 심문)할 것을 명령한다. 중세 유럽 시대 교회에서 Heresy로 몰리는 것은 곧 '죽음'을 의미했다. Heresy에 대한 형벌은 보통 죽음도 아닌 말뚝에 묶인 채 산 채로 불타는(Burn At The Stake) 끔찍한 것이었다. 루터가 살던 시대로부터 100년 전쯤에도 교회를 비판하다가 이단자(Heretic)로 몰린 후스라는 신부가 화형(Fire And Faggot)에 처해진 적이 있었다. 루터는 이미 죽음을 각오하고 있었고, 자기 뜻을 **캄프러마이즈**(Compromise 타협)할 생각이 없었다.

이 사건이 있기 17년 전 시대에는 요하네스 구텐베르크(Johannes Gutenberg)가 **프린팅**(Printing 인쇄술)을 발명해 금속활자(Printing Press)에 의한 혁명이 일어나고 있었다. 교황의 Indulgences도 구텐베르그의 **타입**(Type 활자) 기계에 의해 인쇄되었는데 루터의 95 Theses도 같은 활자에 의해 인쇄되어 모든 이의 공감을 받게 된다.

교회에서 루터를 어떻게 **프라세싱**(Processing 처리)할지를 놓고 토론하다가 **익스트림**(Extreme 극단)한 **메저즈**(Measures 조치)가 내려지는데 바로 **엑스커뮤너케이션**(Excommunication 파문)이었다.

Excommunication은 가톨릭 교회에서 영원히 이 사람을 '버린다'는 뜻으로서 이런 조치를 당하고 죽은 사람은 영원히 지옥을 떠돈다고 믿었다. 그런 점에서 Excommunication은 아무런 육체적 고통은 가해지지 않지만 화형에 처해지는 것보다 더 큰 최고형이었던 것이다.

교황의 **에이전트**(Agent 밀사)는 말에 올라 수천 장으로 인쇄된 교황의 칙서인 Bull Of Excommunication을 뿌리며 루터를 체포하기 위해 길을 **허리**(Hurry 재촉)한다. Bull은 '교황이 **업루벌**(Approval 결재)한 서류'라는 의미다. 그러나 사람들은 Agent가 가는 곳곳에 뿌린 Bull Of Excommunication을 주워 강물에 던져버렸고, 되려 루터에 대한 지지는 더 올라갔다. 마침내 루터의 **핸드**(Hand 손)에 이 무서운 서류가 전해지자 루터는 그것을 장작불에 던져버린다. 교회의 지도자들은 이런 **리액션**(Reaction 반응)에 **펆렉스트**(Perplexed 당혹)해 한다.

당시의 독일은 수많은 지방이 작은 나라로 나뉘어 **래그즈**(Rags 넝마)처럼 기워진 **세입**(Shape 모양새)이었고, 각 지방의 영주들은 교황의 간섭과 금전의 요구에 **디스거스트**(Disgust 넌더리)를 내던 참이었다. 독일 Saxony의 군주였던 프레드릭(Fredrick The Wise)은 루터의 주장에 찬성했고, 그를 교회에 넘기기를 거부했다. 그러나 당시 신성로마제국의 **엠퍼러**(Emperor 황제)에 오른 19세의 카를 5세는 철저한 가톨릭 신봉자로 교황을 지지하는 인물이었다. 그는 독일의 보름스(Worms)라는 지역에서 종교 **칸퍼런스**(Conference 회의)를 열고, 루터를 **퀘스천드**(Questioned 심문)하기로 결정한다.

루터는 **플룻**(Flute 피리)을 불고, 꽹과리를 치는 병사들에 의해 **에스코어트**(Escort 호위)를 받으며 묶인 채 압송되는데 그 주위를 백성들이 새까맣게 **엔서컬**(Encircle 에워쌌다)했다. 이 심문에서 교회는 루터가 지금껏 주장한 것들을 **윈드로얼**(Withdrawal 철회)하고 그가 쓴 저술 내용을 취소, 부인하면 목숨만은 살려 주겠다고 말한다. 그러나 루터는 조금도 물러서지 않고 더욱 강력하게 자신의 주장을 펼치며 부패한 교회를 공격한다. 밖에서는 "루터 만세(Long Live, Luther)", 심지어 "교황에게 죽음을(Death To Pope)"이라고 **샤우트**(Shout 외치)하는 백성들의 과격한 **슬로우건**(Slogan 구호)이 들려온다. 백성들은 루터가 **라이트**(Right 옳다)하다는 것을 **뉴**(Knew 알았던)한 것이다. 1521년에 열린 이 종교 **미팅**(Meeting 모임)이 역사에 영원히 남을 보름스 국회(Diet Of Worms)다.

Diet는 '식사'를, Worm은 '벌레'를 뜻해 '벌레의 식사'로 해석하기 쉬운데 Diet는 '종교 회의'를 Worms은 독일의 도시 이름으로 '보름스'로 읽는다.

임베어러스트(Embarrassed 당황)한 교황은 차마 루터를 죽이지 못하고 일단은 **배니쉬먼트**(Banishment 귀양)를 보내기로 **디시전**(Decision 판결)한다. 그리고 나중에 비밀리에 죽이기로 하는데 귀양길에 오른 루터를 군주인 프레드릭이 도중에 빼돌려 안전한 곳에 숨긴다. 루터는 **하이딩**(Hiding 숨어)하게 지내며, 라틴어로만 쓰여져 번역이 금지된 성경을 독일어로 번역해 누구나 성경을 **리드**(Read 읽다)할 수 있게 한다. 이전까지의 성경은 라틴어로 읽고 쓰였으며, 미사를 집전하는 것은 성직자의 **셰어**(Share 몫)이었고, 대부분의 일반인은 문맹이었다. 이편이 성직자들이 그들을 지배하고 부리기가 쉽기 때문이었다.

무지한 백성들로서는 자신들이 글을 읽는다는 것은 **매직**(Magic 마법)과도 같은 일이었고, 그들은 굴종하고 착취당하는 삶을 당연하게 여기며 살았다. 그리고 구원을 받고 천국에 이르는 일은 오직 교회와 성직자를 통해서만이 **파서블**(Possible 가능)한 일이라 생각했다. 성당에 열심히 나가고 가톨릭의 의식인 성사를 열심히 따르는 것이 최선이라 믿었다. 이 같은 무지한 사고방식을 갖고 있던 일반 백성들은 루터가 번역한 성경을 접하면서 크게 바뀌었고, 이제껏 교회가 행한 **폴스**(False 거짓)와 착취, 타락의 실체를 알게 되었다. 분노한 민중은 거세게 반발하며 교회를 **어솔트**

(Assault 습격)하고 성직자들을 학살하기 시작했다. 이것을 이른바 종교 개혁(Protestant Reformation)이라 하며, 이런 움직임은 프랑스, 네덜란드, 벨기에 등지로 들불처럼 번지기 시작했다.

구교와 신교가 부딪히며 수십만, 수백만 명이 죽어 나가는 일이 일어났다. 그리고 종교의 자유를 찾아 유럽을 떠나 미 대륙에 도착한 **퓨러터니점**(Puritanism 청교도)들에 의해 최강대국인 미국이 건설되기에 이른다. 1525년, 루터는 **넌**(Nun 수녀)이였다가 속세로 돌아온 여성과 결혼했다. 그는 인생의 마지막 10여 년을 그가 가르치던 대학이 있던 비텐베르크에서 지내다 1546년, 향년 62세의 나이에 심장마비로 사망한다. 오늘날 서양 역사는 루터를 빼놓고 말할 수 없을 정도다. 그는 하나님 앞에 인간은 모두 **프레셔스**(Precious 귀한)한 존재라는, 지금으로서는 **아브비어스**(Obvious 당연)한 사실을 인류에게 심어 줌으로써 인류 역사의 거대한 물줄기를 바꾸어 놓았다. 죽음을 각오하고 거대한 권력에 반항해 얻은 **프루이션**(Fruition 결실)이었다.

Heresy는 원래 라틴어로 '분파(Sect)'라는 의미의 Hairesis에서 유래한 것으로 '정동 교리에서 벗어난 이설을 주장하는 것이나 교파'를 뜻한다.

돌에 새긴 영원한 사랑의 시

reading word • 56

지금으로부터 약 380년 전 17세기, 인도의 한 황제가 지극히 사랑하는 왕비가 죽자 그녀를 기리기 위해 **팰러스**(Palace 궁전) 형식의 묘지를 만들었는데 그것이 바로 타지마할(Taj Mahal)이다. 이후 이 **아아커텍처**(Architecture 건축양식)는 인도인들의 무한한 **프라이드**(Pride 자랑)로 인도를 나타내는 **심벌**(Symbol 상징)이 되었다. 1983년에는 유네스코에 의해 세계 문화 유산(World Heritage Site)으로 **데저그네이션**(Designation 지정)되기에 이른다.

Taj Mahal은 인류가 만든 가장 아름다운 Architecture로 꼽히기도 한다. 노벨상 수상자(Nobel Laureate)인 인도 출신의 **포우엇**(Poet 시인), 타고르(Rabindranath Tagore)는 Taj Mahal을 가리켜 시간의 **빰**을 타고 흐르는 눈물 한 방울(A Tear-Drop On The Cheek Of Time)이라고 **송**(Song 노래)하기도 했다.

178

Taj Mahal은 단순한 Architecture가 아니라 하나의 거대한 무덤이다. Tomb 중에서도 왕이나 **노우빌러티**(Nobility 귀족)의 커다란 능을 Mausoleum이라고 한다.

'경국지색(傾國之色)'이라는 말이 있다. '기울어지다'라는 뜻의 경(傾)을 써서 '나라를 기울게 할 만한 아름다움'을 의미하는 말이다. 영어로 옮기면 'A Woman Beautiful Enough To Cause The Downfall Of A Country'로 지극히 아름다운 미인을 가리킬 때 쓰는 말이다.

당시 인도의 **킹덤**(Kingdom 왕국)을 무굴 제국(Mughal Empire)이라 하는데 이 Mughal Empire는 몽고의 칭기즈 칸(Genghis Khan)의 **디센던트스**(Descendants 후손)들이 세운 나라다.

Mughal Empire는 이슬람(Islam)을 믿는 자들이 세운 나라로 Islam은 힌두교(Hinduism)에 이어 두 번째로 많은 사람들이 믿는 인도의 종교가 되었다.

이슬람은 현재 전 세계에서 가장 **패스터스트**(Fastest 빠르게)하게 전파되고 있는 Religion으로 **어드히런트**(Adherent 지지자) 수는 약15억 명에 육박한다. Taj Mahal은 Islam이 상상하는 낙원을 지상에 그대로 **릴러제이션**(Realization 구현)해 놓은 이슬람 Architecture의 **에선스**(Essence 정수)라 할 수 있다.

당시의 인도 황제의 이름은 샤 자한(Shah Jahan)이었다.

Shah는 페르시아어로 '왕'을 말하며, Jahan은 '온 세상'을 나타낸다. 즉 Sha Jahan이라는 이름은 '온 세상의 왕'이라는 의미다. 그는 15세 때 정략 결혼(Marriage Of Convenience)으로 왕비를 맞이하게 되는데 왕비의 이름은 뭄타즈 마할(Mumtaz Mahal)이었다.

두 사람은 천생연분(Match Made In Heaven)으로, 서로 깊은 사랑에 빠진다. 당시 왕궁에는 수많은 **칸켜바인**(Concubine 후궁)들이 왕의 **페이버릿**(Favorite 총애)을 받기 위해 **피어스**(Fierce 치열)한 경쟁을 벌이고 있었다. 그러나 샤 자한은 오직 왕비인 뭄타즈 마할만 총애했다.

Islam의 왕궁에서 Concubines들이 모여 사는 여성들만의 **플레이스**(Place 장소)를 하렘(Harem)이라 한다. Harem은 한 마리의 수컷을 따라다니는 '암컷들의 무리'를 뜻하는 표현이기도 하다.

1632년 왕비가 아기를 낳다가 사망하자 샤 자한은 **이노어머스**(Enormous 막대)한 자금을 들여 왕비를 기리는 Mausoleum을 만들 것을 명령한다. 당시 Mughal Empire의 수도는 지금의 뉴델리 부근 지역인 아그라(Agra)였다. 이 놀라운 Architecture는 야무나 강(Yamuna River) 기슭에 세워졌다. 이곳은 **그라운드**(Ground 지반)가 약했는데 **터데이**(Today

오늘날)의 기술로도 놀랄 만큼 땅을 깊이 **디그**(Dig 파서)해 그 안에 **서컬**(Circle 원형)의 **칼럼**(Column 돌기둥)을 박았다. 그리고 토대를 견고히 한 후 그 기반 위에 건물을 세우기 시작했다.

22년간의 공사 기간 동안 2만 명에 달하는 **엔저니어**(Engineer 기술자)들과 수천 마리의 **엘러펀트**(Elephant 코끼리)가 동원되었다고 한다. 40미터 높이의 본당 건물이 세워지자 공사 현장에서 400킬로미터나 떨어진 거리의 마크라나(Makrana) 지역에서 나는 최고급 **마아벌**(Marble 대리석)을 운반해 온다. 그리고 이것으로 건물의 **퍼사드**(Facade 전면)를 장식했다.

이 Marble들은 왕비의 아름다움과 순결함을 상징하는 흰색이었다. 이탈리아에서까지 **아아터전**(Artisan 장인)들을 불러왔고, 이들은 **인레이**(Inlay 상감) 기법을 이용해 Marble에 **패턴**(Pattern 문양)을 새겨 **서퍼스**(Surface 표면)를 파내고 그 홈에는 온갖 색상의 보석돌(Gem Stone)로 무늬를 장식했다.

흰색 Marble로 된 본당 건물의 사방에는 **미너렛**(Minaret 뾰족탑) 네 개가 세워져 있는데 이 Minaret들은 보기에는 똑바로 세워져 있는 듯 보이지만 **미너틀리**(Minutely 미세)하게 **아웃**

사이드(Outside 바깥)쪽으로 **틸트**(Tilt 기울어)해 있다. 지진이 발생했을 때 바깥쪽으로 넘어지도록 **디자인**(Design 설계)되어 왕비의 시신이 보관된 본 건물이 훼손되지 않도록 **머티컬러스**(Meticulous 세심)하고 **컨시더레이션**(Consideration 배려)스러운 건축 **메써드**(Method 방식)이었다.

본당 건물과 **애넥스**(Annexe 부속 별관)들이 완벽하게 좌우 **서멧리컬**(Symmetrical 대칭)을 이루는 이 **캄플렉스**(Complex 복합 건물)는 이슬람 문화라는 **크라운**(Crown 왕관)의 꼭대기에 박힌 **주얼리**(Jewelry 보석)로, Taj Mahal은 돌에 새긴 영원한 사랑의 시 (Eternal Love Poem In Stone)가 되었다.

Taj Mahal의 정문에 서서 걸어가면 **어메이징**(Amazing 신기)하게도 본당은 작아지고, 뒤돌아 멀어져 가면 본당은 점점 커지는 듯이 보인다. 이는 시각적 속임수(Optical Trick)라고 부르는 최고의 고난도 건축 기법으로, 당시의 인도 **아아커텍트**(Architect 건축가)들은 이런 놀라운 기법을 완벽하게 구사했다.

야무나 강의 기슭에 있는 이 거대한 흰색 건물은 낮에는 **서늘라이트**(Sunlight 햇빛)를 받아 하얗게 빛나고 **선셋**(Sunset 해질녘)이 되면 **레디쉬**(Reddish 붉게)하게 물이 든다. 비가 내리면 **그레이이쉬**(Grayish 잿빛)로 뒤덮이기도 한다. 이처럼 시시각각으로 변화하는 오묘한 모습은 **리드**(Reed 갈대)와 같이 **컬리**

셔스(Capricious 변덕)스러운 여인의 마음을 잘 나타내 주는 듯하다.

단순히 아름다운 것을 넘어 말로 표현하기 힘들 정도로 절묘하게 아름다운 것을 나타낼 때는 Exquisite이라는 표현을 쓴다. 거기에 **엘러건트**(Elegant 고상)함까지 서려 있으면 Sublime, 고상함에 웅장함까지 더해지면 Majestic이라는 표현을 쓴다. Taj Mahal은 이 네 가지 형용사가 모두 어울리는 Architecture라고 할 수 있다.

20여 년의 대공사 끝에 Taj Mahal이 완성되었지만 이 공사로 인해 Empire의 재정은 **디플리션**(Depletion 고갈)될 지경에 이른다. 하지만 남자가 여자를 지극히 사랑하면 모든 것을 주고 싶은 법이다. 샤 자한에게 왕비는 모든 것을 주어도 아깝지 않은 존재였고, 둘의 사랑은 아름다운 Poem이 되어 영원히 남게 되었다. 결국 나라는 기울게 되었지만 모든 남녀가 **엔비어스**(Envious 부러워)할 만한 사랑이 아닌가.

늑대와 보름달

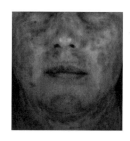

2016년 1월에 우리나라의 의료 **리서치**(Research 연구)팀이 **인트랙터벌**(Intractable 난치)성 **스킨**(Skin 피부) 질환인 루프스(Lupus)의 유전자 **베어리에이션**(Variation 변이)을 밝혀 내 새로운 치료법의 개발이 가능해질 것이라는 보도가 있었다. 사실이라면 세계적인 희소식이 아닐 수 없다.

Lupus는 외부 이물질의 **인베이전**(Invasion 침입)에 대해 자신의 몸을 **디펜스**(Defense 방어)하도록 설계된 면역계(Immune System)가 이상을 일으켜 오히려 자신의 몸을 공격하는 자가 면역 질환(Autoimmune Disease)이다. 처음에는 얼굴 **어라운드**(Around 주위)에 좌우 대칭의 **버터플라이**(Butterfly 나비) 모양의 붉은 **스팟**(Spot 반점)이 생기다가 점점 온몸으로 퍼져 나가 **렁**(Lung 폐)이나 신장에까지 **머태스터시스**(Metastasis 전이)되어 자칫하면 목숨까지 잃게 되는 무서운 병으로 천의 얼굴을 가진 병(A Disease With A Thousand Faces)이라 불리는 난치병이다. 이 질환은 처음에 얼굴에 생기는 반점이 꼭 늑대에게 **비턴**(Bitten 물어뜯긴) 자국 같다고 해서 Lupus라는 이름이 붙었다.

Lupus는 라틴어로 '늑대'라는 의미이며 우리말로는 늑대 '랑(狼)'과 부스럼 '창(瘡)'을 써서 낭창이라 불린다. 이것은 단시간에 진행되지 않고 6주 이상, 길게는 몇 년에 걸쳐 진행되는 **크라닉**(Chronic 만성적)인 질병이다.

고대부터 **월브즈**(Wolves 늑대들)만큼 인간에게 **니어**(Near 가까우면)하서도 **헤이트**(Hate 미움)를 받아 온 **애너멀**(Animal 동물)도 드물다. 차가운 밤, 푸른 보름달이 뜨면 Wolves가 달을 보고 '아~우' 하는 **하울**(Howl 짖는) 소리에 사람들은 **데벌**(Devil 악마)의 모습을 떠올리며 공포를 느꼈다.

Wolves는 Wolf의 복수형이다. 또 밤이 되면 Wolves가 사람으로 **트랜스퍼메이션**(Transformation 변신)해 한적한 곳에서 지나가는 **패서비**(Passerby 행인)들을 잡아먹는다고 생각했다. 이렇게 '사람으로 변신한 Wolf'를 Werewolf라 부른다. 우리나라의 구미호와는 달리 주로 남자가 Werewolf가 되는데 Wer라는 단어가 옛날 영어에서 '남자'를 뜻하기 때문이다.

늑대로 변한 리카온과 정신병

2500여 년 전 그리스의 역사가인 헤로도토스(Herodotus)는 인류 **퍼스트**(First 최초)로 역사를 기록해 역사의 아버지(The Father Of History)라 불리는데 그가 쓴 역사책에 Werewolf 의 이야기가 나온다. 약 2000년 전 로마의 시인 오비디우스(Ovid)가 쓴 책에도 Werewolf의 무서운 이야기가 **디테일**(Detail 상세히)하게 실려 있다.

그리스 신화에 리카온(Lycaon)이라는 **크룰티**(Cruelty 잔혹)한 **타이런트**(Tyrant 폭군)가 등장한다. 어느 날, 신들의 왕인 주피터(Jupiter 그리스 신화의 제우스)가 리카온이 **거번**(Govern 다스리)하던 나라를 방문한다. 리카온은 주피터를 **테스트**(Test 시험)하기 위해 진수성찬을 차리고 그 속에 인육이 섞인 음식을 내놓는다. 음식에 사람의 살이 들어간 것을 알아챈 주피터는 크게 분노해 리카온을 Wolf로 만들어버리는 형벌을 내렸다고 한다. 실제로 정신병 중에 자신이 Wolf가 된 것으로 **일루전**(Illusion 착각)해 날고기(Raw Meat)만 먹고 네 발로 기어다니며 발광하는 수화광(獸化狂)이라는 병이 있는데 영어로 Lycanthropy라 한다. 이 난해해 보이는 단어가 바로 리카온 왕의 이름에서 유래한 것이다.

고대 로마 군대의 한 장교가 애인을 만나려고 **다아크**(Dark 어두운)한 밤에 길을 나서는데 깊은 숲을 지나야 했기

에 한 친구에게 **어컴퍼니**
(Accompany 동행)해달라고 부
탁했다. 그래서 두 사람
이 **터게더**(Together 함께)로
길을 가는데 도중에 갑자

기 그 친구가 **워킹**(Walking 걸음)을 멈추고 옷을 모두 벗더니
Werewolf로 변신해 숲으로 달아나 버렸다. 장교는 혼비
백산해 **얼로운**(Alone 혼자)으로 애인의 집으로 달려갔다. 그
런데 남자 하인이 장교에게 말하길, Werewolf 한 마리가
나타나 자신이 칼로 싸워 물리쳤노라고 알려 주었다.

다음날, **배럭스**(Barracks 막사)로 돌아온 장교는 목에 칼로 베
인 상처를 입은 채 침대에 누워 있는 친구를 발견했다고
한다. Barracks는 군인들이 **스테이션드**(Stationed 주둔)할 수
있게 만든 건물을 말한다.

서양의 Werewolf는 남자가 대부분이다. 간혹 여자도 있
는데 이를 She Wolf라 한다. 1558년에 프랑스 중부 지방
에서 늑대 인간이 나타나 사람들을 해치고 다녔다. 한 귀
족이 밤에 숲 속에서 숨어 기다려 늑대 인간이 나타나자
칼을 꺼내 **두얼**(Duel 결투)을 벌였다. 귀족은 가까스로 늑대
인간의 앞발을 잘라 냈고, 늑대 인간은 도망쳤다.

귀족은 잘라 낸 짐승의 Paw를 가죽 **파우치**(Pouch 주머니)에

넣고 집에 돌아오다가 문득 Pouch를 열어 보니 Paw는 온데간데없이 사라져버리고, 가늘고 **롱**(Long 긴)한 여자의 흰 손목이 들어 있었다. 그리고 흰 손가락에는 눈에 익은 붉은 사파이어(Sapphire) **링**(Ring 반지)이 끼여 있었다. 불길한 예감에 자신의 성 2층에 있는 부부 침실로 뛰어들어 가 보니 자기 부인의 한쪽 손이 잘린 채 손목에는 피 묻은 **밴디지**(Bandage 붕대)가 감겨져 있었다고 한다. Paw는 **퍼**(Fur 털)가 있고 날카로운 **클로**(Claw 발톱)가 달린 짐승의 발을 가리킨다.

외로운 늑대는 테러리스트?

영어에는 Wolf가 들어가는 어구들이 많이 있는데 그중에서도 Cry Wolf라는 표현이 **모우스트**(Most 가장)로 유명하다. 『이솝 우화(Aesop's Fables)』에는 한 양치기 소년(Shepherd Boy)이 재미 삼아 **메니 타임즈**(Many times 여러 번) 거짓말로 "늑대야!"라고 외쳐 마을 사람들에게 골탕을 먹이는 이야기가 나온다. 이 표현은, 정말로 Wolves가 나타났을 때는 마을 사람들이 **헬프**(Help 도우다)하러 오지 않아 Wolves의 밥이 되었다는 이야기에서 유래했다. 그래서 Cry Wolf는 '거짓 소식을 전하다, 거짓 **시그널**(Signal 경보)을 발하다'라는 의미로 흔히 사용되고 있다. 여기서 Cry는 '울다'가 아닌 '외치다'

의 의미로 쓰인다.

유명한 동화(Fairy Tale)
『빨간 모자(Little Red
Riding Hood)』에도 Wolf
와 관련한 이야기가 나
온다. 빨간 모자를 쓴
여자 아이가 **맘**(Mom 엄마)의 **에어런즈**(Errands 심부름)로 **식**(Sick
아픈)한 **그랜드마**(Grandma 할머니)의 집에 가는 도중에 Wolf
를 만난다. 여자 아이는 Wolf에게 자세한 **서컴스탠서즈**
(Circumstances 사정)를 이야기하는데 그 바람에 Wolf가 먼저
가서 할머니를 삼키고 할머니 옷을 입고 여자 아이를 기다
린다. 그러다가 할머니 집에 온 여자 아이까지 잡아먹는
다는 내용이다.

퓨버티(Puberty 사춘기) 청소년들을 보고 흔히 '한창 먹을 나이
다, 돌을 먹어도 **다이제스천**(Digestion 소화)시키겠다'라는 말을
한다. 영어에서는 이런 의미로 A Growing Youth Has A
Wolf In His Belly라는 표현을 사용한다. Growing Youth
는 '자라나는 젊은이'라는 뜻이고, Belly는 '배'라는 의미이
므로 직역하면 '자라나는 젊은이의 배에는 늑대가 있다'라
는 뜻이 된다. 사냥한 짐승의 사체에 몰려든 Wolves가 입
가에 피를 묻힌 채 고기를 게걸스럽게 먹는 광경을 떠올리

게 하는 표현이다.

성경의 마태복음 7장 15절 (Matthew 7:15)에서는 **쉽**(Sheep 양) 의 옷을 입고 오는 거짓 선지 자들(False Prophets, Which Come To You In Sheep's Clothing)을 약탈하는 이리(Ravening Wolves)로 비유한다. 여기에서 나온 '양의 옷을 입은 늑대(Wolf In Sheep's Clothing)'라는 표현은 겉으로는 선한 척하지만 속은 악한 사람을 가리킨다. Prophet은 '선지자, 대언자'를 의미하며, 마태복음은 Book Of Matthew 또는 Gospel Of Matthew라 한다.

오어거너제이션(Organization 조직)에 어울리지 못하고 혼자 활동하기를 좋아하는 사람을 '외로운 늑대'라 하는데 Organization에 몸을 담지 않고 **싱걸**(Single 단독)으로 범행하는 범죄자나 테러리스트(Terrorist)를 지칭할 때 쓰는 말이다. When The Wolf Comes In At The Door, Love Creeps Out Of The Window라는 표현도 있다.

Creep은 '기어가다, 천천히 움직이다'라는 뜻으로 직역하면 '늑대가 문 앞에 오면 사랑은 창문으로 기어 나간다'라는 의미인데 '사랑해서 결혼해도 가난이 닥치면 사랑은 떠나 간다'라는 의미로 사용된다. 또 다른 중요한 표현으로

Have A Wolf By The Ear가 있다. 말 그대로 '늑대의 귀를 잡다'라는 의미로, 귀를 놓으면 늑대에게 물리고 그렇다고 계속 **캐치**(Catch 잡고)하고 있을 수도 없는 진퇴양난의 상황을 가리키는 표현이다. 이 말은 토머스 제퍼슨(Thomas Jefferson)이 흑인 노예 해방(Black Emancipation)에 관한 입장을 표명할 때 사용한 것으로 유명한데 흑인들을 늑대에 비유해 그들을 **이맨서페이트**(Emancipate 해방)시키는 것이 문제를 일으킬 수 있다는 우려를 나타낸 것이다. 같은 의미로 '호랑이의 꼬리를 잡다(Have A Tiger By The Tail)'이라는 표현도 있다.

서양의 **캐설**(Castle 성)을 보면 성벽에 가늘고 긴 **호울**(Hole 구멍)을 내어 적을 **서베일런스**(Surveillance 감시)하고 '숨어서 활을 쏠 수 있게 만든 곳'을 Loophole이라 하는데 이 Loophole 이 뜻이 변해 '허점, 빠져나갈 구멍'이라는 뜻이 되었다.

이 Loophole이라는 단어가 바로 Wolf, 즉 Lupus와 관련이 있다는 것을 아는 사람은 많지 않다. Loophole은 Lupus+Hole로 원래 Wolf가 오는지 안 오는지 감시하던 구멍이었다.

두 얼굴의 야누스

'야누스(Janus)의 두 얼굴'이라는 유명한 표현이 있다. 야누스는 고대 로마의 주요한 신의 이름으로 시작과 끝, 그리고 **도어루에이**(Doorway 출입문)의 신이다. 또 시간의 **트랜지션**(Transition 변천)을 **서브직트**(Subject 주관)하는 신이기도 했다. 지금도 로마의 유적지(Historic Site)들의 수많은 광장의 들고나는 문 옆에는 두 개의 얼굴을 가진 이 신의 **스태추**(Statue 조각상)가 세워져 있다.

또 한 손에 **키**(Key 열쇠)를 들고, Doorway를 굳게 지켜 전쟁으로부터 로마를 지키는 수호신(Patron Saint)의 **로울**(Role 역할)을 하기도 했다. 전쟁에 나가는 군인들은 야누스가 세워진 문을 지나 **배털필드**(Battlefield 전장)로 나아갔으므로 이 문은 전시에는 항상 **오우펀**(Open 열려)되어 있었고 평화 시기에는 **클로우즈**(Close 닫다)되어 있었다.

야누스의 두 얼굴이 정반대 **더렉션**(Direction 방향)을 바라보는 것은 시작과 끝, **패스트**(Past 과거)와 **퓨처**(Future 미래)를 페

넛레이팅(Penetrating 꿰뚫어보는)한 **어빌러티**(Ability 능력)를 나타낸다 고 한다. 그래서 한 해를 시작 하는 '1월'을 의미하는 January 도 야누스에서 유래했다. 건물 을 관리하는 **재너터**(Janitor 수위)

나 **클리너**(Cleaner 청소부)를 의미하는 Janitor라는 단어 역시 Janus에서 나왔다. 캐나다 출신의 세계적 코미디언 짐 캐 리(Jim Carrey)는 유명해지기 전에 타이어 **팩터리**(Factory 공장) 의 Janitor로 일한 적이 있다.

짐은 가난한 집안 때문에 고등학교를 중퇴해야(Drop Out) 했고, 야간 업소에서 **임퍼서네이션**(Impersonation 성대모사)을 전 문으로 하는 코미디를 했지만 **레퍼테이션**(Reputation 평판)은 그다지 **미디오우커**(Mediocre 좋지 않다)였다.

사람들이 **트라이플링**(Trifling 하찮은)한 **자브**(Job 직업)로 여기는 Janitor는 사실은 이렇게 유명한 신의 이름에서 나온 것이 다. 그래서인지 짐 캐리는 숱한 역경을 이겨내고 세계적 인 배우가 되었다.

천의 얼굴, 소금

밥 한 공기에 계란 프라이 그리고 콩나물국의 조촐한 한 끼 식사에서 만약 **솔트**(Salt 소금)가 없다면 무슨 **테이스트**(Taste 맛)로, **하우**(How 어떻게)하게 먹을까. 옛날에는 Salt가 구하기 힘든 **익스펜시브**(Expensive 값비싼)한 것으로 Salt는 음식의 맛을 내는 가장 기본적인 **시저닝**(Seasoning 조미료)이다. 또 생선이나 육류의 부패를 막는 **프리저버티브**(Preservative 방부제) 역할도 한다. Salt로 음식의 맛을 내고, 이것을 사냥한 짐승고기의 Preservative로 사용하는 일은 수만 년 전 동굴에 살던 **프리머티브 맨**(Primitive Man 원시인)들도 알고 있었다.

큐컴버(Cucumber 오이)를 **브라인**(Brine 소금물)에 담그면 맛있는 피클이 만들어진다. Salt로 **투쓰**(Tooth 이)를 닦으면 이가 하얘지고 튼튼해진다. Salt는 물의 어는점을 낮춰 주기 때문에 겨울날 **스노우**(Snow 눈)가 덮인 도로의 **다이서**(Deicer 방빙제)로도 널리 사용되었다. Salt가 없었다면 오늘날 **디터전트**(Detergent 세제)를 비롯한 화학제품이나 수많은 의약품들도 탄생하지 못했을 것이다.

'소금물'을 특히 Brine 혹은 Saline이라 하는데 Saline은 '식염수'를 말한다.

Salt의 사용 용도는 무려 1만 4000가지가 **익시드**(Exceed 넘는다)하다고 한다. 사람은 Salt가 없으면 목숨을 **킵**(Keep 유지)할 수가 없지만 **익세시블리**(Excessively 지나치게)하게 많이 **인제스천**(Ingestion 섭취)하면 건강에 치명적인 위협이 되기도 한다. 그래서 Salt에는 1만 4000개의 얼굴을 가진 지킬 박사와 하이드(Jekyll And Hide)라는 별명이 붙었다.

11세 소녀가 **랜섬**(Ransom 몸값)을 노린 **애브덕터**(Abductor 유괴범)에게 **키드내핑**(Kidnapping 납치)되었다. Ransom에 대한 **너고우쉬에이션즈**(Negotiations 협상)가 잘 이루어지지 않자 범인은 소녀의 목을 칼로 그어 숲속에 버린다. 이틀 후 발견된 소녀는 겨우 숨이 붙어 있었지만 살 가능성은 **슬림**(Slim 희박)한 상태였고, 설사 살더라도 말을 못하는 **뮷**(Mute 벙어리)이 될 것이라 했다. 그러나 소녀는 살아났고, 목소리도 **리게인**(Regain 되찾을)할 수 있었다. **미러컬**(Miracle 기적)이 일어난 것이다. 그러나 범인은 잡히지 않았다. 그녀는 평생을 불안에 떨며 살게 되는데 이렇게 살아가는 것을 Look Over The Shoulder라 한다. 직역(Near Translation)하면 '**쇼울더**(Shoulder 어깨) 너머를 돌아본다'라는 뜻이다.

서양에서는 악마가 항상 사람의 어깨 뒤에 붙어서 따라다 닌다고 믿었다. 유괴당했던 소녀는 다 자란 후에도 외출에서 돌아오면 왼쪽 어깨 너머로 Salt를 뿌리는데 Devil의 눈이 **레프트**(Left 왼쪽) 어깨 너머로 사람을 지켜본다는 믿음 때문이었다. Salt는 마귀를 물리치는 **인캔테이션**(Incantation 주술)의 역할도 한 것이다.

엄청나게 **팻**(Fat 뚱뚱)한 수모우(Sumo 일본의 씨름) **플레여**(Player 선수)들이 **게임**(Game 경기) 전 서로를 노려보며 **파스처**(Posture 자세)를 취할 때는 아슬아슬하게 **크라치**(Crotch 가랑이)만 천(훈도시)으로 가린 채 양손을 벌리고, 소의 **싸이**(Thigh 허벅지)만 한 **레그**(Leg 다리)를 한 번씩 들어 올렸다가 쿵쿵 내려놓기를 반복하는데 이 **무브먼트**(Movement 동작)는 손과 발 사이에 아무런 **웨펀**(Weapon 무기)이 없다는 것을 알리는 것이다.

다시 자리로 돌아온 씨름꾼(力士 리끼시)은 물통 속의 물을 나무 **레이덜**(Ladle 국자)로 떠서 입에 머금었다가 내뿜고, 하얀 한지를 입에 물어 물기를 닦아 내는데 이것은 더러움을 **워터**(Water 물)로 씻어 내는 **세러모우니**(Ceremony 의식)이다. 마지막으로 Salt를 한 움큼 집어 모래사장에 뿌리고, 손에 묻은 Salt를 혀에 대어 맛을 본다. Salt를 뿌리는 것은 주위에 서린 사악한 **에너지**(Energy 기운)를 쫓아내는 Incantation인 것이다.

레오나르도 다빈치
(Leonardo DaVinci)의
「최후의 만찬(The Last
Supper)」 그림을 자
세히 보면 예수님을 **빗레열**(Betrayal 밀고)한 가롯 유다(Judas
Iscariot) 앞에 소금 **디쉬**(Dish 종지)가 엎질러져 있는데 이것은
트레처리(Treachery 배반)를 **포어루오어닝**(Forewarning 예고)하는
불길한 징조다.

네 소금 값 좀 해

소돔과 고모라(Sodom And Gomorrah)는 구약 성경에서 그 타
락함으로 **설퍼**(Sulfur 유황)불에 의해 **폴**(Fall 멸망)당한 도시다.
롯(Lot)과 그의 아내와 딸들은 천사의 도움으로 죽음을 면
하고 피신을 하게 되는데 '절대 뒤돌아보지 말라'는 천사의
명령을 어기고 뒤를 돌아본 롯의 아내는 소금 기둥(A Pillar
Of Salt)으로 변해버린다. 이것은 죄악으로 가득 찬 과거에
대한 티끌만 한 **어태치먼트**(Attachment 집착)가 영원한 형벌을
불러올 수도 있다는 **힌트**(Hint 암시)다. Salt는 영원히 변하지
않는 **서브스턴스**(Substance 물질)이기 때문이다.
오늘날 샐러리맨(Salaryman)이라는 단어는 고대 로마에서

 병사들의 **샐러리**(Salary 임
금)를 Salt로 지불한 데서
유래했다. 샐러드(Salad)
라는 단어는 로마인들이
채소의 쓴맛을 **소프틀리**
(Softly 부드럽게) 하기 위해 Salt를 뿌려 먹은 데서 비롯되었고,
고기 등을 찍어 먹는 소스(Sauce), 육고기를 Salt에 절여 만
든 소시지(Sausage)도 Salt에서 나왔다.

'모든 길은 로마로 통한다'고 했던가. 고대 로마의 잘 닦
여진 도로는 2,000년이 지난 오늘날에도 흠 잡을 데 없
이 잘 **프레저베이션**(Preservation 보존)되어 사람들의 **원더먼트**
(Wonderment 경탄)를 자아내는데 이 모든 도로의 제일 큰 목
적은 Salt를 실어 나르기 위한 것이었다. 인간은 Salt 없이
살 수 없고, Salt는 누구나 **컨섬프션**(Consumption 소비)하기에
국가는 이에 세금을 매겼다. 영국이 인도를 지배하던 시
절, 영국은 인도 사람이 Salt를 **프러덕션**(Production 생산)하는
일을 **밴**(Ban 금지)시키고 반드시 영국이 만든 비싼 Salt를 **퍼
처스**(Purchase 구매)하도록 **컴펄션**(Compulsion 강제)했다. **스키니**
(Skinny 삐쩍 마른 체형)한 변호사였던 간디는 왜 인도 바다에서
천지로 나는 Salt를 비싼 값에 사 먹어야 하는지 의문을 품
었다. 그래서 소수의 추종자들과 함께 바다로 **퍼레드**(Parade

행진)하며 직접 바닷물을 **이배퍼레이션**(Evaporation 증발)시켜 Salt를 만들었다. 이것이 1930년에 있었던 그 유명한 소금행진(Salt March)이다. 이 Salt March는 거대한 **난바이얼런스**(Nonviolence 비폭력)적인 독립운동으로 번지고, 그 과정에서 6만 명 이상이 투옥된다. Salt March를 계기로 결국 인도는 1947년 영국으로부터 독립을 **위닝**(Winning 쟁취)한다. Salt가 인도에 독립을 가져다준 주요 매개체가 된 것이다.

옛날에는 Salt가 노예 **트랜잭션**(Transaction 거래)의 **민즈**(Means 수단)가 되기도 했다. 오늘날 널리 쓰이는 숙어 Worth One's Salt라는 구절은 여기서 유래했다. Worth는 '~할 가치가 있는'이라는 뜻으로 회사원에게 You're Not Worth Your Salt라 하면 '너는 너의 소금 값을 못 한다', 즉 '월급 받은 만큼 일을 못 한다'는 말이 된다.

지알러지(Geology 지질) 학자들은 'Salt가 굳어서 돌같이 된 것'을 **핼랏**(Halite 암염)이라 하지만 화학자들은 Salt를 **소우디엄 클로어라이드**(Sodium Chloride 염화나트륨)라 말할 것이다. 이 Sodium Chloride가 물에 녹아 **일렉트리서티**(Electricity 전기)가 흐르게 되는데 이것을 **컨덕션**(Conduction 전도電導)이라 한다.

인체는 고도로 진화된 **일렉트라닉스**(Electronics 전자 제품)라 정의할 수 있다. 우리가 달리고, 생각하고, 느끼는 모든 행동은 전기 **스티멀레이션**(Stimulation 자극)에 의해 생기는데 이는 우리 몸에 양이온(Positive Ion)과 음이온(Negative Ion)으로 녹아, 전기를 흐르게 하는 Salt 때문이다. 눈물이 짤짤한 것이 그 증거다. 배가 망망대해에서 **브레익다운**(Breakdown 고장)이 되 멈췄을 때 **서커**(Succor 구조)를 위해 달려 나가는 배를 Salvage Boat라 하고, 기독교에서 '죄로부터의 구원'을 Salvation이라 하는 것도 모두 Salt에서 나온 표현들이다. Salt가 인간의 생명을 구하기 때문이다. 옛날 중국에서는 사약을 만들 때 아주 진한 소금물에 특수한 **포우션**(Potion 독)을 섞었다. 과도한 Salt의 섭취는 **하이퍼텐션**(Hypertension 고혈압)을 일으켜 목숨을 앗아가기도 하므로 소금은 양날의 칼이기도 하다.

성경을 보면 약 30회 이상 Salt에 대한 언급이 나오는데 가장 많이 **크워우테이션**(Quotation 인용)되는 구절이 마태복음(Book Of Matthew) 5장 13절 말씀으로 "너희는 세상의 소금이니 소금이 만일 그 맛을 잃으면 무엇으로 짜게 하리요"이다.

Salt는 인간의 생명을 존재 가능케 하고 모든 것의 부패를 방지하며 영원히 변치 않는 속성을 가지고 있다.

Betrayal에는 '배반'과 '밀고'라는 두 가지 의미가 있다. '배반자'는 Traitor라 하는데 이 단어에는 '반역자, 역적'의 의미도 있다.

마취도 중독이 되나요?

reading word · 61

불과 20~30년 전만 해도 우리나라에서도 **쉐프**(Chef 요리사)가 되려면, 어린 나이에 먹고 자는 조건으로 **레스터란트**(Restaurant 식당)에 들어가 **돈**(Dawn 새벽)부터 물 긷고 불 지피며, 얻어터져 가면서 스승의 어깨너머로 하나 둘 배워 나갔고, 그렇게 혹독한 세월을 견뎌 내야 비로소 Chef의 **콸러퍼케이션**(Qualification 자격)이 주어졌다.

카아펀터(Carpenter 목수), **바아버**(Barber 이발사), **뷰티션**(Beautician 미용사) 등 대부분의 **아켜페이션**(Occupation 직종)이 이와 비슷한 과정을 거쳐 **석세션**(Succession 계승)되었는데 이러한 **시스템**(System 제도)을 도제(徒弟) 제도라 하고 영어로는 Apprenticeship이라 한다. 이들이 **스쿨 타이즈**(School ties 학연)와 지연으로 똘똘 뭉쳐 다른 사람들이 자신들의 **렐므**(Realm 영역)로 들어오는 것을 막고, 자신들의 이익을 지키기 위해 조직한 것이 동업자 조합인 길드(Guild)다. 이는 중세부터 근대까지 서양의 **인더스트리**(Industry 산업) 근간을 이루었다.

고통을 견디기 위해 총알을 물다

150여 년 전만 해도 서양에서 의사는 존경받는 고수입의 인기 직종이 아니었다. 사람 몸에 칼을 대는 수술을 하는 '외과 의사'를 Surgeon이라 하며 미국에서 Surgeon General은 '연방 보건국장'을 말한다.

1800년대 초반까지 서양에서는 이를 뽑거나 곪은 **보일**(Boil 종기)을 칼로 째는 간단한 치료부터 **배틀**(Battle 전투)이나 공사 중의 사고 또는 맹수의 습격으로 **인저리**(Injury 부상)를 입어 **림즈**(Limbs 팔다리)를 **앰퍼테이션**(Amputation 절단)하는 큰 Surgery에 이르기까지 모든 의료 **액트**(Act 행위)가 이발소(Barber Shop)에서 이루어졌으며 Barber가 Surgeon의 역할을 했다.

'팔다리의 하나'라는 의미의 Limb에서 B는 발음하지 않는데 이런 철자를 '묵음, Silent Syllable'이라 한다. 거리에서 보게 되는 흰 바탕에 **블루**(Blue 파란색)와 **레드**(Red 빨간색)가 들어간 '이발소 표시등'을 Barber Pole이라 하는데 Pole은 전

봇대처럼 '긴 막대'를 가리킨다. 파란색과 빨간색은 사람의 **아아터리**(Artery 동맥)와 **베인**(Vein 정맥)을, 바탕의 흰색은 흰 붕대를 상징한

다. 1800년대 초에 들어 의과대학(Medical School)이 설립되었지만 교육 과정은 고작 일 년에 불과했고 Surgeon의 **이퀴먼트**(Equipment 장비)는 Carpenter의 연장과 크게 다르지 않았다.

1861년 미국에서 노예 해방 문제 등으로 인한 갈등으로 북부와 **서던**(Southern 남부)이 남북 전쟁(American Civil War)을 벌이게 된다. **건**(Gun 총)이나 포에 부상을 입은 병사들은 부득이 절단 수술을 받아야 했다. 당시만 해도 마취라는 처치법이 없었던 때라 **로우버스트**(Robust 건장)한 남성 6~8명이 정신이 말짱한 부상자의 몸을 붙들어 움직이지 못하게 한 다음에 Limb을 절단했다. **아아므**(Arm 팔)나 다리를 절단해 **크리펄**(Cripple 불구자) 된 사람을 Amputee라 한다. Anesthesia/Anaesthesia는 다소 어려운 의학 **텀**(Term 용어)이지만 흔하게 사용되므로 알아 두는 것이 좋다. '전신 마취'는 General Anesthesia, '국소[부분] 마취'는 Local Anesthesia라고 한다.

맨 정신으로 수술을 받는 환자가 고통에 차서 비명을 지르는 광경은 차마 필설로 표현할 수 없는 지경이어서 당시에는 Surgery를 더 짧은 시간에 끝내는 Surgeon이 실력 있는 Physician으로 인정받았다.

당시 Surgeon의 **배그**(Bag 가방)에는 **플레쉬**(Flesh 살)를 가르

는 **슬로터하우스**(Slaughterhouse 도살장), 식칼(Butcher Knife), **보운**(Bone 뼈)을 자르기 위한 **소**(Saw 톱), **텐던**(Tendon 힘줄)을 싹둑 끊기 위한 니퍼(Wire Cutter), 등 세 가지가 필수적인 의료 **툴**(Tool 도구)이 있었다. 시술 중 Pain을 견디지 못한 환자가 자신의 이를 악물어 혀를 깨무는 사고가 많았기 때문에 환자에게 총알을 **바이트**(Bite 물게)하게 하고 Surgery를 했다고 한다. 그래서 Bite The Bullet이라는 유명한 표현이 생겨났는데 '고통을 견디다, 힘든 시기를 참아 넘기다'의 뜻으로 지금도 널리 사용되고 있다.

지니는 이미 램프를 빠져나오고

의학이 발전함에 따라 이런 Pain을 없애기 위한 마취제가 점점 발달하게 되었다. 옛날부터 **파피**(Poppy 양귀비) 꽃에서 추출한 **오우피엄**(Opium 아편)이 Anesthetic으로 사용되었다. 아편의 한자인 阿片은 영어의 Opium을 소리 나는 대로 표기한 것이다. 양귀비꽃의 덜 익은 꼬투리에 칼집을 내면

희고 끈적거리는 **샙**(Sap 수액)이 **플로우잉**(Flowing 흐르는)하는데 이것을 말려 **살러드**(Solid 고체)로 만든 것이 Opium이다. 고

로쇠나무에 칼집을 내어 약수통을 대고 받는 고로쇠물도 Sap이라 한다.

1810년 독일의 프리드리히 제르튀르너(Friedrich Sertürner)라는 **파머시스트**(Pharmacist 약사)가 Opium에서 모르핀(Morphine)을 **엑스트랙션**(Extraction 추출)해 내는 데 성공해 Morphine이 Opium의 열 배가 넘는 강력한 마취 효과로 Opium을 **리플레이스**(Replace 대체)하게 되었다. 마취제로서뿐만 아니라 조제약으로도 만들어진 Morphine은 **헤데익**(Headache 두통), **투쎄치**(Toothache 치통), **스터머케익**(Stomachache 위통), **멘스트루얼 페인**(Menstrual Pain 생리통) 등의 **페인킬러**(Painkiller 진통제)뿐만 아니라 **인삼니어**(Insomnia 불면증), 수면장애, 심지어 **피버**(Fever 고열)까지 모든 병을 고치는 '만병통치약'으로 **푸틀라이트**(Footlight 각광)를 받게 된다.

제르튀르너는 자신이 발견해 낸 Morphine을 신이 내린 **기프트**(Gift 선물)라며 **프라우드**(Proud 자랑스러워)했다. 그래서 Morphine에 Gom을 신이 소유한 약(God's Own Medicine)이라는 별명이 붙기도 했다. 그러나 그 **블레싱**(Blessing 축복)은 머지않아 **스커지**(Scourge 재앙)가 되었다. 사람들이 Pain 때문에 복용하게 된 Morphine은 짜릿한 행복을 가져다주었지만 그들은 중독으로 인해 서서히 죽어 갔다.

Scourge는 사람들을 징벌할 때 쓰는 **윕**(Whip 채찍)이라는 원

래 의미에서 '재앙을 일으키는 것, 신이 내리는 벌, 천벌'이라는 의미로 발전했다. 제르튀르너는 결국 자신의 아내가 Morphine의 **오우버도우스**(Overdose 과다 복용)로 사망하자 땅을 치며 후회했지만 때는 이미 늦었다. Morphine에서 좀 더 강력한 화학물질 헤로인(Heroin)이 추출되고 미국을 비롯한 서양 세계가 약물중독이라는 마약의 수렁으로 점차 빠지게 된다. Morphine, Heroin은 모두 Opium에서 나왔기에 **오우파이오이드**(Opioid 아편 합성 화학물)로 불리게 된다.

'이미 때가 늦었다'는 의미로 '지니가 램프를 빠져나왔다(Genie's Out Of The Bottle)'라는 표현이 있다. 『아라비안 나이트(Arabian Night)』에서 램프의 요정 지니(Genie)가 주인의 소원을 들어준 후 결국 주인의 영혼을 빼앗아버리듯이 Opium도 Pain을 없애 달라는 인간의 소원을 들어준 후에 나서 인간의 영혼을 파멸시키고 있다.

성형과 플라스틱

인도뿐만 아니라 고대 사회에서는 **캄뱃**(Combat 전투)이나 형벌로 **바디**(Body 신체)의 일부가 **대머지**(Damage 훼손) 당하는 경우가 많았다. 또 성병의 일종인 **시펄리스**(Syphilis 매독)에 걸리면 **노우즈**(Nose 코)가 문드러져 없어지고, 평생을 모멸감 가운데 **디스크리머네이션**(Discrimination 차별)을 당하며 살아야 했다.

지금으로부터 약 2700년 전, 인도에서 간통을 저지른 한 여성이 코를 잘리는 형벌에 처해졌다. 그러자 수쉬루타라는 인도의 한 의사가 이 여성을 **피티**(Pity 불쌍히)하게 여겨 수술을 해주었는데 뺨의 살(Cheek Flap)을 떼어 잘려 나간 코를 감쪽같이 만들어 주었다.

Flap은 피부 조직의 일부를 말하는 **서저리**(Surgery 외과) 용어다. 여인이 감사의 눈물을 흘리며 사례를 하려 했지만 의사는 한사코 거절하며, 코를 세게 풀면 수술 부위가 떨어질 수 있으니 한 달간만 **카션**(Caution 조심)하라고 당부했다.

이런 코 성형을 의학 용어로 Rhinoplasty라 하는데 Rhino-는 코를 나타내는 접두사다. 코뿔소를 영어로 Rhinoceros, 비염을 Rhinitis라 하는 것에서 잘 나타나고 있다. 코뿔소는 **스펠링**(Spelling 철자)이 어려워 간단히 Rhino라 하기도 한다.

이런 단어는 의학 용어로 무척 **하아드**(Hard 어려워)해서 미국 사람들도 웬만큼 교육받은 사람이 아니고서야 대개는 '코 성형'이라는 의미로 Nose Job라는 표현을 쓴다. Breast는 여성의 **브레스트**(Breast 유방)를 가리키는 단어로, 속된 표현으로 Boob라 하기도 한다. 유방 확대 수술은 '확대하다'라는 뜻의 Augment를 써서 Breast Augmentation이라 하는데 이 표현 역시 어려워 간단히 Boob Job이라 쓴다.

성형 수술은 Plastic Surgery라 하는데 Plastic이라는 단어의 원뜻은 '모양을 마음대로 만들 수 있는'이다. 걸쭉한 **플라워**(Flour 밀가루) 반죽을 쇠틀에 부으면 붕어빵, 국화빵 등 여러 가지 모양을 만들 수 있는데 이 **도우**(Dough 반죽)가 Plastic인 셈이다. **타운**(Town 동네)의 슈퍼마켓에서 **스터프**(Stuff 물건)를 담아 주는 '비닐 봉지'라는 의미로 Plastic Bag를 쓰기도 한다.

사람이 나이가 들면 흔히 발병하는 안과 질환이 **캐터랙트**(Cataract 백내장)이다. 눈에 흰 막, 즉 백태가 끼어 **아브젝트**

(Object 사물)가 뿌옇게 보이다
가 결국 실명되는 **스케어리**
(Scary 무서운)한 병이다. 앞서
여성의 코를 무료로 **모울딩**
(Molding 성형)해 준 수쉬루타
는 인도의 갠지스 강 유역
의 바나라시 지방에서 가난
한 사람들을 **어겐스트**(Against 상대로)해 의술 활동을 했는데
성형뿐만 아니라 '안과의'로도 유명했던 그는 Cataract 치
료도 했다고 전해진다. 지금의 이란, 이라크, 시리아 등 중
동 지방(Middle East)에서는 안과학이 발달하여 유럽으로까
지 그 기술이 전파되었는데 그 의술은 인도로부터 전해진
것이라 한다.

아이볼(Eyeball 안구)의 **프레셔**(Pressure 압력)가 시신경(Optic Nerve)
에 영향을 주어 **비전**(Vision 시력)을 **임페어**(Impair 손상)시키는
'녹내장'은 Glaucoma라 한다.

'안과 의학'은 Ophthalmology, '안과 의사'는 Ophthal
mologist라 하는데 일반인들은 Eye Doctor라는 쉬운 표현
을 주로 쓴다. 시력을 **메저먼트**(Measurement 측정)하는 '검안의'
는 Optometrist, '안경사'는 Optician이라 하는데 둘 다 **소어
테이션**(Sortation 구분)이 까다롭고 어려운 단어들이다. 이처럼

단어 앞에 Ophthalmo-, Opto-, Optic-이 붙으면 눈과 관련한 단어라는 것을 알 수 있다.

로마 시대에는 남자가 등에 상처가 있으면 전쟁에서 등을 보이고 도망치다 생긴 상처라는 **미선더스탠딩**(Misunderstanding 오해)을 받고 **셰임**(Shame 수치)으로 여겨져 성형이 필요했다. 또 신체 일부가 훼손된 **글래디에이터**(Gladiator 검투사)나 전염병, 공사 사고, 선천적인 기형(Congenital Abnormality)이 많아 성형이 널리 행해졌다. 역사학자들은 그 당시 **애니스씨지어**(Anesthesia 마취)도 없이 어떻게 수술의 고통을 참았을까 하고 **큐리아서티**(Curiosity 궁금)해하지만 인도의 의사 수쉬루타는 직접 **스페셜**(Special 특별)하게 제조한 **와인**(Wine 포도주)으로 Anesthesia를 한 후 아무 고통 없이 수술을 했고, **리치**(Leech 거머리)를 이용해 대량 **블리딩**(Bleeding 출혈)을 막았으며, 갈대로 만든 파이프를 환자의 코에 꽂아 수술 중 숨을 쉬게 했다고 전해진다.

중세 시대 유럽에서는 기독교의 영향으로 사람 몸에 칼을 대는 것을 꺼려 해 성형 수술이 발전할 수가 없었는데 근대에 들어서 아름다움을 **시킹**(Seeking 추구)하는 여성들의 욕망이 커지면서 성형 기술이 비약적으로 발전하게 되었다. 성형 재료로 많이 쓰는 것으로 실리콘(Silicon)과 보톡스(Botox)가 있다. Botox는 2차 대전 당시 **저팬**(Japan 일본)에서 발명되어 **포울리오우**(Polio 소아마비) 환자의 다리에 주사되었다. 오늘날에는 많이 개량된 형태지만 당시에는 부작용(Side Effect)이 컸다고 한다.

'못생긴' 학살자

위커드(Wicked 악인)는 그렇게 태어나는가? 아니면 만들어지는 것인가? 인류 역사상 아돌프 히틀러(Adolf Hitler)는 **핀드**(Fiend 악마)의 화신으로 **커스**(Curse 저주)받아 왔다. Incarnate는 무언가가 '사람의 몸을 빌어 태어나는' 것을 말한다.

히틀러는 2차 세계 대전을 일으키며 1100만 명의 인명을 앗아갔는데 그중 600만이 유대인이었다. 이 Jew의 학살을 **홀로코스트**(Holocaust)라 한다. 히틀러는 그 외 집시, 장애인, **호우모우섹슈얼**(Homosexual 동성연애자)들을 살 가치가 없는 밥만 축내는 인간이라 여겨 **매스**(Mass 대량)하게 학살한다.

히틀러는 1889년 오스트리아의 **시클루디드**(Secluded 한적)한 마을에서 태어났다. 그의 아버지 알로이스 히틀러(Alois Hitler)는 **커스텀즈**(Customs 세관)에서 근무하는 그럭저럭 출세

한 공무원(Civil Servant)이었다. 그의 어머니 클라라(Klara)가 23세나 나이가 많은(23 Years Senior) 그와 결혼해 히틀러를 낳은 건 그녀의 나이 18세 때의 일이었다.

알로이스는 냉혹하고 **리저드**(Rigid 엄격)하며 폭력적인 사람이었다. 그는 어린 히틀러와 그의 어머니에게 **피어리아디컬리**(Periodically 정기적)로 폭력을 휘둘렀다. 폭력을 견디지 못한 히틀러는 10세 때 **러너웨이**(Runaway 가출)를 감행하지만 결국 잡혀 오고 소년은 아버지의 심한 **래쉬**(Lash 매질)에 몇 날 며칠을 **코우머**(Coma 혼수상태)에 빠진다. 그것이 **트로머**(Trauma 정신적 외상)가 되었을까? 뒷날 히틀러는 "살 가치가 없는 인생들은 빨리 죽는 것이 낫다"고 입버릇처럼 내뱉는다.

알로이스는 그의 아버지, 곧 히틀러의 할아버지가 부유한 Jew의 가정부를 건드려 낳은 **배스터드**(Bastard 사생아)였다. 이 가정부, 즉 히틀러의 할머니는 평생을 아이의 아버지가 누군지 밝히지 않고 히틀러의 아버지를 혼자 키운다. 따지고 보면 히틀러의 아버지도 불행한 사람이었다. 히틀러는 자신의 할아버지가 Jew일지도 모른다는 불안감에 평생을 시달린다.

히틀러는 Civil Servant가 되기를 원하는 아버지의 뜻을 거역하고 **아아터스트**(Artist 미술가)가 되기 위해 미대(Art Academy)

 에 입학시험(Entrance Exam)을 치른다. 그의 그림 중 **포어트럿**(Portrait 인물화)을 그린 것은 한 장도 없었고, 온통 **랜드스케입**(Landscape 풍경화)과 **스틸 라이프**(Still Life 정물화)뿐이었다. 그의 무의식 깊은 곳에서는 인간에 대한 **비셔스**(Vicious 지독)한 혐오가 자리한 듯했다. 대부분 Jew였던 **스쿨**(School 학교)의 이사장들은 히틀러가 화가의 **엔다우먼트**(Endowment 자질)가 없다고 여기고 입학을 거절한다. 히틀러의 Jew에 대한 **헤잇러드**(Hatred 증오)는 여기서부터 싹이 튼다.

'유대인에 대한 증오'를 한 단어로 표현하면 Anti-Semitism 이고, '유대인을 미워하는 사람'은 Anti-Semite라 한다.

크리스마스를 나흘 앞두고, 어머니 클라라는 평생을 남편의 폭력에 시달리다가 결국 유방암(Breast Cancer)으로 고통스런 삶을 **데들라인**(Deadline 마감)한다. 유달리 어머니를 사랑하고 의지했던 히틀러는 이 죽음을 계기로 결정적으로 악마 같은 존재로 변한다.

대중을 사로잡은 카리스마

1930년대 초반의 독일은 암울한 **피어리어드**(Period 시기)였다. 세계를 강타한 경제 대공황(The Great Depression)의 **애프터매쓰**(Aftermath 여파)는 독일에서 수백만의 **어넴플로이드**(Unemployed 실업자)를 만들어 내고, 화폐 가치는 **티슈**(Tissue 휴지) 조각이 되었다. **파여워드**(Firewood 장작)를 사기 위해서는 산더미 같은 화폐가 필요했기에 차라리 돈을 태워 **히팅**(Heating 난방)을 하는 편이 싸게 먹힐 정도였다. 특히 15년 전 비참한 패배로 끝난 1차 세계 대전의 상처는 독일인의 가슴에 심한 **휴밀리에이션**(Humiliation 수치심)으로 남아 있었고 당시의 집권층이었던 무능한 바이마르(Weimar) 정부에 대한 **하스틸러티**(Hostility 적대감)가 커짐에 따라 국민들은 **누**(New 새로운) 리더가 나타나 삶이 나아지길 고대하고 있었다. 이때 삶에 지친 중하위 계층(Lower Middle Class)을 공략해 인기를 얻은 정치 세력이 히틀러가 속한 나치당(Nazi Party), 즉 국가 사회주의 독일 노동자당(National Socialist German Workers' Party)이었다.

Nazi는 실업자, 농민, 기술자, 젊은이(Young Man)들에게 폭발적인 인기를 얻고 히틀러는 현실에 **디신챈티드**(Disenchanted 환멸을 느낀)한 그들에게 보다 나은 미래를 약속하는 **세이브여**(Savior 구세주)와 같은 존재로 다가갔다. 그는 선거를 통해 독일의 **챈설러**(Chancellor 수상)가 된다. 히틀러는 사람의 **스펠바인딩**(Spellbinding 마음을 사로잡는)이 뛰어난 **오어러**

터(Orator 웅변가)였다. 대중들은 그의 말 한마디 한마디에 매료되었다.

가슴속에 지식과 **패션**(Passion 열정)이 있는 사람만이 **그레이트**(Great 위대)한 **엘러퀀스**(Eloquence 웅변)를 할 수 있는 것이다. 그런 면에서 히틀러는 뛰어난 자질이 있었다. 잘 발달된 독일의 고속도로 아우토반(Autobahn)과 독일의 국민차인 폭스바겐(Volkswagen)의 차 **비틀**(Beetle 딱정벌레)들은 모두 히틀러가 국민들에게 약속해 개발된 것들이었다.

전 세계를 상대로 한 전쟁 중에도 히틀러가 의지한 것은 **니스**(Niece 조카딸)인 겔리(Geli)였다. 그는 잔혹한 독재자로 **레인**(Reign 군림)했지만 겔리에게만은 한없이 다정한 삼촌이었다. 언제나 공식 석상에 그녀를 대동하고, 그녀에게만은 약한 면(Soft Spot)이 있었다. 히틀러는 그녀를 소유하려 했고, 늘 그녀의 남자관계를 감시했다. 그러던 중 그녀가 임신을 한 사실을 알게 되고 그 상대가 Jew라는 사실을 안 히틀러는 배신감에 치를 떤다. 다음날 겔리는 가슴에 총상을 입은 채 시신으로 발견된다. 1931년 자살로 발표되지만 여전히 의문은 남는다.

히틀러의 마지막 여인은 그의 어머니가 그랬듯 23세나 어린 에바 브라운(Eva Braun)이었고 그녀의 나이 18세 때의 일이었다. 에바는 히틀러의 카리스마(Charisma)에 끌렸고 히틀러도 그녀를 사랑
했지만 대중에게는
그녀를 드러내지 않
았고, 사랑을 표현
하지도 않았다. 에바는 **딥레션**(Depression 우울증)으로 여러
번 자살을 **트라이**(Try 시도)하고 결국 1945년 **언더그라운드**
(Underground 지하) 벙커에서 히틀러와 함께 **번트**(Burnt 불탄)한
시신으로 발견된다.

에바는 **사이어나이드**(Cyanide 청산가리)가 든 캡슐을 깨물었고,
히틀러는 머리에 총을 쏘아 자살한 후 **애저턴트**(Adjutant 부관)
에 의해 태워졌다. 동반자살(Joint Suicide)로 알려졌지만 의
혹투성이인 죽음이었다.

히틀러는 약간 벗겨진 머리, 작은 눈, 큰 **칙보운**(Cheekbone 광
대뼈), 무엇보다도 Jew를 연상시키는 큰 코를 가져, 전형적
인 독일인 모습과 비교했을 때 많이 못생긴 축에 속해 외
모 때문에 늘 **인피어리오어리티**(Inferiority 열등감)를 가지고 살
았다. 폭력적인 아버지와 어머니의 비극적인 죽음, 외모
에 대한 Inferiority, 이것이 Jew에 대한 Hatred로 바뀌고
장애인과 동성애자들은 살 가치조차 없는 존재로 여기는
페러노이어(Paranoia 편집증), **메걸로우메이니어**(Megalomania 과대망
상)로 발전했다.

천 년 **엠파여**(Empire 제국)를 꿈꾸던 아돌프 히틀러의 제3제국(Third Reich)은 12년 만에 끝이 나지만 그 12년은 세계의 역사를 대학살로 이끈 한 사이코패스(Psychopath)가 꾼 **나잇메어**(Nightmare 악몽)로, 지금도 그 상처의 **트레이스**(Trace 흔적)는 길게 남아 있다.

Reich은 독일어로 '국가(State)'를 뜻하며, 독일 의회는 Reichstag라 한다. 모든 나라의 수상은 Prime Minister라 하지만 독일 수상만은 Chancellor라 부르며, 당시 독일에서는 히틀러를 **푸어러**(Fuhrer 총통)라고 불렀는데 지금도 Reich, Fuhrer는 영어에서 자주 쓰는 단어다.

외신을 보면 인도(India)의 발전상이 놀랍다. 중국을 능가하는 10퍼센트에 가까운 경제 성장(Economic Growth)에, 폭발적으로 증가하는 중산층(Middle Class), 핵무기(Nuclear Weapon)로 무장된 군사 강국(Super Power)으로 중국에 이어 세계 두 번째로 **파펄러스**(Populous 인구가 많은)한 나라이기도 하다.

인도는 예부터 수학이 발전한 나라였다. **데서멀 포인트**(Decimal Point 소수점)나 싸인, 코사인 같은 삼각함수(Trigonometrical Function)가 고대 인도에서 **이스태블리쉬먼트**(Establishment 확립)되었고, 인류 최고의 수학적 발견인 0의 개념도 인도에서 이루어졌다. Mathematics는 주로 간단히 Math라고 말한다.

Trigonometrical Function에서 Trigonometrical은 '3'이라는 Tri-에 **앵걸**(Angle 각)을 나타내는 Gon 그리고 '측정법'이라는 의미의 Metric이 붙어 생긴 단어와 '함수'라는 의미의

Function이 **캄버네이션**(Combination 조합)해 만들어진 표현이다. Gon이 각(角)을 나타낸다는 것은 5각형인 미국 국방성 건물, '미국무부'를 Pentagon이라 하는 데서도 잘 알 수 있다. '6각형'은 Hexagon, '8각형'은 Octagon이라 한다.

마이크로 소프트, 마스터카드, 펩시콜라의 최고경영자(Ceo)들이 모두 인도인인 것과 구글, 애플, 삼성 같은 첨단 기업에서 인도인 과학자 **러크룻먼트**(Recruitment 영입)에 혈안이 된 것은 모두 그들의 천재적인 수학적 능력 때문이다. 이 점이 저임금(Low Wage)을 **베이스**(Base 기반)로 성장한 중국과 확연히 다른 점이다.

힌두교(Hinduism)를 믿는 인도는 예부터 카스트(Caste)라는 신분 제도가 있다. 인간은 날 때부터 신분이 정해져 있고 그 Status에 따라 직업이 정해지며, 결혼도 같은 Status 끼리 해야 한다는 **놈**(Norm 규범)이다. 이런 사회적 계급(Stratification)은 전생에서 자신이 저지른 **카아머**(Karma 업)와 **다아머**(Dharma 덕)에 의해 결정된 것이라 믿는다.

인도의 발전을 막는 **아브스터컬즈**(Obstacles 걸림돌)가 된 이 카스트제도(Caste System)는 **멍크스**(Monks 승려)와 학자인 '브라만'이 사회의 최상층 계급이고, 그 아래 두 번째 계급이 왕과 군인인 '샤트리아', 상인이나 기술자가 세 번째 계급인 '바이샤', 농민이나 기술이 없는 노동자가 네 번째인 '수드라'

다. 이 네 계급은 깨끗한 **클**
래스(Class 계급)라 하여 사람
트릿먼트(Treatment 대접)를 받
는다.

그에 비해 이 계급들에도 속하지 않는 최하층의 천민들을
'더러워서 손도 대지 않는다'는 의미로 **언터처벌**(Untouchable
불가촉 천민)이라 부르고 인간 이하로 **핸들링**(Handling 취급)하며
하아쉬너스(Harshness 가혹)하게 대한다.

Untouchable들은 아무도 하지 않는 하찮은 일(Menial Job)이
나 멸시받는 직종(Despised Job)에 종사해 왔다. 'Untouchable'
과 같은 의미의 영어 단어로 '내다버린 사람'이라는 뜻의
Outcast가 있다. 같은 뜻에 해당하는 인도어로는 Pariah가
있는데 Pariah는 영어권에서도 널리 쓰이는 단어가 되었다.
무슨 짓을 해도 돈만 벌면 된다라는 '천민자본주의'는 Pariah
Capitalism이라 한다.

인도인끼리는 이를 Dalit이라고 부르는데 '억압받는 사람'
이라는 뜻이다. 마하트마 간디는 이들을 '신의 아들'이라
는 뜻의 하리잔(Harijan)으로 불렀다. 이 Pariah들은 짐승과
도 같은 대우를 받으며 **서바이벌**(Survival 생존)해 왔다. 목이
말라 마을의 **웰**(Well 우물)에서 물을 마시면, 마을을 더럽혔

다고 해서 맞아 죽임을 당해도 당연한 일로 여겨 **어세일런트**(Assailant 가해자)는 처벌도 받지 않았다. 마을로 들어가 **론드리**(Laundry 빨랫감)를 받아 **와싱**(Washing 세탁)을 하는 Pariah들은 임금을 돈으로 받지 못하고 **레프토우버**(Leftover 먹다 남긴 음식)로 지급받았다. 이들은 주로 **쿼리**(Quarry 채석장) 같은 위험한 곳에서 일하는 채석꾼, 거리 **스위퍼**(Sweeper 청소부), **스캐번저**(Scavenger 쓰레기더미를 뒤지는 사람)가 주된 직업으로 하루 일당이 1달러를 넘지 못한다. 인도가 영국으로부터 1947년 독립하고 2년 후 이 Cast System이 **애벌리션**(Abolition 철폐)되지만 지금 이 순간까지도 그 **베스티지**(Vestige 잔재)는 뿌리 뽑히지 않고 있고 이런 Untouchable의 수는 2억 명에 이른다.

Hinduism에서는 현생에서 **디스컨텐트**(Discontent 불만)를 가지지 말고 자신의 의무를 묵묵히 다한다면 다음 생에서는 좋은 Caste로 태어난다고 가르치며, 대부분의 Pariah들은 현재 자신들이 받는 고통이 전생에 지은 자신들의 나쁜 행동(Bad Action), 나쁜 의도(Bad Intent) 때문이라고 여기고 운명에 **오우베이**(Obey 순종)하며 살고 있다.

조선의 신분제도는 1895년 갑오경장으로 철폐되지만 그 잔재는 완전히 없어지지 않았다. 20~30년 전만 해도 대한민국에서도 **부처**(Butcher 정육점)를 하는 자영업자(Self-

Employed)를 백정이라 하여 천시했다. 미국은 1863년 링컨 대통령에 의해 노예 해방이 선언되지만 마틴 루터 킹 **패스터**(Pastor 목사)가 **어새서네이션**(Assassination 암살)될 때까지 차별은 곳곳에 남아 있었다. 1994년까지 남아 있던 남아공 (South Africa)의 인종차별 정책은 Apartheid라 하여 악명이 높았다.

사람이 배고픔은 참을 수 있지만 차별은 참기 힘든 법이다. **워플레이스**(Workplace 직장)나 학교, 가정에서조차 **룩스** (Looks 외모)와 학력(Academic Career) 때문에 차별을 받아 본 사람이라면 그 아픔을 뼈저리게 느꼈을 것이다. 현대 한국 사회에서, 남성도 마찬가지이지만 특히 여성은 능력이 있어도 외모 때문에 아나운서나 리포터, **크루**(Crew 승무원) 같은 전문직이나 대기업의 취업은 꿈도 못 꾸는 이들이 있는데 이런 외모 지상주의를 Lookism이라 한다.

금수저, 흙수저라는 말이 나오고, 부자 **대드**(Dad 아빠)를 두지 못하면 로스쿨 같은 곳은 **앱러케이션**(Application 지원)조차 할 수 없는 현대판 음서제도의 새로운 Cast System이 대한민국에도 엄연히 존재하는 것이 현실이다.

나비처럼 날아서 벌처럼 쏘다

reading word · 78

1942년 미국 남부 켄터키(Kentucky) 주의 항구인 루이빌(Louisville)에서 한 흑인 아기가 태어난다. 아기의 이름은 캐시어스 클레이(Cassius Clay)였다. 아기는 12세 소년이 되었고, 어느 날 자신의 소중한 **바이시컬**(Bicycle 자전거)을 **씨프**(Thief 도둑) 맞는다.

화가 난 소년은 경찰에게 어떤 놈인지 걸리면 흠씬 때려주고 싶다고 말한다. 당시 이 사건의 **차아지**(Charge 담당) 경찰이었던 조 마틴(Joe Martin)은 약해 보이는 소년에게 '우선 싸움하는 법을 배우는 것이 어떠냐'고 조언한다. 마틴은 낮에는 경찰로 일하면서도 밤에는 동네 체육관(Local Gym)에서 젊은이들을 지도하던 복싱 코치였다.

이 허약한 소년이 뒷날 세계 헤비급 타이틀을 세 차례나 석권한 위대한 복서이자 **펄랜쓰러퍼스트**(Philanthropist 자선 사업가, **소우셜 액티비스트**(Social Activist 사회운동가)로 **리비어드**(Revered 추앙)를 받은 무함마드 알리(Muhammad Ali)다. 알리는 평생을 자신 앞에 놓인 **인저스티스**(Injustice 부당함)와 **애드버시티**(Adversity 역경)에 맞서 싸운 치열한 삶을 산 영웅이었다. 마틴과 소년의 만남은 운명과도 같았다. 소년은 그의 열정적인 **코우칭**(Coaching 지도)으로 눈에 띄게 **스킬**(Skill 실력)이 늘었고, 아마추어 복싱의 **프러스펙티브**(Prospective 유망주)로 두각을 나타내게 된다.

1960년 미국 **렙러젠터티브**(Representative 대표)로 로마올림픽에 참가한 캐시어스 클레이는 예선 3 경기(3 Bouts)를 모두 이긴다. 그리고 **파이널즈**(Finals 결승)에서 폴란드 선수를 누르고 라이트 헤비급 금메달(Light Heavyweight Gold Medal)을 따낸다. **하이 스쿨**(High School 고등학교)을 졸업한 지 막 석 달이 지난 때의 일이었고, 그는 일약 미국의 영웅으로 떠오른다.

그러나 금의환향(錦衣還鄉)한 그를 기다리고 있는 것은 **세그러게이션**(Segregation 인종차별)이었다. 그가 친구들과 함께 간 술집에서 그는 흑인이라는 이유로 **애드미션**(Admission 입장)을 거절당하고, 심한 **인설트**(Insult 모욕)를 당한다. 링컨(Abraham Lincoln) 대통령의 노예 해방 선언이 있은 지 100년이 지났지만 미국 남부에서는 아직도 **서비어**(Severe 심한)한

인종 차별이 존재하고 있었다. 분노한 그는 집으로 돌아오는 길에 오하이오 강(Ohio River) 다리 위에서 금메달을 집어던져버린다.

그는 시합 때마다 자신은 "가장 위대하다(The Greatest)"라고 외쳤고, 상대를 깔보는 행위와 심한 **마커리**(Mockery 조롱)도 서슴지 않았다. 그리고 **엑스퀴짓**(Exquisite 절묘)한 위트와 미사여구로 **타픽**(Topic 화제)을 몰고 다니며 신문 지면의 톱을 **어돈**(Adorn 장식)했다.

1964년 거구인 헤비급 챔피언 소니 리스턴(Sonny Liston)에 도전한 클레이는 전날 체중을 재는 자리(Weigh-In)에서 리스턴을 가리켜 "덩치만 크고 못생긴 곰(The Big Ugly Bear)"이라고 놀려 댔다. 그는 "나비처럼 날아서 벌처럼 쏘겠다. 너의 손은 볼 수 없는 것을 때릴 수 없을 것(float like a butterfly, sting like a bee, your hands can't hit what your eyes can't see)!"이라며 승리를 호언장담하며 상대 챔피언을 마음껏 비웃는다.

'나비처럼 날다'라고 할 때 '날다'에 해당하는 단어로 Fly를 써야 맞지만 물체가 물 위나 공기 중에서 '둥둥 떠다니는 것'을 뜻하는 의미로 Float을 사용하기도 한다.

사실 그 누구도 클레이의 승리를 점치는 이는 없었다. 사람들은 클레이가 189센티미터의 장신이지만 마른 **빌드** (Build 체격) 때문에 덩치가 큰 리스턴의 펀치를 견디지 못할 것이라 예상했다. 그러나 클레이는 헤비급의 선수로는 누구도 **미미크리**(Mimicry 흉내) 할 수 없는 명인의 기교(Masterful Performance)와 현란한 발놀림(Fancy Footstep)으로 7회에 KO승(Knock Out)을 거두고, 처음으로 챔피언 벨트를 거머쥔다.

무함마드 알리로 다시 태어나다

휴밀리티(Humility 겸손)를 모르고 자주 **블러프**(Bluff 허세)를 부리며 **카키**(Cocky 건방)한 듯해 보이지만 클레이는 남몰래 깊은 내면의 성찰(Spiritual Searching)과 함께 **러파인먼트**(Refinement 교양)를 쌓아 가는 일에 **이머전**(Immersion 몰두)한다. 클레이는 당시 흑인 인권운동가(Civil Rights Activist) 맬컴 엑스(Malcolm X)의 흑인 이슬람 **캠페인**(Campaign 운동)에 **인탁서케이션** (Intoxication 심취)하게 되는데 이를 계기로 그는 자신의 이름을 이슬람식인 Muhammad Ali로 개명하고, 아버지로부터 내려오던 Cassius Clay라는 이름을 버린다.

Muhammad Ali는 아랍어로 '칭송을 받는 자(The Praised One), 신에게 사랑을 받는 자(Beloved By God)'라는 의미가 담

긴 이름이었다. 사실 Cassius Clay는 노예였던 선조 할아버지가 주인의 이름을 따 지은 것이었다. 그는 노예의 이름을 버림으로써 자신의 삶을 스스로 결정하는 자유로운 영혼으로 다시 태어나게 된다.

Muhammad Ali를 발음할 때는 알리의 '리'에 강세를 두어 읽는다. 할리우드 여배우 안젤리나 졸리(Angelina Jolie)도 같은 **폼**(Form 형식)으로 졸리의 '리'에 강세를 두어 발음한다.

베트남 전쟁(Vietnam War)은 이 위대한 복서의 인생을 바꾸어 놓는다. 1967년 **칸스크립트**(Conscript 징집) 영장을 받은 알리는 자신의 종교적 신념(Religious Belief)에 따라 인간을 살인하는 전쟁에 참여할 수 없다며 군의 복무를 거부한다. 양심적인 병역 거부(Conscientious Objection)였던 것이다.

군에 의해 병역 기피(Draft Evasion)로 **애커제이션**(Accusation 고소)을 당한 알리는 챔피언을 **뎁러베이션**(Deprivation 박탈) 당하고, 복싱 선수 자격까지 **스탑**(Stop 정지) 당한다. 이로써 알리는 그의 복싱 **커릴**(Career 경력)에서 가장 소중한 3년(Three Prime Years)을 잃어버리고 만다. 결국 1971년 대법원(Supreme Court)에서 무죄가 **칸퍼메이션**(Confirmation 확정)되지만 그동안 잃어버린 시간의 **로서즈**(Losses 손실)는 너무나 큰 것이었다.

1971년, 알리는 당시 챔피언인 조 프레지어(Joe Frazier)에게 도전한다. 뉴욕의 메디슨 스퀘어 가든(Madison Square Garden) 경기장에서 열린 두 사람의 **매치**(Match 경기)는 세기의 대결(Fight Of The Century)로 모든 미국인의 관심을 한 몸에 받았다.

알리와 프레지어는 14회까지 막상막하(Toe-To-Toe)의 경기를 펼치는데 막판에 알리가 프레지어의 강력한 왼쪽 훅에 **다운**(Down 쓰러지고)되고 만다. 알리는 곧바로 일어나(Stand Up)지만 15회가 끝난 후 **레퍼리**(Referee 심판)들의 만장일치에 따른 결정(Unanimous Decision)으로 판정패 한다. 그동안 단 1패도 없었던 31전승의 알리는 인생에서 처음으로 패배의 쓴맛을 맛보게 된다. 프레지어는 위대한 복서였지만 그로부터 2년 뒤 **카멧**(Comet 혜성)처럼 등장한 조지 포먼(George Foreman)에게 무릎을 꿇는다.

알리는 4년 뒤인 1975년에 열린 **리매치**(Rematch 재시합)에서 프레지어를 무차별 공격하고, 마침내 14회 때, 이를 보다 못한 프레지어의 코치가 링 안으로 타월을 던지면서(Throw In Towel) 승리를 거머쥔다. 4년 전 패배를 **리벤지**(Revenge 설욕)하는 순간이었다.

빅 조지(Big George)라는 별명으로 불리던 조지 포먼은 탱크 같은 몸매에 핵폭탄 같은 펀치를 지닌 인물로 그는 지금

껏 단 한 번의 패배도 **퍼미션**(Permission 허용)하지 않은, 그야
말로 공포의 짐승이었다. 전설적인 흥행사 돈 킹(Don King)
의 **어레인지먼트**(Arrangement 주선)로 알리는 이 괴물 복서에
게 도전장을 내밀고, 1974년 아프리카의 자이르(Zaire)에서
두 사람은 마침내 세기의 대결을 펼친다. 이 시합은 정글
의 굉음(Rumble In The Jungle)이라 불리며 역사에 길이 남는
시합이 된다.

모두가 포먼의 승리를 점쳤다. 알리는 **도웁**(Dope 마약) 중독
자처럼 휘청거리며, 로프(Rope)에 기대어 포먼의 무서운 **피
스트**(Fist 주먹)를 피했다. 이렇듯 로프 어 도프(Rope-A-Dope)
스트래터지(Strategy 전략)를 구사하다가 갑자기 몸을 돌려 포
먼을 8회에 K.o.시키며, 알리는 모두의 예상을 뒤엎고 두
번째로 헤비급 챔피언을 차지한다. 그야말로 아무도 예상
하지 못했던 **어닉스펙티드**(Unexpected 이변)이었다. 알리는 이
시합에서 받은 개런티(Guarantee)를 모두 자선 사업 단체에
기부한다.

1978년 2월에 레온 스핑크스(Leon Spinks)에게 패해 챔피언
자리를 빼앗긴 알리는 9월에 열린 재경기에서 스핑크스를
물리치고 역사상 최초로 세 번의 챔피언 벨트를 매는 금자
탑을 세운다.

위대한 반항아, 세상을 떠나다

은퇴한 뒤의 그의 삶은 온전히 자선 사업(Charitable Work)에 **디보우션**(Devotion 헌신)한 세월이었다. 1984년 퇴행성 신경질환으로 온몸이 **퍼랠러서스**(Paralysis 마비)되는 파킨슨병(Parkinson's Disease)에 걸린 알리는 불편한 몸을 이끌고 전 세계를 돌며 **펀드**(Fund 기금)를 모으고, 자신의 도움이 **너세서티**(Necessity 필요)한 곳으로 **랜**(Ran 달려)해갔다.

그는 지적 장애인들이 참가하는 스페셜 올림픽(Special Olympic)과 말기 암의 **차일드**(Child 아동)들의 마지막 소원을 이루어 주는 소원 이루기 재단(Make-A-Wish Foundation)에 특히 관심을 기울였다. 또 그는 쿠바로 건너가 카스트로(Fidel Castro)와 평화를 논의하고, 후세인(Saddam Hussein)과의 **톡스**(Talks 회담)를 통해 인간 방패(Human Shield)가 된 미국인 **하스티지**(Hostage 인질)를 석방해 오는 등 누구도 상상도 못할 큰 업적을 남겼다.

1996년, 애틀란타(Atlanta)에서 열린 하계 올림픽에서 알리는 비틀거리는 걸음으로 성화 봉화대(Olympic Cauldron)까지 걸어가 떨리는 손으로 불을 붙였다. 이 모습은 전 세계에 **릴레이**(Relay 중계)되어 감동의 순간(Emotional Moments)으로 남았다.

Cauldron은 '큰 냄비, 가마솥'을 가리키며, 성화에 불을 붙

이는 봉화대의 모습이 큰 가마를 닮아서 붙여진 이름이다.

그는 보통 사람(Ordinary Man)으로서 자신에게 주어진 **탤런트**(Talent 재능)를 갈고 닦으며 끝없이 **에퍼트**(Effort 노력)함으로써 위대한 **어치브먼트**(Achievement 업적)를 이룬 인물이었다. 그는 이 같은 자신의 삶이 실의에 빠진 이들에게 **커리지**(Courage 용기)를 줄 수 있기를 원했다. 또한 서로가 서로를 존중하는 사회가 되기를 **호웁**(Hope 희망)했다. 그리고 이런 그의 **위쉬**(Wish 소망)는 고향인 루이빌에 세워진 알리 기념센터(Muhammad Ali Center)에 고스란히 담겨 있다.

그는 어린 시절 차별에 대항해 싸웠고, 자기 **에어리어**(Area 영역)에서 많은 강적들과 싸우며 링에서 쓰러지고 다시 일어났다. 전쟁에 반대하며, 평화를 위해서라면 감옥행도 마다하지 않았다. 마지막에는 파킨슨이라는 **인큐러블**(Incurable 불치)의 병과 **살러투드**(Solitude 고독)한 싸움을 이어 나간다. 알리는 점점 심해져 가는 병마와 싸우면서도 유머를 잃지 않았고 각계 각층의 사람들(All Walks Of Life)을 만나 **무빙**(Moving 감동)과 용기를 주었다.

그는 자신의 집 앞에서 가난한 사람에게는 **프리**(Free 무료)

로 자신의 책에 사인을 해 주고, 부자에게는 100달러씩 받아 그 돈을 좋은 일에 사용했다. 2015년, **누모우녀**(Pneumonia 폐렴)가 **워스**(Worse 악화)되어 애리조나(Arizona) 주 피닉스 (Phoenix)의 병원에 입원한 알리는 2016년 6월 3일 마침내 생을 마감했다.

장례식에서는 빌 클린턴(Bill Clinton) 전 미국 대통령이 **율러지**(Eulogy 송시)를 읽었다. 시신을 실은 장례 행렬(Funeral Procession)이 그의 이름을 딴 알리 대로(Muhammad Ali Boulevard)를 지나 고향 집을 지났다. 이어서 처음 운동을 시작한 **짐**(Gym 체육관)을 지나자 검정색 캐딜락(Cadillac)의 **허스**(Hearse 영구차)는 2만이 넘는 팬이 던진 **부케이**(Bouquet 꽃다발)로 뒤덮인다. "알리, 알리" 하고 연호하는 시민들의 **샤우팅**(Shouting 함성)이 밤늦도록 이어졌다. 위대한 반항아가 세상을 떠난 날이었다.

Cadillac은 미국 GM(General Motors)의 고급 차종으로 Caddy 라는 애칭으로 불린다.

어른들을 위한 동화

2016년 2월 19일, 『앵무새 죽이기(To Kill A Mockingbird)』의 **오써**(Author 작가) 하퍼 리(Harper Lee) 여사가 **다이드**(Died 타계)했다는 **오우비추에어리**(Obituary 부음)의 소식이 전해졌다. 사인(Cause Of Death)은 고령에 의한 자연사(Natural Causes)였다. 하퍼는 향년 88세에 **슬립**(Sleep 수면) 중 사망했다.

『To Kill A Mockingbird』는 1960년, 당시 34세였던 하퍼가 처녀작으로 **퍼블리케이션**(Publication 출간)하자마자 미국 사회에 큰 **센세이션**(Sensation 반향)을 일으키며 베스트셀러에 오른다. 이듬해 1961년 퓰리처상(Pulitzer Prize)을 수상하며, 그레고리 펙(Gregory Peck) 주연의 영화로 **메이킹**(Making 제작)되고, 펙은 그해 이 영화로 아카데미 남우주연상(Best Actor)을 수상한다. 이를 계기로 그레고리 펙과 하퍼는 평생의 친구가 된다. 하퍼의 처녀작은 88주 **컨세큐어티브**(Consecutive 연속)으로 베스트셀러를 기록하고, 출판 부수는 3,000만 부를 넘어섰으며, 40개국 이상의 **랭귀지**(Language 언어)로 번역되었다. 대단한 성공을 거두었지만 하퍼는 세상의 주목을 달가워하지 않았다.

그녀는 고향인 엘라배마(Alabama)의 먼로빌(Monroeville) 자택에서 변호사였던 언니 앨리스와 함께 **리클루시브**(Reclusive 은둔)의 생활을 한다.

Reclusive는 사회와 **디스커넥션**(Disconnection 단절)하고 '외딴 곳에 숨어 사는'이라는 뜻의 중요한 단어다. **클로우즈드**(Closed 폐쇄)적인 북한을 가리켜 흔히 Reclusive한 국가라는 표현을 자주 쓴다. 은둔자는 Recluse라 하는데 북한을 가리켜 '은둔의 왕국' 즉, Hermit Kingdom이라고 하기도 한다. Recluse와 Hermit는 유사어 Synonym이다.

나벌(Novel 소설)의 **백드랍**(Backdrop 배경)은 1930년대 미국의 대공황 시대(Great Depression), 인종 차별이 심했던 미국 남부의 한적한 **컨트리사이드**(Countryside 시골)의 마을이다. 이곳은 사람들끼리 서로 거리낌 없이 친밀하게 지내는(Close-Nit) 마을이었다. 이곳에서 여섯 살 소녀 스카웃(Scout)과 그녀의 오빠 젬(Jem) 그리고 변호사인 아버지 애티커스(Atticus),

흑인 가정부 네 명이 조촐한 삶을 살고 있었다. 어머니는 스카웃이 어릴 때 세상을 떠났다. 애티커스는 가난한 마을의 가난한 변호사였지만 '도덕적으로 올곧은(Morally Upright) 사람이었다.

이 마을에 여름을 **앤트**(Aunt 숙모)의 집에서 보내기 위해 도시에서 온 또래 소년 딜(Dill)이 나타난다. 스카웃과 젬 그리고 딜은 친한 친구가 되어 마을을 뛰고 달리며 함께 어울려 놀았다. 스카웃은 선머슴 같은 **탐보이**(Tomboy 말괄량이)였다. 도시에서 온 딜은 나약해 아이들에게 괴롭힘을 당하지만 그때마다 스카웃이 그를 구해 준다.

스카웃의 집에서 좀 떨어진 곳에는 외딴 집 한 채가 있었다. 이 집의 주인 영감이 죽자 그동안 떨어져 살았던 둘째 아들이 돌아온다. 그는 오래전 아버지의 다리를 **시저즈**(Scissors 가위)로 **스태브**(Stab 찌르고)하고 달아났던 아들로, 얼굴이 험상궂게 생긴 인물이었다. 그는 사람들과 **월**(Wall 담)을 쌓고 집안에만 틀어박혀 형과 함께 살고 있었다. 상황이 이렇다 보니 마을 아이들 사이에서는 무서운 소문이 돌았다. 둘째 아들은 **랫**(Rat 쥐)이나 **리저드**(Lizard 도마뱀) 같은 **렙타일**(Reptile 파충류)을 잡아먹고, **캣**(Cat 고양이)을 죽여 집안에 베

어리(Bury 묻어)해두며, 아이들을 잡아간다는 것이었다. 아이들 사이에서 그의 이름은 부 래들리(Boo Radley)로 불렸다. 스카웃과 젬, 딜은 두려움에 떨면서도 호기심을 이기지 못하고 그 도깨비 집(Haunted House) 주위를 맴돈다.

어두운 밤, 세 아이는 부가 입에 피를 묻히고 쥐를 잡아먹는 모습을 **픽**(Peek 훔쳐보기)하기 위해 창가로 다가갔다가 (Sneak On), 그의 형이 쏜 총에 놀라 달아나고, 젬의 **팬트스** (Pants 바지)가 **펜스**(Fence 울타리)에 걸려 벗겨진다. 젬이 아랫도리 없이 터벅터벅 돌아오는데 집 앞에서 그는 자신의 잃어버린 바지가 찢어진 곳이 기워진 채 가지런히 개여 (Neatly Folded) 있는 것을 발견하게 된다. 세 아이가 숲에서 놀 때 고목나무의 패인 **날드**(Gnarled 옹이)의 속에 **캔디**(Candy 사탕)와 껌을 놓아 둔 사람도 부였다는 것을 나중에 알게 된다. 이런 사실을 통해 소설은 사람의 외모만으로 판단하는 **프리컨시브드**(Preconceived 선입관)가 **롱**(Wrong 잘못)되었다는 메시지를 웅변한다. 아버지는 스카웃과 젬에게 공기총(Air Rifle)을 선물로 사 주며 다른 **버드**(Bird 새)는 다 쏴도 되지만 **마킹버드**(Mockingbird 앵무새)만은 쏴 죽여서는 안 된다고 **엠퍼시스**(Emphasis 강조)한다.

Mockingbird는 **크랍스**(Crops 농작물)를 쪼아 먹지 않아 **파아머** (Farmer 농부)들에게 **함**(Harm 피해)을 주지도 않고, 노래만 하는 약한 새이기 때문이었다. Mockingbird는 '약한 자, 죄 없는 자'를 대변하며, 이들을 괴롭혀서는 안 된다는 것을 **메터포어**(Metaphor 은유적)로 표현한 것이다.

마을의 흑인 일꾼이었던 톰(Tom)이 19세 백인 아가씨 마이엘라(Mayella)를 강간했다는 혐의를 받아 경찰에 잡힌다. 당시에는 흑인이 백인 여성을 강간한다는 것은 용서받지 못할 중범죄였다. 애티커스가 톰을 **디펜드**(Defend 변호)할 것을 결심하자 그의 가족들은 마을 아이들과 **네이버**(Neighbor 이웃)로부터 비난을 당하게 된다. 온 동네 사람들은 정도의 차이는 있어도(To One Degree Or Another) 모두 인종차별주의자들이었다. 애티커스는 이 재판에서 패배할 것을 예상하지만 사건을 맡기로 한다.

마이엘라의 아버지 밥(Bob)은 **앨커할릭**(Alcoholic 알코올 중독자)으로 매일 술에 절어 사는 인물이었고, **서라운딩즈**(Surroundings 주변)의 사람들로부터 쓰레기 취급을 받고 있었다. 마이엘라는 돼지우리 같은 **색**(Shack 판잣집)에서 일곱 명의 동생을 돌보며 심신이 **루언드**(Ruined 황폐)해져 가고 있었다. 사실은 그녀가 먼저 톰을 유혹했고, 막 키스를 하려는 순간 아버지에게 들키면서 그로부터 심한 폭행을 당한 것이다. 톰은 왼손을 쓰지 못하는 불구였고, 마이엘라는 오른쪽 **칙**(Cheek 뺨)에 **브루즈**(Bruise 타박상)가 있었다. 모든 증거는 그의 무죄를 **프루프**(Proof 증명)하고 있었다. 톰의 무죄는 너무나 **패턴시**(Patency 명백)했고 애티커스의 변론도 훌륭했지만 재판부는 유죄를 선고한다. 흑인을 향한 편견과 인종차별을 뛰어 넘기는 어려운 일이었다.

Mockingbird니까 괜찮아

터무니없는 **버딕트**(Verdict 평결)가 내려지고 톰은 감옥으로 끌려간다. 너무도 억울했던 그는 도중에 **이스케입**(Escape 도망)을 **어템프트**(Attempt 시도)했으나 그 자리에서 **킬**(Kill 사살)된다. 이 모든 일을 지켜본 스카웃은 세상에 만연한 **언페어**(Unfair 불공평)에 대해 생각하게 된다. 이때 아버지는 딸에게 세상에는 "패배할 줄 알면서도 싸워야 할 때가 있다(Keep Fighting Even If You Know You'll Lose)"고 말해 준다.

재판 과정에서 모욕을 당했다고 느낀 밥은 애티커스에게 **그러지**(Grudge 앙심)를 품는다. 그리고 변호사의 아들인 젬을 해치겠다고 말한다. 할로윈(Halloween)데이 저녁에 동생의 손을 잡고 **페스터벌**(Festival 축제)에서 돌아오던 젬에게 밥이 칼을 들고 그에게 다가왔다. 밥이 젬의 팔을 **트위스트**(Twist 비틀다)하고 칼로 찌르려던 순간, 부가 나타나 밥과 몸싸움을 벌이고, 그 와중에 밥이 자신의 칼에 찔려 죽는다.

이 사건을 수사하던 **셰어러프**(Sheriff 보안관)는 부가 젬의 목숨을 구한 것을 알아내지만 애티커스와 상의해 밥이 넘어지면서 자신의 칼에 찔린 것으로 처리해 사건을 **피니쉬**(Finish 마무리)한다. **트루쓰**(Truth 진실)를 밝히면 부는 영웅이 되어 사람들의 관심을 한 몸에 받을 것이다. 그러면 **로우너**(Loner 외톨이)에 **언소우셜**(Unsocial 비사교적)인 성향 때문에 그 중압감을 견디지 못한 부에게 무슨 일이 생길지 모를 일이었다. 부를 위한 **초이스**(Choice 선택)였던 것이다.

애티커스는 착한 일을 한 부가 **리워어드**(Reward 보상)를 받지 못한 것에 대해 스카웃이 상처를 받지 않을까 **워이**(Worry 염려)한다. 그러나 스카웃은 이 모든 내막을 깊이 이해를 하고 있었다. 소녀가 아버지에게 말한다.

"괜찮아요, 아빠! 부는 Mockingbird니까요."

스카웃은 세상이 무척이나 불공정한 곳이라 생각한다.

『To Kill A Mockingbird』는 쉽고 **컨사이스**(Concise 간결)한 문체로 쓰인 서정시 같은, 뛰어난 문학 작품이다. **매스터피스**(Masterpiece 걸작)란 어려운 미사여구의 **리스트**(List 나열)가 아닌, 가장 간결한 단어를 적재적소에 놓아 아름다운 무늬의 **엠브로이더리**(Embroidery 자수)를 놓는 것이다. 셰익스피어가 말하길 "간결은 지혜의 정수(Brevity Is A Soul Of Wit)"라고 하지 않았던가. 문학적 대성공을 거둔 하퍼에게 후속작에 대한 요청이 **러쉬**
(Rush 쇄도)했지만 그녀
는 이후 더 이상 다른
작품을 발표하지 않
았다.

먼로빌에서 조용한 삶을 살던 하퍼는 『To Kill A Mocking
bird』 발표 이후 55년이 지난 후에야 『파수꾼(Go Set A
Watchman)』이라는 소설 한 편을 **어나운스먼트**(Announcement
발표) 한다. 그녀는 『To Kill A Mockingbird』로 사회에 미친
지대한 **메럿**(Merit 공로)을 인정받아 2007년 부시 대통령으로
부터 자유의 메달(Medal Of Freedom) 훈장을 받는다.

『To Kill A Mockingbird』는 **오터바이아그러피**(Autobiography 자
서전)적인 소설이다. 하퍼의 아버지는 흑인을 변호하던 변
호사였고, 그녀에게는 네 살 터울의 오빠가 있었다. 소설
속의 도시 소년 딜은 그녀의 평생 친구인 트루먼 커포티
(Truman Capote)로 실제 인물이다. 커포티는 『인 콜드 블러드
(In Cold Blood)』, 『티파니에서 아침을(Breakfast At Tiffany's)』 같
은 명작을 남긴 미국의 대소설가다. 하퍼와 트루먼은 평
생을 친구로 지냈지만 연인관계로 발전하지는 않는다. 커
포티가 동성연애자였기 때문이다.

미국의 남부는 광활한 **팜**(Farm 농장)을 배경으로 노예제도

를 발판 삼아 경제가 **메인터넌스**(Maintenance 유지) 되었고, 차별이 끈질기게 **커넥티드**(Connected 이어지던)한 곳이다. 이 지역에서 흑인에 대한 잔혹한 행위를 다룬 소설이 많이 나왔고, 이런 소설 장르를 'Southern Gothic, 남부 괴담'이라 한다. 미국 **텍스트북**(Textbook 교과서)에도 실린 **빌덩즈러먼**(Bildungsroman 교양 소설)인 『To Kill A Mockingbird』는 귀중한 **레선**(Lesson 교훈)을 주는 **어덜트**(Adult 어른)들을 위한 **페리테일**(Fairytale 동화)이기도 하다.

말(Horse)의 발견

1492년 콜럼버스(Columbus)가 처음 아메리카를 발견했을 때 그는 이 거대한 대륙이 자신이 살던 유럽 대륙의 네 배에 달하는 땅덩어리라고는 꿈에도 상상하지 못했을 것이다. 이 Continent에는 옥수수, **퍼테이토우**(Potato 감자), 토마토, 초콜릿의 **머티어리얼**(Material 재료)이 되는 코코아 등 그 당시 유럽인들이 **리선**(Listen 듣다)도, **시**(See 보다)도 못한 것들이 너무나 많았다. 그러나 이 Continent에서 눈에 띄지 않는 것이 한 가지 있었는데 그것은 **호어스**(Horse 말)이었다. 그래서 콜럼버스는 스페인에서 Horse 몇 마리를 들여와 **와일드너스**(Wildness 야생)에 풀어놓았다. 이 Horse들이 자연에서 스스로 **브리딩**(Breeding 번식)해 새로운 **브리드**(Breed 품종)로 발전했는데 이 Breed를 머스탱(Mustang)이라고 부르게 되었다. Mustang은 원래 '길 잃은 짐승'이라는 의미의 스페인어(Spanish) 단어 Mestengo에서 유래했다. 포드(Ford) 자동차 회사의 유명한 승용차 브랜드도 Mustang이다.

크리에이터(Creator 조물주)가 창조한 **바이알러지**(Biology 생물) 중에 Horse만큼 아름답고 **매그니퍼선트**(Magnificent 웅장)한 것이 있을까? **웨잇**(Weight 무게)이 600킬로그램이 넘는 체지방이 없는 **머설**(Muscle 근육)로 다져진 몸으로 인간을 태운 채, 우사인 볼트(Usain Bolt)의 두 배에 가까운 속력으로 **갤럽**(Gallop 질주)하는 괴력은 어디에서 나오는 것일까?

Horse의 원산지는 중앙아시아(Central Asia)라고 전해진다. Central Asia는 '나라, 지방'이라는 의미의 페르시아어 '스탄'이 붙는 우즈베키스탄, 카자흐스탄, 투르크메니스탄, 타지키스탄, 키르기스스탄 등을 **인클루드**(Include 포함)하는 지역이다. 이 지역에서 많이 나는 **애펄**(Apple 사과)이나 **캐럿**(Carrot 당근) 등이 Horse의 주요한 먹이가 되었다고 한다.

Horse의 역사는 인간의 역사와 거의 같으며, 거의 공동 운명체처럼 함께 생활해 왔다. 걸어만 다니던 인간이 Horse를 만나고 나서부터 장거리 여행이 가능해졌고 더 많은 사냥을 하며 대규모의 정복 전쟁을 수행하게 된다. 인류에게 Horse가 없었더라면 Mankind의 문명은 존재 자체가 불가능했을 것이다.

성경의 맨 처음 책이 세상의 **크리에이션**(Creation 창조)을 다룬 **제너서스**(Genesis 창세기)라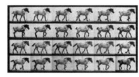
면 마지막 책은 인류의 종말
을 다른 계시록인데 세상 종

말이 올 때 선과 악(Good And Evil)이 충돌하는 최후의 전쟁
인 아마겟돈(Armageddon) 때 네 마리의 Horse를 탄 사자(使
者) 둘이 나타난다고 했다. Horse는 Mankind와 종말까지
함께하는 것이다. 미국의 서부 개척 시대에도 Horse는 오
늘날의 유용한 교통수단의 역할을 했다. 말의 **게이트**(Gait 걸
음걸이)를 보면 'Walk'은 걸어가다, 'Trot'은 또각또각 가볍게
뛰며, 'Canter'는 좀 더 빠르게 뛰고, 'Gallop'은 전속력으로
달리는 것 등, 각기 표현 방식이 다르다.

말 중에서 암말을 Mare라 하고 줄무늬가 있는 얼룩말
을 Zebra, 얼룩덜룩한 점박이 말을 Pinto라 하며 수말 중
에서도 암말을 임신시킬 목적으로 교미만 하는 '종마'를
Stallion이라 한다. 또 조랑말은 Pony라 하는데 각종 '말과
(科) 동물'을 Equine이라 하고, **라이딩**(Riding 승마)이나 마장,
마술(馬術)'은 Equitation, 올림픽에서 말을 다루는 '승마 선
수'는 Equestrian이라 한다. 말의 목에 난 '갈기'를 Mane,
'말안장'을 Saddle이라 하는데 모두 중요한 단어들이다.

말의 입에 물리는 '재갈'은 Muzzle이라 하는데 '총구(銃口),
포구(砲口)'도 Muzzle이라 한다. Muzzle은 '언론에 재갈을

물리다, 입을 틀어막다'라는 의미의 동사로도 사용되며 Muzzle One's Opponent는 '반대자의 언론의 자유를 막다'라는 의미의 표현이다.

전쟁 때 말을 타고 싸우는 '기병(騎兵)'을 영어로는 Cavalry 라 하며 말을 탄 중세 유럽의 '기사'를 Cavalier라 한다. 여성에게 정중하게 대하는 '기사도 정신'은 Cavalierism이라 한다.

말(言)을 만든 말(馬)

잉글리쉬(English 영어)에서 Horse가 들어가는 표현은 매우 다양하다. 가장 흔히 사용하는 Eat Like A Horse라는 표현은 '말처럼 많이 먹어 대다'라는 의미이며, 배가 너무 고프다고 말할 때는 Could Eat A Horse(말 한 마리라도 먹겠다) 라는 표현을 사용할 수 있다. 사람에게 Dark Horse를 쓰면 '아직 널리 알려지지 않은 신인이지만 **프라머싱**(Promising 유망)한 사람, 앞으로 큰일 낼 사람'을 가리킨다. 또 **해걸링**(Haggling 흥정)을 할 때 한 치의 **컨세션**(Concession 양보)도 없이 치열하게 **프라이스**(Price 가격)의 경쟁을 하는 것을 Horse Trading이라고 하는데 Trading은 '거래'라는 뜻이다.

손이나 발에 나는 '쥐'를 Charley Horse라 한다. **레이스트**

랙(Racetrack 경마장)에서 늙어 **유슬러스**
(Useless 쓸모없게)하게 된 말을 Charley
라 불렀는데 이 Charley는 야구장에
서 다리를 절면서 **소일**(Soil 흙)을 운반
했다. 이로 인해 운동선수 등이 경기
도중 다리에 쥐가 나는 것을 이 늙은 말에 빗대어 '쥐, 경
련'을 Charley Horse라 부르게 되었다.

Flog A Dead Horse(죽은 말을 채찍질하다) 또는 Beat A Dead
Horse(죽은 말을 때리다)라는 표현은 '이미 끝난 일을 가지고
시간을 **웨이스트**(Waste 낭비)하다, 헛수고하다, 뒷북을 치다'
라는 의미로 흔히 사용되고 있다. 직접 Horse라는 단어가
들어가지는 않지만 Horse Racing에서 유래한 관련 표현
들도 많이 있다. 마지막까지 아슬아슬한 경기를 Down To
The Wire라 하는데 이런 표현은, 옛날 경마(Horse Racing)에
서 지금처럼 비디오 **디사이퍼**(Decipher 판독)가 없던 시절, 결
승선에 쇠줄 와이어를 **타이튼**(Tighten 팽팽)하게 쳐놓고 거의
시멀러(Similar 비슷)하게 골인하는 첫 번째 말의 코에 걸리게
디바이스(Device 장치)한 데서 유래했다고 한다.

'쉽게 경기에 이기다, 낙승하다'라는 의미의 Win Hands
Down이라는 표현도 Horse Racing에서 큰 격차를 벌이며
일등으로 들어오는 **자키**(Jockey 기수)가 손을 내린 채로 여유

있게 들어오는 모습에서 유래했다고 한다.

또한 어떤 사람이 자신의 분야에서 떠나 있다가 다시 복귀할 때 Back In The Saddle이라 표현한다.

I'm Back In The Saddle(나, 다시 컴백했어)

또 어떤 일을 시작하거나 먼 길로 **리브**(Leave 떠날)할 때 Saddle Up이라고 하는데 '말안장을 얹어, 준비 단단히 해'라는 의미로 많이 사용되는 표현이다.

마법의 검은 열매

누군가가 "만약 **마아즈**(Mars 화성)에 인간이 살게 된다면 제일 먼저 생기는 가게는 커피숍(Coffee Shop)이 될 것이다"라고 말을 했다. 세상에서 합법적으로 거래가 이루어지는 **커머디티**(Commodity 상품) 중 거래량이 가장 많은 것은 Crude Oil이고, 두 번째로 많은 것이 Coffee라고 한다. 오늘날 Coffee는 산지와 품종에 따라 수백 종으로 **클래서퍼케이션**(Classification 분류)되지만 **커머셜**(Commercial 상업적)로 **컬터베이티드**(Cultivated 재배)되는 커피의 품종은 크게 아라비카(Arabica)종과 로부스타(Robusta)종 두 가지로 나뉜다. 전 세계 커피 생산량의 약 70퍼센트를 차지하는 Arabica종은 카페인 함량이 낮고 신맛이 나는 **플레이보어**(Flavour 향미)가 **엑설런트**(Excellent 우수)한 고급스런 커피로 여겨진다. 우리나라 시중에 나와 있는 것은 거의 모두 Robusta종이며, Arabica종이라고 광고하는 것도 **릴리**(Really 진짜)와는 거리가 멀다.

Commodity는 '원자재' 혹은 '생활에 이로움을 주는 것'이라는 뜻으로, **크루드 오일**(Crude Oil 원유), **고울드**(Gold 금), **실버**(Silver 은), **카퍼**(Copper 구리), 밀가루, **콘**(Corn 옥수수), **라이스**(Rice 쌀)와 같은 산업 생산에 필요한 원재료를 가리키는 말이다.

커피 하면, 대개 **라운드**(Round 동그란)한 형태의 **브라운**(Brown 갈색)의 원두를 떠올리게 된다. 생김새 때문에 **빈**(Bean 콩)이라는 명칭으로 부르기도 하지만 커피의 정체를 정확히 살펴본다면 커피나무 열매인 커피체리(Coffee Cherry)의 씨앗 부분에 **코어러스판드**(Correspond 해당)한다. 커피체리에서 **펄프**(Pulp 과육)와 내과피인 Parchment를 **리무벌**(Removal 제거)하면 생두(Green Bean)를 얻을 수 있으며, 이 생두에 **힛**(Heat 열)을 가하게 되면 우리가 커피 전문점에서 쉽게 볼 수 있는 갈색 원두로 변하게 된다.

커피콩(Coffee Bean)을 후라이팬에 달달 볶아 검게 만드는 것을 '로스트(Roast) 한다'라 하고, 이것을 빻아서 **파우더**(Powder 가루)로 만드는 것을 Grind, 그 가루에 뜨거운 물을 부어 녹이는 것을 Brew라 한다.

Brew는 술을 '양조하다'라 할 때도 쓰는 중요한 단어다. 특유의 깊고 그윽한 **센트**(Scent 향)로 나른한 정신에 **바이탤러티**(Vitality 활기)를 불어넣으며 몸속의 세포 하나하나에 에너지를 **서플라이**(Supply 공급)해 주는 듯한 이 마법의 검은 **프룻**(Fruit 열매)은 도대체 어디서 온 것일까?

쌀이나 윗(Wheat 밀) '알'같이 작고 단단한 것을 Grain이라 하고, 그보다 좀 더 큰 콩 같은 것을 Bean, **사이즈**(Size 크기)는 같으나 겉이 **사프트**(Soft 말랑말랑)하고 **주스**(Juice 즙)가 있는 알갱이를 Berry라 하며, 더 크고 겉이 딱딱한 것을 Nut이라 한다.

역사의 흐름을 바꾼 커피

9세기 에티오피아의 산골에 칼디(Kaldi)라는 **고우더드**(Goatherd 염소치기) 소년이 있었다. 어느 날 그는 자신이 키우던 **고우트**(Goat 염소)들이 큰 소리로 "매에~ 매에~" 하며 기운이 넘쳐 펄펄 뛰어다니는 광경을 보았다. 칼디는 Goat들을 유심히 **아브저베이션**(Observation 관찰)한 결과 Goat들이 **필드**(Field 들판)에 있는 한 나무의 빨간 열매를 먹고 나서 흥분한다는 사실을 알아냈다.

칼디는 호기심이 생겨 자신도 그 열매를 맛보았다. 그런데 그 열매를 먹자 정신이 맑아지고 기운이 나는 것이었다. 그래서 이 열매를 마을로 가져가 사람들에게 나누어 주었다고 한다. 그러나 정작 이것을 세계 각지로 널리 퍼뜨린 사람들은 낙타를 타고 사막을 건너 동서양을 오가며 장사를 하던 아랍의 상인들이었다. 이들이 Coffee Bean

을 가지고 예멘의 산기슭에서 재배를 시작했고, 예멘의 항구 도시 모카(Mocha)에서 배를 통해 전 세계로 **엑스포어트**(Export 수출)하게 된다.

아랍어에서 커피를 카흐와(Qahwa)라고 부르는데 원래 포도주와 술을 가리키는 말이었다. 알코올이 금지된 아랍에서는 Coffee를 포도주의 **서브스터툿**(Substitute 대용)으로 즐겨 마셨다고 한다. 그래서 언어학자들은 Coffee는 '카흐와'가 변해 생겨난 말이라고 **에스터멋**(Estimate 추정)한다. 아랍 사람들은 Coffee를 **머나펄리**(Monopoly 독점)하기 위해 반드시 Roast하거나 Grind해서 수출했고, 열매 자체의 반출을 엄격히 금지했다. 그러나 1560년경에 인도인 **서피**(Sufi 이슬람 신비주의자)인 바바 부단(Baba Budan)이 사우디아라비아의 메카(Mecca)에 성지 순례를 하고 **리턴**(Return 돌아오다)하면서 아랫배에 두른 붕대 안에 일곱 알의 Coffee Bean을 감추어 인도로 **스머걸**(Smuggle 밀반출)하는 데 성공한다. 그 후 인도에서 **퀄러티**(Quality 품질) 좋은 Coffee가 생산되자 이를 본 **더치**(Dutch 네덜란드인)들이 이를 암스테르담으로 **테익**(Take 가져가)해 **그린하우스**(Greenhouse 온실) 재배에 성공한다. 그 후 자신들의 **칼러니**(Colony 식민지)였던 인도네시아의 자바(Java)에서 **플랜테이션**(Plantation 경작지)을 조성해 본격적으로 생산에 뛰어들게 된다.

지금도 Mocha와 Java Coffee는 품질이 좋기로 명성이 높다. Plantation은 값싼 노동력(Work Force)을 이용해 특정 농산물을 대량 생산하는 넓은 농장을 가리키는데 아무리 가도 끝이 보이지 않을 정도로 펼쳐지는 어마어마하게 넓은 농장이다. Dutch들은 커피 생산 과정에서 자바의 **네이티브**(Native 원주민)들을 노예처럼 부리며 가혹한 착취를 한다. 커피는 그 후에 오스트리아의 빈(Vienna)으로 건너가는데 당시 이곳 사람들은 커피의 찌꺼기가 컵의 바닥에 가라앉는 것을 싫어해 최초로 거름종이를 이용해 **필터**(Filter 여과)하는 최첨단 기법을 고안해 냈다.

마침내 이탈리아에서 Coffee는 최고의 황금기를 맞는다. 카푸치노(Cappu Ccino)나 에스프레소(Espresso) 같은 커피의 변형들이 예술품처럼 창조되고 오늘날까지 **세일즈**(Sales 영업)를 하는 플로리안(Florian), 루브르(Louvre) 같은 명성 높은 카페(Caf□)들이 생겨났다. 세기의 바람둥이 카사노바(Casanova)는 이 두 Caf□를 오가면서 자신만의 독특한 레시피(Recipe)로 수많은 여성들을 유혹했다고 한다. Coffee와 Caf□가 없었더라면 Casanova의 전설적인 연애담은 존재하지 않았을지도 모르겠다. 바그너(Wagner)와 베르디(Verdi)는 Caf□에서 오페라와 가극의 모티브(Motive)를 얻었다. 이탈리아에서 황금 시대를 연 Coffee는 프랑스(France)

로 건너가 문화를 발전하게 한다. 상당히 **토커티브**(Talkative 수다스러운)한 프랑스인(French)들은 Café에 모여 **아아트**(Art 예술)와 **라이프**(Life 인생)를 이야기하고, 사회의 문제점에 대해 열띤 **디스퓻**(Dispute 논쟁)을 벌이곤 했다. 절대 왕정을 무너뜨리고 민주주의를 가져온 프랑스 대혁명(French Revolution)의 **엠버즈**(Embers 불씨)가 일어난 것은 파리의 Café에서였다.

프랑스의 작가 발자크(Balzac)는 Café에서 하루에 40여 잔의 진한 Black Coffee를 마셔 가며 많은 명작을 탄생시켰다. 그는 결국 카페인 과다 복용으로 심장병(Heart Attack)이 악화되어 세상을 떠났지만 말이다. Coffee가 역사의 물줄기를 바꾸고 예술을 **리바이벌**(Revival 부흥)시킨 것이다.

French들도 Coffee가 국외로 반출되는 것을 극도로 경계해 커피나무의 **새플링**(Sapling 묘목)을 왕실의 식물원에 깊이 감추어 두고, 삼엄한 경비를 펼쳤다. 프랑스 군대의 한 **루테넌트**(Lieutenant 중위)가 루이 14세의 **미스트러스**(Mistress 정부)를 유혹해 연인이 된 후 커피 묘목 한 그루를 **스틸**(Steal 훔쳐)해 그 Sapling을 중앙아메리카(Central America)까지 들고 나온다.

중앙아메리카(Central America)는 지금의 쿠바, 코스타리카, 아이티(Haiti) 등을 포함하는 지역으로 Mesoamerica라고도 불린다. 이 한 그루의 Sapling이 당시 프랑스령이었던 산도밍고(San Domingo)에 **플랜터드**(Planted 심어져)되 재배에 성공하게 되는데 산도밍고는 오늘날 아이티의 옛날 지명이었다. 1790년경에는 전 세계 커피의 절반가량이 이 작은 섬나라에서 생산되었고 대규모 Plantation이 생겨났다.

마지막 한 방울까지 맛있는 커피는?

"커피 Bean이 익어 붉은 것은 흑인의 피이고, Roast한 검은 Bean은 흑인의 피부다"라는 말이 있을 정도로 Coffee 재배는 많은 흑인 노예들의 노동력이 필요한 대표적인 노동 집약적인(Labor-Intensive) 산업이었다. 당시 아이티에는 150만 명 정도의 흑인들이 있었고, 이는 전체 인구의 3분의 1에 해당하는 인구였다. Slave가 아닌 원주민들도 하루 종일 일해도 하루 일당이 당시 돈으로 6센트, **코어리어**(Korea 한국)의 돈 66원에 지나지 않았다. 짐승과 다를 바 없는 삶을 살았던 그들을 유럽인들은 '츄츄'라 불렀는데 츄츄는 **도그**(Dog 개)를 부를 때 쓰는 말이었다.

Coffee로 수익을 얻기 위한 인간의 검은 욕망은 **포어처기**

즈(Portuguese 포르투갈인)를 시작으로 스페인인(Spanish), 영국인(English)들을 아프리카(Africa)로 내몰았다. Slave를 찾아 인간 사냥을 하기 위해서였다. 잔혹과 무법이 판치는 **바아버리점**(Barbarism 야만)의 시대가 **애드벤트**(Advent 도래)한 것이다. 흑인들을 배로 실어올 때는 선창에 **섀컬**(Shackle 족쇄)을 채워 짐짝처럼 포개어 실었다. 화장실도 없어 흑인들은 몇 달이나 걸리는 항해 기간 동안 **익스크리션즈**(Excretions 배설물)로 범벅이 된 곳에서 지내야 했다. 병이 들거나 반항적인 흑인들은 산 채로 **헤비**(Heavy 무거운)한 것을 매달아 바다에 던져졌다.

브라질(Brazil)이나 쿠바(Cuba)에 도착한 흑인들은 Shackle에 묶인 채 **마아컷**(Market 시장)에서 **악션**(Auction 경매)되었다. 건장한 노예 한 명의 몸값이 **카우**(Cow 소) 열여섯 마리의 가격에 팔렸다. 해가 뜨면 일하러 가서 해가 져야 돌아올 수 있었다. 식사는 하루에 한 끼밖에 주어지지 않았고, 물론 **웨이지**(Wage 임금)는 지급되지 않았다. 유럽의 **플랜터**(Planter 농장주)들은 여자 노예들은 **레입**(Rape 강간)하거나, 고분고분하지 않은 노예들은 묶어 놓고 본보기로 신체를 절단하거나 죽이는 **엇라서티**(Atrocity 잔혹 행위)를 서슴지 않았다. 이렇게 부자가 된 Planter들을 Coffee Baron이라 하는데 Baron

은 영국의 귀족 계급 중 하나로 '남작'이라는 뜻이다. 후에 '거물 사업가'를 뜻하는 단어가 되었다.

노예를 부려 노동력을 착취해 이익을 얻는 '착취 제도'를 Sweating System이라 한다. Sweat은 '땀을 흘리게 하다'라는 의미의 동사로 '혹사하다, 착취하다'라는 뜻이 있다. 지금도 불법 체류자나 지체장애자를 고용해 임금을 '착취하는 공장'을 Sweat House라 부른다.

쿠바에는 룸바(Rumba)라는 전통 **댄스**(Dance 춤)가 있다. 세계 댄스 **칸테스트**(Contest 대회)의 다섯 가지 종목 중 하나로 느리지만 에로틱하고 아름다운 춤이다. 탱고가 정열의 춤이라면 Rumba는 사랑의 춤이다. 이 춤은 쿠바의 사탕수수 밭(Sugar Cane)이나 커피 농장에 끌려 온 흑인들이 고된 노동 중에 그 고통을 잊기 위해 만든 것이다. Rumba의 독특한 걸음걸이는 맨발로 거친 밭에서 조심조심 걷는 걸음을 표현한 것이다. Rumba에서 **웨이스트**(Waist 허리)를 돌리는 Cucaracha라는 독특한 동작은 일하는 중에 발 밑에 나타난 **카크로우치**(Cockroach 바퀴벌레)를 **트레드**(Tread 밟아)해 문질러 죽이는 동작을 나타낸 것이다. Cucaracha는 Cockroach의 스페인어다. Cockroach는 그냥 Roach라고도 흔히 쓴다.

허먼 멜빌(Herman Melville)의 해양 소설 『모비 딕(Moby Dick)』에 웨이링(Whaling 포경업)으로 유명한 폴저(Folger) 가문이 등장한다. 19세기 들어 Whaling이 쇠퇴하자 폴저 가문의 세 형제가 당시 어메리커(America 미국)에서 불던 골드러시(Gold Rush) 바람을 타고 샌프란시스코에 발을 디디게 된다. 그들 중 영거스트(Youngest 막내)인 짐 폴저(Jim Folger)는 사금 채굴꾼들과 카우보이들이 들판에서 커피 열매를 볶고, 갈고, 물을 끓이며 한 잔의 커피를 힘들게 준비하는 것을 보고, 인스턴트 커피(Instant Coffee)를 최초로 만들게 된다. 그는 이 커피로 큰돈을 벌게 되는데 지금도 Folgers라는 브랜드는 미국에서 유명하다.

그 뒤 스위스의 다국적 식품 회사 네슬레(Nestl□)에서 Instant Coffee인 네스카페(Nescaf□)를 내놓아 본격적인 Instant Coffee 시대의 커턴(Curtain 막)을 열었다. 1907년 당시 미국 대통령 시어도어 루스벨트(Theodore Roosevelt)가 테네시 주의 한 호텔에 들러 이 커피를 맛보고 나서 "마지막 한 방울까지 맛있다(Good To The Last Drop)"라고 말했다는 설이 있다. 호텔 체인, 맥스웰 하우스(Maxwell House)는 커피 비즈너스(Business 사업)를 늘리게 되고, 이 문구는 지금도

Maxwell House의 로고에 인쇄되어 있다.

Theodore Roosevelt의 이름인 Theodore는 애칭으로 Teddy라 불렸다. 사냥을 좋아하기로 유명했던 그가 한 번은 사냥터에서 상처 입은 **베어**(Bear 곰)를 잡지 않고 보내주었다고 한다. 그 이후로 사람들이 곰 인형을 테디 베어 (Teddy Bear)라고 부르게 되었다 한다.

넝쿨 '간판'이 필요없는 포도주

일본은 여러 분야에서 일찍 선진국(Advanced Country)으로 자리매김을 했지만 정치에서만은 아직 **배크워드**(Backward 후진적)한 행태를 벗어나지 못하고 있다. 흔히 시쳇말로 일본에서는 선거에 당선되기 위해서는 3방이 필수라는 말이 있다. 3방이란 '지방, 가방, 간방'을 가리키는 말로 지방, 즉 지반(地盤)은 일본어로 '지역 기반'을 말하며 가방은 **캐쉬**(Cash 현금)가 가득 든 가방, 즉 동원할 수 있는 '자금력', 간방은 우리말로 간판(Signboard), 즉 가문이나 학력, 경력 등 내세울 수 있는 외적으로 보여지는 **팬시**(Fancy 화려)한 '배경'을 가리킨다. 일본의 정치가들은 넓은 **네트워킹** (Networking 인맥)과 막강한 자금력 그리고 내세울 수 있는 초호화 Signboard를 가진 인물들이 주를 이루며, 이는 대대로 **허레더티**(Heredity 세습)된다. 주로 돈에 의해 좌우되는 금권 정치를 Plutocracy라고 한다. 정치가를 나타내는 표현으로는 Politician과 Statesman이 있는데 Politician은 주로

배드(Bad 나쁜)한 이미지를 풍기지만 Statesman은 좋은 의미로 쓰인다.

인생에서 Signboard도 결

코 **이그노링**(Ignoring 무시)할 수 없다. 인간 내면의 지식과 교양, **모랠러티**(Morality 도덕성)도 중요하지만 그에 못지않게 **구드**(Good 좋은)한 집안이나 학력, 외모도 중요한 역할을 한다. 즉 좋은 소프트웨어(Software)만 아니라 좋은 하드웨어(Hardware)도 필요하다. 아름답고 웅장한 오페라(Opera)는 최고의 **어쿠스틱스**(Acoustics 음향) 기기로 **리서닝**(Listening 청취)해야지 낡은 카세트테이프로 들으면 그 진가(True Value)를 제대로 **언필링**(Unfeeling 느낄 수가 없는)한 것과 같은 이치다.

우리가 길에서 매일 접하는 Sign Board의 역사는 언제부터 시작된 것일까? 역사적 기록에 의하면 아주 오랜 옛날 이집트나 로마까지 거슬러 올라간다. 고대 로마에서는 주점(Public House, Pub) **엔트런스**(Entrance 입구)엔 그 **샵**(Shop 가게)에서 파는 포도주가 생산되는 **비느여드**(Vineyard 포도 농장)의 **부쉬**(Bush 덤불) 그림이 Signboard로 걸려 있었다. 여기서 good wine needs no bush라는 **프라버브**(Proverb 속담)가 나온다.

'좋은 포도주는 넝쿨(덤불) 간판이 필요없다'라는 의미

로, '좋은 품질의 **프라덕트**(Product 제품)는 군이 **애드버타이즈먼트**(Advertisement 선전)가 필요없다'는 뜻이다. **다운타운**(Downtown 번화가)의 먹자 골목에 들어서면 가게 주인들이 자기네 가게 음식 맛이 좋다며 호객 행위를 하는 것을 흔히 보지만 진짜 맛집은 그렇게 하지 않아도 **커스터머**(Customer 손님)가 줄을 서고 광고가 필요없다는 뜻이다.

고대를 지나 중세 시대에는 대부분의 사람들이 글을 모르는 문맹이었기에 Pub이나 Inn, 이발소(Barber Shop) 같은 공공장소에는 간략한 **픽처**(Picture 그림)로 Signboard를 만들어 내걸었다. 옛날 **뱅크**(Bank 은행)가 없던 시절에는 전당포(Pawn Shop)가 서민들의 **파이낸스**(Finance 금융) 기관 역할을 했다. 전당포 앞에는 둥근 공 세 개가 긴 **포울**(Pole 장대)이 **행**(Hang 매달려)해 있었는데 이 Pole이 Signboard의 역할을 했다. 지금도 유럽의 Pawn Shop 앞에는 이 Pole이 세워져 있다.

우리가 오늘날 길에서 흔히 보는 Barber Shop의 Signboard도 중세 유럽(Medieval Europe) 시대 때부터 시작된 것이다. 할리우드의 Signboard는 1920년대 부동산 개발업자(Real Estate Developer)가 주택 단지(Housing Development) 분

양의 광고 목적으로 일 년간만 한시적으로 세울 예정이었지만 너무 유명해지는 바람에 그 자리에 그대로 **픽세이션**(Fixation 고정)되게 되었다. 글자 한 개당 **하이트**(Height 높이)는 14미터이고 총 **렝크쓰**(Length 길이)는 150미터에 달하는 이 Signboard는 할리우드의 산 역사로 우뚝 서 있고 오늘날 로스앤젤레스의 랜드마크(Landmark)가 되었다.

가내 수공업에서 명품 Brend로

아주 옛날 고대 이집트에서는 노예를 많이 가진 사람이 부자였다. Slave가 **게터웨이**(Getaway 도주)하는 것을 막기 위해 주인은 이들의 어깨나 등, **포어헤드**(Forehead 이마)에 쇠 인두를 불에 달구어 **스탬프**(Stamp 도장)를 찍어 자신의 재산임을 표시했다. '**라이브스탁**(Livestock 가축)에게 불 인두를 지다'라는 영어 표현은 Brand인데 오늘날 **트레이드마아크**(Trademark 상표) 또는 브랜드의 유래가 된다.

기독교가 주를 이루던 Medieval Europe에서는 종을 만드는 일이 매우 중요한 작업이었다. 교회의 탑 꼭대기에 다는 큰 Bell에서부터 미사 때 쓰는 작은 Bell까지, Bell은 예배 시간과 마을의 주요 행사 시각을 알려 주기도 했고, 마을에 들어오는 악귀(Evil Spirit)를 쫓는 역할도 했기에 **체**

어리쉬(Cherish 소중히)하게 다루어야 했다. 그래서 Bell을 만드는 공장에서는 장인들이 한 개의 Bell 제작이 끝날 때면 제품의 끝자락에 자신들 공장의 고유 상표를 새겨 넣게 되었다.

이를 시작으로 귀족들에게 **브레드**(Bread 빵)를 **딜리버리**(Delivery 납품)하던 **베이커리**(Bakery 제과점)들도 자신들의 빵에 도장이나 **니덜**(Needle 바늘)로 Trademark를 차츰 새겨 넣게 되고, 이는 **퍼니처**(Furniture 가구)나 **클로우딩**(Clothing 의류) 등 모든 제품에 제작자의 Brand가 들어가는 것으로까지 확산되었다. 종이를 만드는 제지업자(Paper Makers)들은 자신들이 만든 종이에 **와이어**(Wire 철사)를 **씬**(Thin 얇게)하게 두드려 **워터마아크**(Watermark 투명무늬)를 만들어 넣어, 누가 이 종이를 만들었는지 **아이덴터퍼케이션**(Identification 식별)할 수 있도록 차별화했다. **마던**(Modern 현대)에서 화폐 위조를 **프리벤션**(Prevention 방지)할 목적으로 넣는 투명무늬도 Watermark라 한다.

사람들은 자신이 남들과 **디퍼런트**(Different 다른)하다는 것을 **쇼우**(Show 보이다)하고 싶어 하고, 특히 Nobility들은 더욱 그런 욕망이 컸다. 그래서 뼈대 있는 가문일수록 자신들의 가문 특유의 문장(紋章)을 만들어 썼다. 문장에는 **로링**(Roaring 포효)하는 **라이언**(Lion 사자), **드래건**(Dragon 용), **로우즈**

(Rose 장미), **릴리**(Lily 백합) 같은 멋
있는 **일러스트레이션**(Illustration 그
림)을 새겨 **플래그**(Flag 깃발)로 사
용했는데 이를 어려운 표현으
로 **헤럴딕**(Heraldic 문장紋章), **엠블**
럼(Emblem 상징)이라 한다.

전쟁 때는 **나이트**(Knight 기사)들이 가문의 문장을 수놓은 천
을 **아머**(Armor 갑옷) 위에 둘렀는데 이것을 Coat Of Arms
라 부른다. 중세 유럽이나 일본의 **워어페어**(Warfare 전쟁의 양
상)를 보면 양 **캠프**(Camp 진영)에 병사들이 대치한 가운데
양쪽의 대표 Knight나 사무라이가 이 Coat Of Arms를
Armor 위에 두르고 나와 큰 소리로 자신은 누구누구의 집
안 자손이며, 얼마나 뛰어난 가문인지를 **익스클레임**(Exclaim
외친다)한다. 그런 후 결투에 들어간 만큼 서로 웅장한 기
(旗)를 가지려 했다. 영국의 왕위를 두고 1455년부터 30여
년을 피비린내 나게 싸운 랭커스터(Lancaster) 가문과 요크
(York) 가문의 전쟁을 장미전쟁(Wars Of The Roses)이라 불렀
는데 이는 Lancaster의 문장이 붉은 장미였고, York의 문
장은 흰 장미였기에 붙여진 이름이다.

사람들은 **크라커다일**(Crocodile 악어) 모양이 새겨진 셔츠에 리
바이스(Levi's) **진즈**(Jeans 청바지)를 사기 위해 많은 돈을

지불한다. 오늘날 고급(High-End) 명품으로 인정받는 프라다(Prada), 구찌(Gucci), 루이뷔통(Louie Vuitton) 같은 제품을 만드는 **컴퍼니**(Company 기업)들은 100여 년 전만 해도 말안장이나 채찍, 가죽 가방(Leather Trunk) 같은 것을 만들던 가내 **핸디크래프트**(Handicraft 수공업)에서 시작했다. 그러다 제품에 자기 가문의 문양을 새겨 넣고 꾸준히 제품의 품질을 **임프루브먼트**(Improvement 향상)시켜 오늘날 누구나 **위쉬펄**(Wishful 탐내는)한 세계적 Brand로 성장한 것이다.

앙트와네트와 혁명

에브리원(Everyone 모두가)이 죽이고 싶어 한 여자, 마리 앙트와네트 (Marie Antoinette)는 18세기 말 1789 년 배고픔을 견디지 못하고 **라이 어터즈**(Rioters 폭도)로 변한 프랑스 농민들이 베르사유 궁전(Palace Of

Versailles)으로 **인트루전**(Intrusion 난입)해 "빵을 달라"고 **클래머** (Clamor 아우성)를 치자 "그럼 과자를 먹으라고 해(Let Them Eat Cake)"라는 그 유명한 말을 한다. Versailles의 영어 발음은 '베어사이'이고, 프랑스식 발음은 '브사이'이다.

오스트리아의 **프린세스**(Princess 공주)였던 앙트와네트는 14 세 때 당시 15세였던 루이 16세(Louis 16)와 서로 얼굴 한 번 보지 않고 정략 결혼(Marriage Of Convenience)을 하게 된다. 물론 둘 사이에 사랑이라고는 **에니**(Any 조금도)도 없었다.

루이 14세 때 프랑스의 국력은 정점에 이르지만 루이 15

세 때 지금의 미국과 캐나다를 놓고 영국과의 7년 전쟁에서 **디핏**(Defeat 패배)하면서 서서히 국력이 기울게 된다. 루이 15세는 유부녀였던 마담 두바리(Madame Du Barry)에 빠져 국정을 돌보지 않다가 덜컥 **스몰팍스**(Smallpox 천연두)에 걸려 세상을 떠나고 만다. 루이 15세에게는 아들이 있었으나 병사해 **그랜드선**(Grandson 손자)이 왕위를 물려받는데 그가 루이 16세다. 얼떨결에 왕이 된 소년은 마담 두바리가 '뚱뚱하고, 전혀 쓸모 없는 아이'라고 놀려댈 만큼 **오우비서티**(Obesity 비만)에 **배쉬펄**(Bashful 부끄럼)을 많이 탔다. 게다가 **인디사이브**(Indecisive 우유부단)해서 왕이 된 후 결단을 내려야 할 순간에도 맨 마지막에 만나는 신하의 설득에 의해 결정을 손바닥 뒤집듯 했다. 또 언제나 자기 주장을 못 내고 **헤지턴트**(Hesitant 주저하는)한, 왕이 될 자질이 전혀 없는 소년이었다.

지금도 마찬가지지만 당시 **잉글런드**(England 영국)는 프랑스에게는 숙적이었다. 영국에 패한 프랑스는 어려운 국가재정에도 불구하고, 미국이 영국으로부터 독립전쟁을 일으키자 미국을 지원하기 위해 막대한 돈을 퍼붓느라 프랑스의 **트레저리**(Treasury 국고)는 파산 지경에 이르게 된다. 16세기에 100만 정도에 불과했던 프랑스의 인구가 18세기에 이르러 2500만으로 25배나 증가해 농민들은 더욱 먹을 것이 부족하게 되었다. 그리고 물가는 빵 한 덩어리(A Loaf Of Bread)의 값이 한 달 임금에 달할 정도로 **소링**(Soaring 폭등) 하기에 이른다. 농민들은 배가 고파 개구리까지 잡아먹을 지경이었고, 이로 인해 지금도 영국인들은 프랑스인들을 가리켜 Frog라고 놀려댄다.

앙트와네트는 커다란 눈에 붉은 뺨을 가진 뛰어난 미인이 었지만 가난이나 배고픔 따위는 전혀 모르는 철부지 **걸**(Girl 소녀)이었다. 앙트와네트와 루이 16세의 결혼식 날 Palace Of Versailles의 하늘 위로 검은 먹구름이 끼고, 밤에는 폭 풍우가 심하게 몰아쳤다.

첫날 밤 이 둘은 **칸서멋**(Consummate 합방)을 하지 못했다. Consummate는 고급 단어로 '완성하다, 목적을 달성하다' 라는 뜻이지만 정확한 의미는 '첫날밤 성교를 통해 혼인을 완벽한 것으로 하다'라는 뜻이다. 루이 16세에게는 **피모우 시스**(Phimosis 포경)라는 성기의 치명적인 기형 증상이 있었 는데 이 병은 **제너탈러**(Genitalia 성기)가 **이어렉션**(Erection 발기)할 때 심한 **페인**(Pain 통증)을 **어컴퍼니드**(Accompanied 동반)한다. 당 시의 **메더컬**(Medical 의술)로도 간단히 **큘**(Cure 치유)할 수 있었 지만 루이 16세는 수술받기를 죽기보다 **헤이터드**(Hated 싫어) 했다. 할아버지 루이 15세는 지독한 바람둥이였지만 손자 인 루이 16세는 성불구자(Impotent Person)였던 것이다.

Consummate, Deformed, Erection은 중요한 단어들이나 Phimosis는 포경(包莖)의 일종으로 어려운 의학 용어로 흔히 쓰는 단어는 아니다.

이렇다 보니 앙트와네트와 루이 16세 사이에는 7년이 다 가도록 자식이 없었다. 루이 16세의 **하비**(Hobby 취미)는 오직 맛있는 음식, 그리고 엉뚱하게도 열쇠 만들기였다. 백성들 사이에서는 "어째서 자신에게 맞는 **키호울**(Keyhole 열쇠구멍)도 못 찾는가"라는 **사아캐스틱**(Sarcastic 비아냥)이 나왔다. 당시 왕비의 제일의 책무는 대통을 이을 **프린스**(Prince 왕자)를 **차일드버쓰**(Childbirth 출산)하는 것이었기에 잘못이 없는 앙트와네트에게 비난의 화살이 쏟아지기도 했다. 신하들의 끈질긴 설득으로 결국 7년 만에 루이 16세가 수술을 받고, 앙트와네트는 임신에 성공하고, 내리 세 명의 자녀를 두게 된다.

사랑이 없는 결혼 생활의 **엠프티너스**(Emptiness 허무함)를 달래려 앙트와네트는 화려한 옷과 보석, **뱅큇**(Banquet 연회), 파티로 **로운리너스**(Loneliness 외로움)를 달랜다. 점점 프랑스의 국고는 바닥이 나고, 배고픔에 지친 국민들의 **리젠트먼트**(Resentment 원성)는 하늘을 찌를 듯했다. 백성들은 앙트와네트를 Madam Deficit이라는 별명으로 부르기 시작했다. 그녀의 사치 때문에 나라의 재정이 **데퍼섯**(Deficit 적자)이 났다는 의미일 것이다. 백성들은 앙트와네트를 Promiscuous Harlot이라까지 부르며 그녀를 미워했다. 이는 '음탕한(Promiscuous) 창녀(Harlot)'라는 의미다.

문명적인(?) 사형 도구

바스티유 감옥의 습격으로 시작된 민중 봉기는 결국 프랑스 대혁명(French Revolution)으로까지 번지게 된다. Revolve는 '축을 중심으로 회전하다' 혹은 '**오어브**(Orb 천체)가 **리발브즈**(Revolves 공전)하다'라는 뜻인데 명사형은 Revolution이다. Revolution은 이때까지의 관습이나 사회 제도가 180도로 변하는 대대적인 **러폼**(Reform 개혁)을 의미한다.

대혁명은 엄청난 **새크러파이스**(Sacrifice 희생)가 따랐다. Revolution에 반대하는 **베스티드**(Vested 기득권) 세력, 귀족, 성직자들, 왕궁의 말단 호위 군인들까지 수십만을 죽이는 잔인한 처형이 이루어졌다. 당시 의사였던 조세프 기요탱(Joseph-Ignace Guillotin)이 단두대를 발명한 것으로 흔히 알려져 있으나 이 기계는 이전부터 아일랜드나 이탈리아 등에서 이미 사용되고 있었다. 그는 고통 없는 처형을 위해 이 기계의 도입을 **리멋**(Limit 제한)했을 뿐이다.

단두대는 영어식 발음으로는 길러틴(Guillotine), 프랑스어식 발음으로는 기요탱이라 불린다. 높이 매달린 무겁고 커다란 칼이 떨어지면서 죄인의 목을 자르는데 머리 밑에는 머리가 담겨지는 **배스킷**(Basket 바구니)이 있어 사형 집행관이 그 머리를 들어 민중에게 보여 주면 **앵그리**(Angry 성난)한 민중은 **치어**(Cheer 환호성)를 질렀다.

기요탱은 이 기계가 다른 잔인한 교수형이나 화형(The Stake)과는 달리 인간적인 도구라고 강조했다. 칼이 떨어질 때 죄인이 느끼는 **센스**(Sense 감각)는 **슬라잇리**(Slightly 약간)의 **티클**(Tickle 간지럼)과 **칠**(Chill 서늘함)할 정도로 전혀 고통을 느끼지 않으니 문명적인 집행이고 게다가 처형 속도가 빨라 **이펙티브**(Effective 효율적)하다는 설명이었다. 실제로 **스킬드**(Skilled 숙련)된 집행자는 1분에 두 건 정도의 속도로 사형을 집행했다. 파리 거리에는 피비린내가 진동을 했고 기요탱은 국민 면도날(National Razor)이라는 별명을 얻는다.

혁명군들은 왕과 왕비의 처벌을 놓고 찬반을 거듭하다 결국 루이 16세가 먼저 사형 선고를 받고 **길러틴**(Guillotine 단두대)에 서게 된다. 잔인하지 않은 Execution이라는 선전과는 달리, 뚱뚱한 루이 16세의 목은 단칼에 베어지지 않았다. 결국 두 번째 칼에 목이 떨어지고 그는 고통 속에서 죽어 갔다.

앙트와네트의 Execution은 쉽지 않았다. 이웃 나라 강국 오스트리아 합스부르크 왕조의 **택트**(Tact 눈치)를 보아야 했기 때문이다. 결국 혁명위원회는 그녀에게 사형 언도를 내리는데 죄목 중에는 그녀가 사랑한 아들과 성관계를 했다는 **인세스트**(Incest 근친상간)라는 얼토당토않은 죄가 **어디션**(Addition 추가)되었다. 죽음을 앞둔 여성에게 치욕적인 **프레임**(Framed 누명)였다. 삶과 죽음의 갈림길에서 감옥에 갇힌 그녀는 며칠 만에 그 곱던 **블란드**(Blonde 금발)의 **헤어**(Hair 머리카락)는 노파의 그것처럼 백발로 변한다. 그녀는 소가 끄는 **텀브럴**(Tumbrel 우거)에 올라 민중들에게 얼굴을 보인 채 단두대로 향하고 결국 단두대의 **스캐펄드**(Scaffold 나무 계단)를 오른다.

Scaffold는 우리말로 '비계'라 하는데 공사 현장에서 건물 외벽에 인부가 다닐 수 있도록 나무로 이어 만든 **스테어즈**(Stairs 계단)를 말한다.

계단을 오르던 앙트와네트는 **어닌텐셔널리**(Unintentionally 무심코)하게 **엑서큐셔너**(Executioner 사형 집행인)의 발을 밟고 만

273

다. 그러자 그녀는 **디선시**(Decency 품위)하게 Executioner에게 사과한다.

"죄송합니다, 선생님. 제가 일부러 그런 게 아니에요(Pardon Sir, I Didn't Do It On Purpose)."

이 말은 그녀가 **다이잉**(Dying 임종)을 앞두고 남긴 마지막 말이 되었다. 그녀 나이 38세 때의 일이었다.

French Revolution은 수많은 이들의 피의 대가로 이루어졌고, 앙트와네트도 그 희생자 중 한 사람이었다. 오늘날 우리가 당연히 여기는 민주주의, 평등, **휴먼 라잇스**(Human Right 인권)도 여기서 시작되었다.

프랑스 혁명의 3대 정신은 **리버티**(Liberty 자유), **이퀄러티**(Equality 평등), **프러터너티**(Fraternity 박애)인데 유식함을 뽐내고 싶어 하는 일부 미국인들은 프랑스어 그대로 Liberte(리베르떼), Egalite(이갈레떼), Fraternite(프라떼니떼)라고 말하기도 한다.

"남의 눈에 눈물이 흐르게 하면 자신은 피눈물을 흘리게 된다"라는 말이 있다. 1500년대 초반의 영국은 헨리 8세(Henry 8)라는 왕이 다스리던 나라였다. 헨리는 절대적인 **어쏘러티**(Authority 권력)를 **윌드**  (Wield 휘두르는)하는 강력한 **마나아크**(Monarch 군주)였고, 여색을 밝히는 **워머나이저**(Womanizer 바람둥이)였다. Womanizer와 비슷한 단어로 Philanderer가 있다.

헨리의 첫 번째 왕비(Queen Consort)는 스페인에서 시집온 캐서린(Catherine)이었는데 정식 호칭은 Catherine Of Aragon이었다. 아라곤(Aragon)은 스페인의 지방 이름으로 옛날에는 왕국이었다. 왕과 왕비는 24년간의 결혼 생활 중 여덟 명의 자녀를 두었으나 모두 갓난아기 때 사망하고, 딸 한 명만 **서바이브**(Survive 살아남다) 한다. 그녀의 이름은

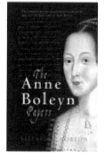

메리(Mary)였고, 훗날 영국을 피로 물들인 영국 역사상 첫 여왕이다.

세월이 흐르고 캐서린은 **메너파우즈**(Menopause 폐경기)에 접어들어 더 이상 아기를 기대할 수 없게 되었다. 대통을 이을 아들을 간절히 원했던 헨리는 다른 여성에게 눈을 돌리기 시작한다. 그러던 중 헨리는 캐서린의 시녀들(Ladies-In-Waiting) 중 앤 벌린(Anne Boleyn)이라는 여성에게 첫눈에(By His First Glimpse) 반하게 된다. 앤은 부유한 **카머너**(Commoner 평민)의 딸로 **앰비션**(Ambition 야심) 있는 여성이었고, 적극적이며 똑부러지는 성격의 소유자였다. 또 프랑스에서 공부한 세련된 엘리트(Elite)이기도 했다. 헨리는 자신의 시종(Lord-In-Waiting)을 통해 앤에게 연애편지 공세를 퍼부었고 자신의 애첩이 되어 달라고 요구했다. 그러나 보통의 여자였다면 '얼씨구나' 하고 달려들 일을 앤은 **코울들리**(Coldly 냉정)하게 거절한다.

Wait라는 단어는 '기다리다'로 흔히 알고 있지만 웨이터(Waiter), 웨이트리스(Waitress)와 같은 낱말에서 보듯이 '시중들다'라는 의미도 있다. Mistress는 부인이 있는 남자의 '내연녀'를 말하는 단어로 '후궁(Concubine)'을 가리키기도 한다.

헨리는 앤의 아버지와 그녀가 사랑하는 남동생 조지 벌린 (George Boleyn)에게 높은 직위를 내리며, 환심을 사려 하지만 앤의 반응은 여전히 냉랭했고 그럴수록 헨리의 몸은 달아오를 대로 달아올랐다. 그녀는 Mistress의 자리를 거부하고 **보울들리**(Boldly 대담하게)하게도 정식 Queen의 지위를 요구했다. 과연 밀당의 고수였던 것이다. 그러자 헨리는 교황에게 캐서린이 아들을 못 낳으니 이혼을 할 수 있게 해 달라고 요청하지만 거절당한다. 당시 Pope의 권력은 절대적이었고, 왕이라 할지라도 감히 **디서베이**(Disobey 거역) 할 수 없는 권위가 있었다.

사랑에 눈이 먼 헨리는 "그렇다면 Pope도 필요 없다. 내가 직접 교회의 수장이 되겠다"고 선언하고 가톨릭(Catholic)과의 관계를 끊고, 직접 새로운 기독교 교파를 만든다. 이것이 바로 **앵글리컨**(Anglican 영국 성공회)이다. 이 일은 영국의 역사를 통째로 바꾼 대사건이었고, 이를 가리켜 영국 종교개혁(English Reformation)이라 한다.

결국 캐서린은 왕비 자리에서 쫓겨나고 앤이 Queen의 자리를 꿰차게 된다. 남의 눈에 눈물을 흘리게 한 일이었다. 얼마 후 앤은 임신을 하고 출산을 하지만 헨리가 그토록 바라던 아들이 아니라 또다시 딸이었다. 이 딸의 이름이 엘리자베스(Elizabeth)다.

한적한 곳에서 외롭게 지내던 캐서린은 시름시름 앓다가 마침내 **캔서**(Cancer 암)에 걸려 죽고 만다. 캐서린이 죽었다는 소식이 전해지자 헨리와 앤은 성대한 파티를 열고 술과 춤으로 밤을 보낸다. 캐서린의 딸 메리는 이때부터 아버지를 미워하고 앤을 증오하기 시작한다. 파티가 벌어진 날 이미 앤의 뱃속에는 또 하나의 **라이프**(Life 생명)가 자라고 있었고, 헨리는 이번만은 꼭 아들이기를 바랐다. 앤은 놀라울 정도로 뛰어난 미모를 지닌 여인이었지만 태어날 때부터 손가락이 여섯 개인 기형이었다. 백성들도 앤을 미워하기 시작해 그들은 앤을 가리켜 '여섯 개의 손가락을 가진 요부(Six-Fingered Coquette)'라고 손가락질하게 된다. Coquette은 '남자를 홀리는 **팍스**(Fox 여우) 같은 여자'라는 의미가 담긴 경멸적인 표현이다.

캐서린이 죽고 며칠 후 그녀가 땅에 묻히던 날 갑자기 앤은 배를 움켜쥔 채 쓰러진다. **미스케어러지**(Miscarriage 유산)이었다. 공교롭게도 뱃속의 아기는 사내아이였기 때문에 헨리의 실망은 이루 말할 수 없었다. 캐서린의 저주 때문이었을까? 설상가상으로, **스틸본**(Stillborn 사산)된 아이도 기형아였다. 헨리는 폭군이었지만 **파이어스**(Pious 경건한)한 남자였다. 왜 신이 자신에게 아들을 허락해 주지 않는지 괴로워했고, 앤에 대한 사랑도 서서히 식어 갔다. 당시 중세 시대(Medieval Era)에는 여성이 임신 중 Miscarriage하고, 게다가 기형아까지 낳게 되면 도덕적으로 타락한 **시어리어스**(Serious 중대한)한 죄가 있어 하나님의 천벌(Divine Retribution)을 받은 것이라는 믿음이 있었다.

비극적인 최후

앤이 Queen이 된 데에는 당시의 유명한 재상(Chief Minister)인 토머스 크롬웰(Thomas Cromwell)의 힘이 컸다. 크롬웰은 **캄퍼틴트**(Competent 유능)한 **미너스터**(Minister 장관)이었지만 권력에 집착하는 **스네익**(Snake 뱀)처럼 냉혹한(Cold-Hearted) 인물이었다. 앤은 처음에는 크롬웰과 사이가 좋았지만 훗날 권력 다툼으로 사이가 벌어지게 된다.

크롬웰은 앤의 측근이었던 일곱 명의 남자를 잡아들여 잔인한 고문을 통해 앤과 간통을 했다는 **팰스후드**(Falsehood 거짓)의 자백을 받아 낸다. 일곱 명 중에 두 명은 무죄로 풀려나지만 다섯 명은 Queen과 Adultery를 했다는 죄목으로 투옥된다. 그 다섯 명 중에는 앤의 남동생 조지도 포함되었다. 당시 법정의 진술서에는 앤이 동생 조지를 자기 방으로 끌어들여 온갖 난잡한 짓을 했다는 기록이 상세히 기록되어 있으나 여기서는 **오우미션**(Omission 생략)한다. 당시로서는 가장 추악한 범죄인 근친상간의 죄도 덮어씌워 앤을 사악한 여자로 만든 것이다. 앤은 **트레이터**(Traitor 역적)들을 가두어 두는 런던 탑(London Tower)에 갇혔는데 그곳은 살아서는 나갈 수 없다는 **노우토어리어스**(Notorious 악명 높은)한 감옥이었다.

크롬웰의 끔찍한 고문을 못 이긴 다섯 명의 남자들은 왕을 시해할 역적모의(Conspiracy Against The King)를 했다는 거짓 자백까지 하게 된다. 당시의 **트리전**(Treason 반역죄)에 대한 형벌은 너무나 잔인했다. 다섯 명의 남자는 Traitor로 낙인 찍혀 처형당하고, 앤에게도 사형(Death Sentence)이 선고되었다.

앤에 대한 애정이 조금이나마 남아 있어서였을까? 헨리 왕은 그녀의 처형에 있어 Treason에 대한 잔혹한 형벌은 면해 준다. 그리고 바다 건너 프랑스에서 가장 솜씨 좋은 사형 집행인을 데려와 고통을 조금이나마 덜어 주고자 했다.

Execution이 있던 날, 앤은 붉은 **쿠션**(Cushion 방석)을 가슴에 안고 걸어와 방석을 땅에 놓고 그 위에 무릎을 꿇고 앉았다. 그리고 품속에서 은화를 꺼내 Executioner에게 건네준다. 조금이나마 더 Pain 없이 보내 달라는 뇌물이었다. 그녀는 그렇게 형장의 이슬이 되어 역사의 뒤안길로 사라져

갔다. 이번에는 자신의 눈에 피눈물을 흘린 것이다. 1536년, 앤이 36세 때의 일이었다. 앤은 영국 역사상 처음으로 정식 왕비(Queen Consort)를 밀어  내고 자신이 Queen Consort가 되었고, 역사상 처음으로 Execution당한 Queen Consort가 되었다. 그녀를 죽음으로 몰고 간 크롬웰도 그로부터 4년 후 Treason의 죄로 비극적 **래스트**(Last 최후)를 맞는다. 앤의 이야기는 뒤에 「천일의 앤(Anne Of The Thousand Days)」이라는 영화로 제작되었다. 헨리가 세 번째로 택한 여자는 앤의 시녀였던 제인 시모어(Jane Seymour)였다. 그녀는 당찬 앤과는 달리 **디뮤얼**(Demure 얌전)하고 순종적인 여인이었다. 헨리는 그녀와의 사이에서 그토록 바라던 아들을 얻는다. 훗날 에드워드(Edward) 6세가 되는 유일한 아들이었다. 헨리는 여섯 번 결혼하고 수많은 Mistress를 두었지만 자식 복이 없었다. 헨리 8세가 죽고 에드워드가 9세의 나이에 왕위를 계승하지만 병약했던 그는 15세의 나이로 요절하고 만다. 그 뒤를 이어 메리가 영국 최초의 Queen이 되지만 메리의 재위는 피로 **스테인드**(Stained 얼룩진)한 시대가 되고 그녀는 피의 메리(Bloody Mary)라는 이름으로 역사에 길이 악명을 떨치게 된다. 핏

빛의 붉은색 칵테일 이름인 Bloody Mary는 그녀의 이름에서 유래한 것이다.

그 뒤를 이어 엘리자베스가 여왕이 되는데 그녀가 바로 평생 결혼하지 않고 "영국과 결혼했다"는 말을 남긴 처녀 왕(Virgin King), 엘리자베스 1세다.

처녀 엘리자베스 여왕

reading word • 51

1500년대 초반, 영국의 절대 군주 헨리 8세는 **어피셜리**
(Officially 공식적으로)로 여섯 번 결혼했다.

첫째 아내 캐서린(Catherine Of Aragon)은 24년간 함께 살았
지만 아들을 낳지 못했기 때문에 이혼당했다. 두 사람 사
이에는 딸 하나만 있었는데 그녀가 바로 훗날 영국을 피
로 물들인 악녀(Femme Fatale)가 된 메리(Mary)다. 둘째 부인
인 앤(Anne Boleyn) 역시 아들을 낳지 못하고 외간 남자와
Adultery를 했다는 누명(False Charge)으로 참수형을 당했
다. 그녀도 역시 딸을 하나 낳았는데 훗날 여왕이 된 엘리
자베스(Elizabeth)다. 셋째 부인인 제인 시모어(Jane Seymour)
는 헨리 8세가 그토록 원하던 아들을 낳았지만 출산 후 얼
마 지나지 않아 세상을 떠났다. 넷째 부인은 초상화를 보
고 반해 결혼했지만 첫날밤 실물을 보니 너무 **어글리**(Ugly
못생겨)해 헨리 8세는 첫날밤도 치르지 않은 채 "속았어, 속
았어(I Got You, I Got You)"라고 중얼거리며 신혼 방을 나와

버리고 6개월 만에 이
혼해버린다. 다섯째 부
인은 국왕과 혼담이 오
가기 전에 이미 사귀던
남자가 있었는데 결혼 후에도 그 남자를 몰래 만나다 목
이 잘려 죽었다. 여섯째 부인 캐서린(Katherine Parr)은 이미
두 번 결혼한 적이 있으며 그 두 남편 모두와 **버리브먼트**
(Bereavement 사별)한 여자였다. 그녀의 이름은 첫 번째 부인
캐서린과 발음은 같지만 철자가 다르다.

헨리 8세는 여섯 번째 결혼을 하고 나서 얼마 후에 세상을
떠났다. 그는 여섯 명의 부인과 수많은 정부들 사이에서
결국 병약한 외아들 에드워드와 배다른 두 딸만 얻었을 뿐
이다. 헨리 8세의 뒤를 이어 그의 아들 에드워드가 9세의
나이에 **엔쓰로운먼트**(Enthronement 즉위)하지만 16세의 나이
로 요절한다. 다른 왕자가 없었기 때문에 첫째 부인의 딸
메리가 영국 역사상 최초의 여왕으로 즉위한다. 메리는
엘리자베스를 미워해 그녀를 죽일 기회를 노리지만 즉위
5년 만에 후사를 두지 못하고 병사한다. 우여곡절 끝에 엘
리자베스가 왕위를 이어받는데 그녀의 나이 25세 때의 일
이었다. 엘리자베스가 즉위하자 신하들이 **스웜**(Swarm 벌떼)
처럼 일어나 결혼을 재촉했고, 유럽의 많은 나라의 왕자들

의 청혼이 이어졌지만 "나는 영국과 결혼했다"라는 유명한 말을 남기고 45년의 재위 기간 동안 **버진**(Virgin 처녀)으로 지낸다.

엘리자베스가 남자였다고?

그녀의 **셀러버시**(Celibacy 독신)한 생활의 원인에 대해서는 여러 가지 설이 전해진다. 첫 번째 설은 엘리자베스의 **차일드후드**(Childhood 어린 시절)로 거슬러 올라간다. 그녀는 어머니 앤이 사형당한 후 런던에서 130킬로미터 떨어진 비슬리(Bisely)라는 지방에서 어린 시절을 보낸다. 비슬리는 헨리의 사냥터가 있는 **빌러**(Villa 별장)이었다. 열 살 무렵의 엘리자베스는 그 동네에서 같은 또래의 남자 아이와 **퍼밀르열리**(Familiarly 친하게)하게 지내며 **플레이**(Play 놀이) 친구가 되었다.

원 데이(One Day 어느 날), 그 아이와 놀던 엘리자베스가 갑자기 쓰러져 시름시름 앓더니 죽고 만다. 얼마 후면 헨리가 방문할 **스케줄**(Schedule 예정)이었기 때문에 엘리자베스를 돌보던 **메이드**(Maid 시녀)와 **서번트**(Servant 시종)는 목이 달아날 처지가 되었다. **에니웨이**(Anyway 어차피)로 죽을 목숨인 그들은 기발한 방법을 생각해 낸다. 같이 놀던 남자 아이에게 여자 옷을 입혀 엘리자베스로 둔갑시키는 것이었다. 그 소년은 머리카락과 **컴플렉션**(Complexion 피부색)이 놀랄만큼 엘리자베스를 **리젬벌**(Resemble 닮아) 했다. 사실 그 소년은 예전 헨리가 십여 년 전 이곳으로 사냥을 왔을 때 그 동네 농부의 아내를 건드려 낳은 사생아라는 소문이 있었다.

실제로 엘리자베스는 여자로서 **발리볼**(Volleyball 배구) 선수를 해도 좋을 만큼 큰 키를 가지고 있었고 **스켈러턴**(Skeleton 골격)은 **매스컬런**(Masculine 남성적)이었다. 특히 그녀가 **렐릭**(Relic 유품)으로 남긴 **글러브즈**(Gloves 장갑)를 보면 커다란 손에 가늘고 긴 **핑거**(Finger 손가락)를 가졌음을 알 수 있다. 엘리자베스는 말을 좋아해 승마를 **엔조이**(Enjoy 즐길)할 정도로 활동적인 여성이었다.

그 후 400년이 지난 지금까지 엘리자베스가 사실은 남자라는 소문은 책이나 드라마로 미스터리(Mystery)가 되어 논쟁거리가 된다. 실제 비슬리 지방에서는 지금도 노동절(May Day)이 되면 마을의 남자 아이에게 공주 옷을 입혀 퍼레이드를 시키는 **커스텀**(Custom 풍습)이 남아 있는 것을 보면 그 소문이 **커나아드**(Canard 헛소문)만은 아닌 듯하다.

두 번째 설은 엘리자베스의 새아버지와 관련된 것이다. 헨리 8세의 마지막 부인인 캐서린은 남편이 죽은 후 네 번째 결혼을 하는데 그 **파아트너**(Partner 상대)가 헨리 8세의 셋째 부인인 제인 시모어의 남동생 토머스 시모어(Thomas Seymour)였다. 그는 엘리자베스에게는 삼촌이자 새아버지였던 것이다. 당시 40세였던 토머스는 키가 크고, **핸섬**(Handsome 잘생긴)했으며 여자들에게 인기가 많은 남자였다. 14세의 엘리자베스는 토머스와 함께 살았는데 그는 엘리자베스를 유난히 **인터머시**(Intimacy 친밀)하게 대했고, 열쇠를 가지고 그녀의 **베드룸**(Bedroom 침실)을 마음대로 들락거렸다. 아침 일찍 **퍼자머즈**(Pajamas 잠옷) 차림의 그녀의 침실에 들어가 간지럼을 태우거나 **힙**(Hip 엉덩이)을 찰싹 때리며 장난을 치곤 했다. **스텝도터**(Stepdaughter 의붓딸)와 허물없이 지내는 **케링**(Caring 자상)한 새아버지로 보기에는 **베어리**(Very 매우)하게 부적절한 면이 있었다.

그러던 어느 날, 새어머니 캐서린이 임신 중이었을 때 토머스가 엘리자베스에게 몹쓸 짓을 하려고 했다. 그녀는 거칠게 반항했는데 캐서린이 그 장면을 보게 되었다. 토머스는 이 사건으로 자신의 **네퓨**(Nephew 조카)인 12세의 어린 왕 에드워드에게 체포되어 사형을 당한다. 이 일이 엘리자베스의 가슴에 평생의 정신적 상처로 남아 남자를 멀리하게 되었을지도 모를 일이다.

세 번째 설은 신하와의 **스캔덜**(Scandal 염문설)이다. 엘리자베스가 재위 기간 동안 유일하게 가까이했던 신하가 있는데 그의 이름은 로버트 두들리(Robert Dudley)였다. 로버트는 **대 쉥**(Dashing 늠름)하고 잘생긴 남자였다. 엘리자베스의 승마 **인스트럭터**(Instructor 교관)로 **올웨이즈**(Always 항상)하게 그녀의 곁에 머물던 그는 오늘날로 치면 엘리자베스에게 대통령 수석보좌관(Chief Of Staff) 같은 존재였다. 그러나 로버트는 이미 에이미 롭살트(Amy Robsalt)라는 아내가 있는 유부남 이었다. 그런데 어느 날, 아내 에이미가 집 계단에서 굴러 목이 **브로우컨**(Broken 부러져)해 죽는 사고가 난다. 여왕과 로 버트가 항상 붙어 지내던 것을 온 나라가 아는 마당에 사 람들은 그녀의 갑작스런 죽음(Sudden Death)에 의문을 품기 시작한다. 그리고 그 **머머**(Murmur 수군거림)는 눈덩이처럼 불 어난다. 자살이다, 살인이다, 엘리자베스가 **인스터게이트** (Instigate 사주)해 죽인 것이다 등등.

마지막으로 그녀의 몸에 문제가 있었다는 설이 있다. 조 선 시대에 남성의 성기와 여성의 성기를 모두 지닌 사방 지(舍方知)라는 여종이 풍속을 어지럽혔다는 기록이 전해 지는데 실제로 이런 병이 있는 신생아가 2만 명당 한 명꼴 로 태어난다고 한다. 이런 병을 의학 용어로 완전형 안드 로젠 불감 증후군(CAIS: Complete Androgen Insensitivity Syndrome) 이라 하는데 Androgen은 남성 호르몬을 말한다. 이 CAIS 는 여성으로 태어나 성장하다가 사춘기에 점차 남성 성기가 자라나는 **패서노우머**
(Fascinoma 희귀병)이다.

1985년에 캐나다의 유명
의대에서 엘리자베스가
이 병을 지니고 있어 결혼을 **어보이드**(Avoid 피하다)했을 것이
라는 연구 결과를 발표해 논란을 일으킨 적이 있다. CAIS
환자는 **카먼**(Common 공통적)하게 키가 크고 **애쓸레틱**(Athletic
탄탄)하며, 손가락이 가늘고 긴 **케릭터리스틱스**(Characteristics
특징)가 있어 엘리자베스의 **텐던시**(Tendency 성향)와 체형(Body
Type)이 이 병의 특징과 유사하다는 것이다. 어쨌든 엘리
자베스 여왕은 1603년에 69세를 일기로 세상을 떠날 때
까지 스페인의 무적함대(The Armada)를 격파하고 제해권을
장악해 대영 제국(The British Empire)의 **파운데이션**(Foundation
기초)을 닦았으며, 셰익스피어(Shakespeare), 스펜서(Spenser)
등 위대한 문학가가 문화의 꽃을 피운 찬란한 시대를 이
끌었다.

Femme Fatale은 프랑스어에서 온 단어로서 치명적 매력
으로 사람들을 파멸로 이끄는 '나쁜 여자'를 가리키며, 반
대말은 Homme Fatale '나쁜 남자'라고 한다. 프랑스어로
Femme는 '여자'를, Homme는 '남자'를 의미한다.

Inappropriate는 '적절한'이라는 의미의 Appropriate 앞에

부정의 접두사 In-이 붙어 '부적절한'이라는 의미가 된 것이다.

'스페인의 무적함대'를 특히 Spanish Armada 또는 Invincible Armada라고 하는데 Invincible은 '무찌를 수 없는, 정복할 수 없는'이라는 의미다.

최초의 여자, 릴리스

서구인의 **퍼스펙티브**(Perspective 관점)에서 세계 3대 종교는 **주데이이점**(Judaism 유대교), **크리스치애니티**(Christianity 기독교) 그리고 이슬람이다. 이 세 종교는 서로 밀접한 관계가 있으며 특히 Judaism과 Christianity는 성경의 구약(Old Testament)을 **셰링**(Sharing 공유)하는 불가분의 관계에 있다. Judaism은 고대부터 지금까지 유대인들이 믿고 있는 하나님(GOD)을 섬기는 종교다. 그러나 예수 그리스도(Jesus Christ)와 성경의 신약(New Testament)을 인정하지 않는 것이 Christianity와 결정적으로 다른 점이다.

유대 민담(Jewish Folklore)에 의하면 인류 최초의 남자인 아담(Adam)의 아내는 이브(Eve)가 아닌 릴리스(Lilith)였다고 한다. **비기닝**(Beginning 태초)에 하나님이 인간을 창조하실 때 같은 흙에서 동시에 아담과 릴리스가 평등한 존재로 만들어졌다는 것이다. 둘은 에덴 동산(Garden Of Eden)에서 평화롭게 살았지만 차츰 아담은 릴리스에게 복종을 요구한다.

어느 날 아담은 릴리스에게 이렇게 말한다.

"내 아래에 누우라! 여인아(Lie Beneath Me! Woman)."

벗(But 그러나), 릴리스는 그 요구를 거절하고 아담의 곁을 떠난다. 그리고 **윌더너스**(Wilderness 광야)를 헤매다, 하늘을 향해 뜻을 알 수 없는 네 단어를 외치는데 이 네 음절은 인간의 **보우컬 코어즈**(Vocal Cord 성대)로는 도저히 발음이 불가능한 소리였다. 하지만 릴리스가 이 네 단어를 똑똑히 외치자 **가더스**(Goddess 여신)가 되어 하늘로 **플라이**(Fly 날다)해갔다.

아담이 하나님께 릴리스의 가출 **뉴즈**(News 소식)를 고하자 하나님이 세 명의 **에인절**(Angel 천사)을 **디스패치**(Dispatch 급파)해 릴리스에게 돌아올 것을 명령한다.

Dispatch라는 단어는 동사로는 '군대나 전령을 급히 파견하다', 명사로는 '급파'라는 의미다. 그리고 뉴스의 '긴급 보도'라는 의미도 있어 미국의 신문사 이름에는 우리말의 '~일보'처럼 Dispatch가 뒤에 붙는 경우가 많다.

갱들이 Dispatch Him!이라 하면 '그를 급히 보내라!'라는 말이 아니라 '그놈을 처치해 버려!'라는 말이다.

릴리스는 무서운 하나님의 명령을 **디파이**(Defy 거역)하고 어둠 속으로 들어가 밤의 여신이 되었다. '반항하다, 거역하다'라는 의미의 동사 Defy의 명사형은 Defiance, '반항, 거역'이다. 사람을 보고 Defy One's Age 또는 Defy The Years라 하면 '나이를 거역하다' 즉 젊어 보인다는 칭찬이며, Age-Defying은 '젊어 보이는'이라는 뜻이 된다.

유대인의 언어인 히브리어(Hebrew)에서 '라일라'는 밤이라는 뜻이며 이 라일라에서 '릴리스'라는 말이 나왔다. 밤의 여신이 된 라일라는 사탄(Satan)과 동침해 수많은 자손을 낳는데, 그 자손들이 마귀들이 되었다고 한다.

미술 작품들에 묘사된 릴리스의 **스컬프처**(Sculpture 조각)를 보면 날개 달린 모습에 **아울**(Owl 올빼미)의 일종인 Screech Owl을 데리고 있는 모습을 볼 수 있다. 밤에만 활동하는 올빼미는 마귀의 상징이다. **맹거**(Manga 만화)에서도 보듯이 **글래서즈**(Glasses 안경)를 낀 듯한 올빼미의 모습은 **날러지**(Knowledge 지식)를 상징하는데 Knowledge는 Christianity에서 마귀의 한 **앳러뷰**(Attribute 속성)이다.

반면 아담의 **리브**(Rib 갈비뼈)로 만들어진 이브는 Garden Of Eden에서 **서펀트**(Serpent 독사)의 유혹을 받아 하나님이 금지하신 열매(Forbidden Fruit)를 따 먹고 그것을 아담에게도 건네 준다. 아담이 그 열매를 **잇**(Eat 먹다)하다가 일부가 목에

콧(Caught 걸리다)했는데 이것이 Adam's Apple, 후두 융기(남자의 목 앞 중앙에 솟은 연골)가 되었다고 한다. **파이널리**(Finally 결국), 이브가 **템프터**(Tempter 유혹하는 자)로 뱀에게 속아 하나님께 **디서비디언스**(Disobedience 불순종)했기 때문에 모든 인간은 하나님 앞에 원죄(Original Sin)를 짊어진 **시너**(Sinner 죄인)가 된 것이다.

'유혹하다'라는 의미의 동사로는 Tempt, Seduce, Entice 등이 있다. 여성을 나타내는 명사 어미 -Ess가 붙은 Temptress는 '유혹하는 여자, 요부'라는 의미다. Lion—Lioness(암사자), Leopard—Leopardess(암표범), Actor—Actress(여배우), Count—Countess(백작부인), Seducer—Seductress(요부)

'유의어'는 Synonym이라 하고, '반대말'은 Antonym이라 한다. 형용사형인 Synonymous는 '이름이 같은'이라는 뜻으로 흔히 '히틀러와 악마는 Synonymous이다'라는 식으로 이야기한다.

하나님의 명령을 Defy한 릴리스는 매일 자신의 자손이 100명씩 죽는 형벌을 받자 자신도 아담과 이브의 자손을 찾아가 죽이는 복수를 하게 된다.

서커버스(Succubus 여자 마귀)가 된 릴리스는 칠흑 같은 밤이 되면 **설런**(Sullen 음산)한 바람이 되어 창문 틈으로 새어 들어가 잠자는 남자의 얼굴 위에 걸터앉아 남자가 꾸는 악몽으로 변하기도 하고 에로틱한 꿈으로 변해 몽정(Wet Dream)을 하게 만들어 그 **시드**(Seed 씨)를 받아 자손을 낳는다. 그리고 임신한 여성의 **웜**(Womb 자궁)에서 **피터스**(Fetus 태아)를 죽게 하며, **크레이덜**(Cradle 요람)에서 자는 아기를 훔쳐 간다.

반대로 여성의 침실에 들어가 겁탈하며 여성들이 꾸는 Nightmare가 되는 남자 마귀는 Incubus라 한다. 고대에는 영유아 사망률이 매우 높았는데 아기들이 죽는 것은 릴리스의 **액션**(Action 소행)으로 여겨졌다.

상상인가, 역사적 사실인가

고대 그리스(Ancient Greece)의 **레전드**(Legend 전설)에 따르면 지금으로부터 약 3300년 전 시대에는 신과 인간들이 함께 **믹스**(Mix 섞어)되 살았다. 어느 날, 펠리우스 신과 바다의 님 프, 테티스 신의 성대한 결혼식이 **셀러브레이션**(Celebration 거행)되고, **올**(All 모든) 신들과 여신들 **언드**(And 그리고) 인간 세상 의 모든 유명 인사들이 초대를 받았다. 이 날 **웨딩**(Wedding 결혼식)을 올린 두 신들 사이에 태어난 아들이 유명한 아킬 레스(Achilles)다. 그러나 단 하나, 불화의 여신 에리스(Eris) 에게는 초청장이 **센드**(Send 발송)되지 않았다. 초대되지 않 았는데 파티에 나타나 분위기를 망치는 불청객을 Party Crasher라고 한다. Crash는 '부수다'라는 뜻이다.

초대받지도 않았는데 군이 결혼식에 모습을 드러낸 에리 스는 한참 **익사이터드**(Excited 흥)에 겨워 하는 좌중을 향해 황금 사과를 던진다. 그 사과에는 '가장 아름다운 미인에 게(For The Fairest)'라는 구절이 새겨져 있었다. Goddesses

들 중 헤라, 아테나 그리고 아프로디
테(Aphrodite)가 서로 자신이 사과의 주
인이라며 소유권을 주장했다. 이 세
Goddess들은 신들의 왕 제우스(Zeus)에게 판결을 내려 달
라고 부탁했고, 골치가 아파진 제우스는 트로이의 왕자 파
리스(Paris)에게 대신 Judgment를 맡긴다.

세 Goddess들은 서로 파리스에게 뇌물 공세를 펼치는데
헤라는 아시아의 왕의 자리를, 아테나는 **위즈덤**(Wisdom 지
혜)과 전쟁에서의 승리를, 사랑과 미의 여신 아프로디테는
세상에서 가장 아름다운 여인을 갖게 해 주겠다고 약속한
다. 아시아, 즉 소아시아(Minor Asia)는 지금의 터키 지방을
가리킨다.

결국 파리스는 아프로디테의 손
을 들어 주게 된다. 당시 가장 아름
다운 여인은 그리스의 남부 도시
스파르타(Sparta)의 왕 미넬라우스
의 왕비 헬렌(Helen)이었다. 아프로디테는 그리스 이름이
며 로마로 오면 비너스(Venus)라 불리는데 그녀의 아들은
그리스어로는 에로스(Eros)이고, 로마에서는 큐피드(Cupid)
로 불린다. 파리스가 헬렌을 찾아갈 때 큐피드는 헬렌에
게 사랑의 화살을 쏘고, 이로써 헬렌은 파리스를 보는 순

간 사랑에 빠져 둘은 트로이(Troy)로 **일로웁**(Elope 사랑의 도피)
을 하게 된다. 트로이는 지금의 터키에 있던 고대 도시다.
미넬라우스의 형이었던 미케네의 왕 아가멤논(Agamemnon)
은 분노했다. 아가멤논은 파리스에게 동생의 부인을 빼
앗긴 **벤전스**(Vengeance 복수)를 하기 위해 전쟁을 준비한다.
그리스와 트로이 사이에는 에게 해(Aegean Sea)가 있어 이
를 건너야 하기에 전함(Battle Ship)을 건조했는데 그 수가
1000척에 이르렀다. 서양에서 경국지색(傾國之色)의 뛰어
난 미인을 가리키는 '천 척의 배를 출범시키는 얼굴(A Face
That Launched Thousand Ships)'이라는 표현은 여기서 나왔다.
Launch는 '배를 건조해 바다에 띄우다'가 본래 뜻이지만
스페이스쉽(Spaceship 우주선)이나 미사일 같은 것을 '쏘아 올
리다, 신상품을 출시하다'라는 의미 등으로 **익스텐시블리**
(Extensively 광범위)하게 쓰인다.

Work Like A Trojan

1000척의 배를 준비했지만 좀처럼 바람이 불어 주지 않
아 출항을 할 수 없게 되자 한 예언자가 나타나 아가멤논
의 딸을 사냥과 황야의 여신 아르테미스(Artemis)에게 제
물로 바쳐야 바람이 분다는 신의 계시를 전해 준다. 아가

멤논의 부인이 **크라이**
잉(Crying 울면서)하면서 **디**
쉐드(Dissuade 만류)하지만
아가멤논이 칼을 들어 딸을 **올터**(Altar 제단)에 바치자 마침
내 바람이 불게 된다. 이 일로 부인은 남편에게 깊은 원
한을 품게 된다(Hold A Grudge). 잔인한 이야기지만 고대에
서는 가문에 **디스그레이스**(Disgrace 치욕)를 준 적에게 하는
Vengeance가 가족보다 우선이었다.

마침내 10년간에 걸친 피비린내 나는 긴 전쟁의 **프레일**
루드(Prelude 서막)가 오른다. 그러나 트로이는 **임프레그너**
벌(Impregnable 난공불락)의 성이었고 좀처럼 함락되지 않는
다. 트로이의 성은 제우스의 동생인 '바다의 신' 포세이
돈(Poseidon)과 아들인 아폴로(Apollo)가 트로이 사람(Trojan)
들을 위해 세운 성이다. 이때 트로이 사람들도 두 신들을
도와 열심히 성을 짓는데 지금도 널리 쓰이는 숙어 중에
Work Like A Trojan이라 하면 '열심히 일하다'라는 뜻이다.
그리스의 영웅 아킬레스는 태어날 때부터 허약해 어머니
테티스는 아기의 발목을 잡은 채 지옥으로 흐르는 강 스틱
스(Styx)에 담근다. 그 후 아킬레스는 그 어떤 무기로도 죽
일 수 없는 **피닉스**(Phoenix 불사)의 몸이 되지만 **힐**(Heel 발꿈치)
만은 물이 닿지 않아 치명적 **윅너스**(Weakness 약점)가 되었다.

'아킬레스건(Achilles' Heel)'이라는 말은 여기서 유래했다. 아킬레스는 이 전쟁에서 Heel에 화살을 맞아 전사한다.

트로이 쪽에는 영웅 헥터(Hector)가 있었다. 여자로만 이루어진 아마존(Amazon) 여전사(Woman Warrior)들은 트로이의 편에서 싸우게 된다. 아마존 여전사들은 활을 쏠 때 방해가 되지 않도록 한 쪽 유방을 잘라 냈기에 Amazon이라는 이름이 붙었다. Amazon은 '유방이 없다'란 뜻인데 이단어의 **에터말러지**(Etymology 어원)는 A라는 **네거티브**(Negative 부정어)에 '유방'을 뜻하는 Mazos이 결합한 형태다. 현대에서 Amazon이라 하면 '키가 크고 덩치가 큰 여성'을 가리킨다.

트로이의 파리스에게는 카산드라(Cassandra)라는 아름다운 여동생이 있었다. 아폴로(Apollo)는 그녀의 마음을 얻기 위해 그녀에게 예언의 능력을 선물하는데 그 순간 카산드라는 트로이의 멸망을 내다보게 된다. 그러자 카산드라는 아폴로의 얼굴에 **설라이버**(Saliva 침)를 **스핏**(Spit 뱉어)해버린다. 이미 준 능력을 **딥라이브**(Deprive 빼앗을)할 수는 없었던 아폴로는 대신 그녀가 예언을 하더라도 아무도 그녀의 말을 믿지 않는 저주를 건다. 이로써 오늘날 카산드라는 '불길한 예언을 하는 사람'이라는 뜻으로 쓰인다. 끝나지 않는 **프루틀러스**(Fruitless 성과 없는)한 싸움에 또 다른 그리스의 영웅 오디세우스(Odysseus)가 **루즈**(Ruse 계략)를 짜낸다. 타고 온 배의 나무를 뜯어 거대한 목마(Wooden Horse)를 만들어 트로이의 성 밖에 세워 두고 그리스군이 **릿릿**(Retreat 퇴각)하는 **미믹**(Mimic 시늉)을 하는 것이었다. 카산드라는 트로이의 군사들에게 이것이 그리스의 Ruse라고 말하지만 아무도 그녀의 말을 믿지 않는다.

트로이 사람들은 Wooden Horse를 승리의 **트로우피**(Trophy 전리품)라 여겨 성 안에 끌어다 놓고 잔치를 벌이며 술에 **드렁크**(Drunk 취해)해 모두 잠이 들었다. 높이 6미터에 달하는 거대한 Wooden Horse 속에는 그리스 병사 서른 명이 **앰부쉬**(Ambush 매복)해 있었고, 이 병사들이 안에서 성문을 열어 그리스군을 끌어들이며, 대살육과 강간, **필리지**(Pillage 약탈)가 시작되었다. 트로이는 마침내 멸망하고, 카산드라도 강간을 당한 후 **브루털리**(Brutally 무참히)하게 살해되는 최후를 맞는다. 이 목마를 트로이의 목마(Trojan Horse)라 하고 이 전쟁을 트로이 전쟁(Trojan War)이라 한다.

Trojan은 트로이의 형용사형이다. 영어에서 '받아서 탈이 나는 선물'이나 **어더**(Other 타인)로부터 받는 '의심스런 호의'를 Greek Gift라 하는 것은 Trojan Horse에서 나온 말이다. 정확한 표현은 Beware Of

Greeks Bearing Gifts로 '선물을 든 그리스인을 조심하라'는 뜻이다.

전쟁에서 승리한 쪽인 그리스의 피해도 컸는데 타고 온 1,000척의 Battle Ship은 모두 파괴되고 돌아갈 때 남은 배는 겨우 100척도 안 됐다. 딸을 Sacrifice로 바친 아가멤논이 전쟁에 나가 있는 동안 그의 부인은 남편의 **커전**(Cousin 사촌)과 불륜관계를 맺는다. 그녀는 사촌과 **컬루드**(Collude 공모)하여 남편을 살해하기까지 한다. 오디세우스는 그를 기다리는 부인 페네로페에게 돌아가는 데 십 년이 걸리는 긴 **오어딜**(Ordeal 시련)의 여행을 한다. 이 힘든 **저니**(Journey 여정)가 불멸의 서사시(Epic Poem) 『오디세이(Odyssey)』로 남게 된다. 전쟁이 끝나고 500년이 지나 그리스의 시인 호메로스(Homeros)가 『일리아드 오디세이(Iliad-Odyssei)』라는 작품을 남기게 된다. 호메로스는 맹인이었고 글자를 쓸 줄 모르는 **리터러시**(Literacy 문맹)이었다. Iliad는 1만 6,000줄로 이루어졌고 Odyssey는 1만 2,000줄로 쓰여진 대서사시로 호메로스의 입에 의해 후대로 구전(口傳 Oral Tradition)되었고, 이후 문자로 기록되었다. 뒷날 **아아키알러지스트**(Archeologist 고고학자)들은 이 전쟁 이야기가 단순히 인간의 상상이 만든 신화일 것이라 여겼지만 독일인 아마추어 사학자 하인

리히 슐리만(Heinrich Schliemann)이 1869년 터키에서 그 옛날

트로이의 **루언즈**(Ruins 유적)의 **엑스커베이션**(Excavation 발굴)에

성공하면서 역사적 사실로 판명된다.

고대판 '막장' 드라마

reading word • 53

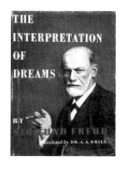

오스트리아의 정신과 의사이자 정신분석학의 **파운더**(Founder 창시자) 지그문트 프로이트(Sigmund Feud)는 1899년 『꿈의 해석(The Interpretation Of Dreams)』이라는 책을 저술한다. 자신의 이 저서에서 그는 사내아이는 어머니에게서 처음 이성에 대한 사랑에 눈을 뜨지만 아버지에 대해서는 증오를 느끼며 쓰러뜨리려는 **인스팅크트**(Instinct 본능)를 가진다는 **씨어리**(Theory 이론)를 펼치며, 이것을 오이디푸스 신드롬(Oedipus Syndrome)이라 명명한다. 평범한 사람(Average Joe)으로서는 상당히 이해하기 어려운 **커넌드럼**(Conundrum 난제)으로서 그리스의 비극 시인 소포클레스(Sophocles)의 비극의 주인공에서 그 이름을 따왔다.

고대 그리스의 남부 지방에 테베(Thebes)라는 도시 국가(Polis)가 있었다. 이 조그마한 나라는 라이오스(Laius)라는 왕과 이오카스테(Jocasta)라
는 왕비가 다스리고 있었는
데 둘 사이에는 오랫동안 자녀
가 없었다. 아들을 원했던 **커펄**
(Couple 부부)은 아폴로의 신탁이

있는 델포이(The Oracle Of Delphi)로 가 **디버네이션**(Divination 점)
을 치기로 한다. 그들은 예언자로부터 아들을 얻을 것이
라는 말을 듣지만 그 아들로부터 죽임을 당하리라는 불길
한 예언을 듣게 된다.

얼마 후 이오카스테 왕비가 임신을 하고 아들을 낳는다.
라이오스 왕은 시종을 시켜 아기의 발목에 **스파익**(Spike 대
못)을 찔러 **크롤**(Crawl 기다)하지 못하게 만든 후 강물에 버릴
것을 명한다. 그러나 그중 한 시종이 차마 아기를 죽이지
못해 Ankle에서 피가 흐르는 아기를 **마운턴**(Mountain 산)에
버려 스스로 죽게 내버려 두고 내려온다. 마침 산 하나를
억로스(Across 건너)해 코린트(Corinth)라는 나라에 살던 **셰퍼드**
(Shepherd 양치기)가 아기를 발견하고는 마을로 데리고 간다.
이 Shepherd는 그들의 왕과 왕비가 자식이 없어 쓸쓸해하
는 것을 알고 **어답션**(Adoption 입양)할 것을 권한다. 코린트의
왕과 왕비는 기쁜 마음으로 아기를 자신의 아들로 삼고,
이름을 오이디푸스(Oedipus)라 지었는데 Oedipus는 '부은

발(Swollen Foot)'이라는 의미였다. 코린트는 성경의 고린도 전·후서(The Corinthians)의 실제 고장이다.

점점 자라 늠름한 청년으로 성장한 오이디푸스는 어느 날 Delphi로 가 Oracle을 듣는다. Prophet은 오이디푸스가 아버지를 죽일 운명이며, 어머니와 결혼하여, 네 명의 자녀를 둘 운명이라고 말한다. 입양된 것을 아직 모르던 오이디푸스는 비극을 미연에 방지하고자 코린트를 떠나 영원히 돌아오지 않으리라 **리잘브**(Resolve 다짐)하며 테베로 향해 정처 없이 길을 떠나게 된다. 주변의 **시너리**(Scenery 경치)에 취해 길을 가던 중 오이디푸스는 마부가 모는 **체어리엇**(Chariot 마차)에 탄 **그럼피**(Grumpy 심술궂은)한 노인과 맞닥뜨리게 되는데 서로 상대방이 잘못된 길을 가고 있다며 노인과 **쿼럴**(Quarrel 시비)이 붙게 된다.

Chariot은 고대의 병사들이 전쟁에 사용한 말이 끄는 전투용 마차를 말하며, 이 Chariot을 모는 기수를 Charioteer라 한다. 또 흔히 보게 되는 **드라이버**(Driver 운전자)들끼리 도로 위에서 차를 세우고 거칠게 싸우는 것을 Road Rage라 한다.

시비 과정에서 분노에 **캡티베이티드**(Captivated 사로잡힌)한 오이디푸스는 Charioteer와 Chariot의 노인을 죽이고 만다. 그러나 노인의 일행 중 한 명의 Servant는 목숨을 부지하고 도망을 가는데 오이디푸스는 이를 눈치 채지 못한다. 노인은 바로 테베의 왕으로 자신의 친부(Biological Father)였다. 불길한 예언이 처음으로 실현되는 순간이었다. 제정신으로 돌아온 오이디푸스는 후회가 밀려왔지만 테베를 향해 발걸음을 재촉하여 도시의 입구에 도착한다. 그곳에서 그는 몸은 사자이지만 가슴 위로는 여자의 유방이 있고 여자의 얼굴을 한 괴물인 스핑크스(Sphinx)를 만나게 된다. 스핑크스는 마을에 전염병이 들게 하고, 지나가는 나그네에게 **리들**(Riddle 수수께끼)을 내어, 맞추지 못하면 잡아먹어 버리는 흉악한 괴수였다. 스핑크스는 오이디푸스의 길을 막고 "아침에는 네 발로 기고, 정오에는 두 발로 걷고, 저녁에는 세 발로 가는 동물이 무엇이냐(This Creature Walks On Four Legs In The Morning, Two At Noon And Three In The Evening)"고 묻는다. 이제껏 아무도 **커렉틀리**(Correctly 정확히)하게 맞추지 못해 스핑크스의 먹이가 되었던 Riddle을 오이디푸스가 "인간"이라고 **앤서**(Answer 대답)하여 알아맞힌다.

그러자 스핑크스는 자신이 앉아 있던 **락**(Rock 바위)에서 일어나 무서운 **그로운**(Groan 신음소리)과 함께 절벽에서 몸을 던져(Fall Off The Cliff) 죽고 만다. 테베에 도착한 오이디푸스는 이 일로 영웅으로 큰 **하스퍼탤러티**(Hospitality 환대)를 받게 된다. 그는 왕이 **미싱**(Missing 실종)되어 **애브선스**(Absensce 부재)중인 테베의 **엔쓰로운**(Enthrone 왕좌)에 추대되고, 여왕인 이오카스테와 결혼하여 네 명의 자녀를 두게 된다. 흉측한 예언의 후반부가 **머티어리얼라이즈**(Materialize 실현)된 것인데 오이디푸스는 그 사실을 전혀 모르고 있었다.

오이디프스 콤플렉스

어느 날부터인가 오이디푸스가 다스리던 테베에 흉년이 들고 **플레이그**(Plague 역병)가 돌더니 백성들이 죽어 나가기 시작했다. 보다 못한 오이디푸스는 왕비의 남동생이며, 삼촌이자 처남인 크레온(Creon)을 아폴로의 **쉬라인**(Shrine 신전)으로 보내 Oracle을 듣고 오도록 한다. 크레온이 받아 온 Oracle은 나라의 모든 재앙은 전왕(Former King)인 라이오스의 살해범이 아직 활개를 치며 돌아다니기 때문이라는 것이었다.

오이디푸스는 살인자를 찾아내기 위해 나라 안에서 가장 영험이 있다는 장님 노인이었던 테이레시아스(Tiresias)에게 점을 치게 한다. 그러자 테이레시아스는 오이디푸스를 가리커, "바로 당신이 선왕인 라이오스를 죽인 범인"이라고 말한다. 그 말에 오이디푸스는 분노하며 자리를 박차고 나가버리고, 그의 뒤통수를 향해 테이레시아스가 이렇게 말한다.

"나는 세상에 대해 장님일지 모르지만 당신은 진실에 대해 눈이 멀었군요(maybe i might be blind to the world but you're blind to the truth)."

오이디푸스는 왕비인 이오카스테에게 아는 것이 있는지 **애스크**(Ask 묻고)하고, 그녀는 오이디푸스에게 "사람을 죽인 적이 있느냐"고 반문한다. 오이디푸스는 자신이 이 나라에 오기 전 길에서 부딪힌 **오올드 맨**(Old Man 노인)을 살해한 일과 노인의 생김새를 **리콜**(Recall 생각해 내고)하고 그대로 이야기한다. 이오카스테는 오이디푸스에게 이 문제에 대해 더 이상 **인쿼리**(Inquiry 묻지)하지 말 것을 애원하지만 그는 그 자신을 멈추지 못하고 점점 파멸의 **할로우**(Hollow 구렁텅이)로 빠져들어 간다. 아마 이 일에 대해 더 이상 모른 채 살았다면(Live In Ignorance) 비극은 일어나지 않았을 것이다. 비극이 비극으로 끝나는 것은 그럴 수밖에 없도록 나락으로 이끄는 한 인간의 치명적 결함, 판단의 결함에 따른 것이다. 이 같은 성격상의 결함을 어려운 전문 **터미날러지**(Terminology 용어)로 Hamartia라고 한다.

이때 자신이 등졌던 나라 코린트에서 온 **메선저**(Messenger 전령)가 자신의 아버지인 왕이 죽었다는 소식을 오이디푸스에게 **컨베이**(Convey 전한다)한다. 아직도 코린트의 왕이 자신의 Biological Father라고 굳게 믿고 있던 오이디푸스는 예언이 빗나갔다고 **릴리프**(Relief 안도)한다. 그리고 혹시라도 어머니와 결혼하게 된다는 예언이 이루어질지 모른다는 불안감 때문에 아버지의 **퓨너럴**(Funeral 장례식)에 참석하기를 거부한다. 그러나 Messenger는 어릴 때 오이디푸스가 Adoption된 사연을 말해 주고 오이디푸스는 마침내 모든 사실을 알게 된다.

그리고 이런 사실을 받아들이기 **스트러걸링**(Struggling 힘들어하는)하는 오이디푸스 앞에 한 남자가 나타난다. 그는 살인 사건이 나던 날 도망친 Servant였고, "당신이 바로 라이오스 왕을 죽인 장본인"이라고 생생히 **테스티모우니**(Testimony 증언)한다. 게다가 지금의 부인이 사실은 자신의 어머니임을 안 오이디푸스는 왕비의 **도우미실**(Domicile 처소)로 가지만 이미 목을 매 숨겨 있는 이오카스테를 발견한다. 순간 오이디푸스는 오래전 코린트에 있을 때 아폴로의 신전에서 들은 Oracle을 떠올리게 된다. 자신이 친아버지를 죽이고,

어머니와 결혼해 그녀와의 사이에서 자녀를 두게 되리라는 예언이었다. 그는 운명을 피하기 위해 할 수 있는 모든 것을 했지만 Fate보다 **아웃런**(Outrun 앞지르다)할 순 없었다.

오이디푸스는 뒤따라오는 거대한 운명의 **휠**(Wheel 바퀴)에 깔려 허우적거리고 있었다. 오이디푸스는 어머니의 옷에 꽂힌 브로치(Brooch)를 떼어 내 그 핀으로 자신의 눈을 파낸다. **애프털라이프**(Afterlife 저승)에서 친부와 친모(Biological Parents)를 볼 자신이 없었기 때문이다. 오이디푸스는 딸하나만 데리고 눈이 먼 몸을 이끌고 이웃 나라인 아테네(Athens)로 스스로 귀양길에 오른다(Banish Himself). 그가 테베의 왕좌를 내놓고 떠난 후 두 아들은 왕위를 놓고 싸우다 둘 다 전사한다. 또 한 명의 딸은 자살로 생을 마감한다. 나이 든 오이디푸스는 아테네에서 폭풍우가 치는 날 들판을 헤매다가 벼락에 맞아 죽는다.

오이디푸스의 이야기는 인류 최고의 비극이며, 비극 문학의 **서멋**(Summit 정점)을 장식한다. 이러한 비극은 사람의 머리로는 **어니매지너벌**(Unimaginable 상상이 안 될)한 정도지만 고대 **플레이**(Play 연극)의 단골 소재였다. 그리고 이 같은 **리디큘러스**(Ridiculous 막장)한 드라마는 현대에도 고스란히 일어나고 있다. **인슈런스**(Insurance 보험금)를 놓고 부모가 자식을, 자식이 부모를 죽이며, 재산을 두고 **시블링즈**(Siblings 형제자

311

매)가 서로 목숨을 노리기도 한다. 흔히 오이디푸스의 이야기를 콩가루 집안(Dysfunctional Family)의 최고봉이라 하지만 오늘날에는 이보다 더한 일들도 비일비재한 것이 현실이다.

신들의 '인간적인' 이야기

그리스 신화(Greek Mythology)에 의하면, 태초에 이 세상에는 카오스(Chaos)만이 존재했다. Chaos는 아무것도 존재하지 않는 텅 빈 **스페이스**(Space 공간), '혼돈'을 뜻한다. Chaos의 빈 공허(The Void)에서 **스판테이니어슬리**(Spontaneously 저절로)로 **다아크너스**(Darkness 암흑)와 죽은 자가 사는 나라 에레보스(Erebus)가 탄생하고, 뒤를 이어 에로스(Eros)가 태어났으며, 이어서 **라이트**(Light 빛)가 그리고 대지의 여신 가이아(Gaea)가 차례로 탄생했다. 가이아는 혼자서 하늘인 우라노스(Uranus)를 낳고, 자신이 낳은 우라노스와 결혼한다. 가이아와 우라노스는 외눈박이 **자이언트**(Giant 거인)인 키클롭스(Cyclops) 세 명과 백 개의 손을 가진 괴물인 헤카톤케이르(Hecatonchires) 세 명 그리고 열두 명의 타이탄(Titan)을 낳아, 총 열여덟 명의 자식을 낳는다.

그리스어로 키클롭스는 '둥근 눈(Circle-Eyes)'을 뜻하며, Hecatonchires라는 이름은 '100'을 뜻하는 그리스어

Hecaton과 '손'을 의미하는 Chires의 합성어다.

우라노스는 잔인한 아버지였는데 자식들 중 특히 헤카톤케이르를 미워하여 이세 명의 아들을 땅속 깊은 곳, 가이아의 자궁 속에 가두어버린다. 어머니인 가이아는 남편의 이러한 처사에 분노해 남편에게 복수할 음모를 꾸민다. 그녀는 **플린트**(Flint 부싯돌)로 **시컬**(Sickle 낫)을 만든 후 자식들에게 아버지를 공격하도록 **인사이트**(Incite 선동)한다. 어머니의 **플랜**(Plan 계획)을 들은 자녀들은 모두 두려움에 떠는데 열두 명의 타이탄 **브러더즈**(Brothers 형제)의 막내인 크로노스(Cronus)만이 공격에 찬성한다. 크로노스는 아버지 우라노스의 침실로 숨어들어 그가 돌아와 잠든 틈을 타 그의 **피니스**(Penis 음경)를 잡고 Sickle로 사정없이 Castrate한다. Castrate는 '거세하다'라는 뜻이다. 16세기 이탈리아는 오페라와 가극이 발달해 여성의 소프라노나 메조소프라노, 알토와 비슷한 고음을 내는 남자 **싱어**(Singer 가수)가 필요했다. 그러나 남성 가수들은 사춘기가 지나면 변성이 되어 그런 고음을 낼 수가 없었다. 그래서 소년의 성기를 Castrate하여 아름다운 고음을 내는 남성 가수를 **아아터피**

셜리(Artificially 인위적)로 만들었는데 이런 가수를 카스트라토 (Castrato)라 불렀다.

타이탄은 **컷**(Cut 잘려)해진 아버지 우라노스의 생식기를 바다에 던져버리는데 생식기가 떨어진 곳에서 **포움**(Foam 거품)이 일더니 그 Foam에서 사랑과 미의 여신인 아프로디테(Aphrodite)가 태어난다. 아프로디테는 그리스어로 '거품'이라는 뜻으로, 훗날 로마에서 비너스(Venus)로 이름이 바뀐다.

크로노스는 아버지를 **디포우즈**(Depose 왕좌에서 쫓아내고)하고 스스로 왕이 되어 자신의 형제들을 모두 지옥인 타르타로스(Tartarus)에 가두어버리고, 여동생 레아(Rhea)와 결혼해 수많은 자식들을 둔다. 그러나 크로노스는 자신이 아버지에게 한 것과 마찬가지로 자신도 자기 아들에게 죽임을 당한다는 예언을 듣는다. 그러자 크로노스는 레아가 낳은 다섯 자녀를 모두 한 입에 **스왈로우**(Swallow 삼켜)해버린다. 이런 크로노스의 행동에 화가 난 레아는 여섯 번째 아들인 제우스(Zeus)가 태어나자 아기를 **님프**(Nymph 요정)에게 키워줄 것을 부탁한 뒤 **스토운**(Stone 돌)을 주워 포대기에 싼 후 새로 태어난 아기라며 크로노스에게 건네 삼키게 한다. 이 **어밴던드**(Abandoned 버려진)된 아기가 나중에 신들의 왕이 되는 제우스다. 아기는 그리스 남부에 있는 섬 크레타(Crete)에서 잘생긴 청년으로 성장하게 된다.

청년이 된 제우스는 크레타의 여신 메티스(Metis)에게 아버지를 무찌르고 삼켜진 다섯 형제들을 되찾을 방도를 의논한다. 메티스는 비밀의 **베버리지**(Beverage 음료)를 만들어 제우스에게 건네주는데 이 메티스가 나중에 제우스의 첫째 아내가 된다. 메티스는 지혜와 **프루던스**(Prudence 신중함) 그리고 깊은 사고(Deep Thought)의 여신이었다. 제우스는 자신이 태어난 올림포스 산(Mount Olympus)으로 몰래 돌아와 아버지 크로노스가 여는 연회에 참석한다. 그리고 메티스에게서 받은 음료를 아버지에게 따른다. 이 음료를 마신 크로노스는 고통에 신음하며 다섯 형제들을 **바멋**(Vomit 토해)하게 되고 올림포스 산에서 쫓겨난다. 다시 살아난 형제들은 제우스에게 고마움을 표하며, 제우스를 그들의 왕으로 추대한다.

쫓겨난 크로노스는 다른 열한 명의 타이탄 형제와 힘을 합해 제우스를 물리치기 위한 전쟁을 준비한다. 타이탄 중 프로메테우스(Prometheus), 에피메테우스(Epimetheus) 그리고 오케아노스(Oceanus)는 타이탄 편에 서기를 거부하고, 나머지 타이탄 중 아틀라스(Atlas)가 무리의 리더가 되어 제우스에게 대항한다. 그러나 **스마아트**(Smart 영리)한 제우스는 타르타로스에 내려가 **임프리전드**  (Imprisoned 갇혀) 됐던 키클롭스, 헤카톤케이르를 풀어주고, 자신의 **앨라이**(Ally 편)로 삼아 전쟁에 대비하는데 프로메테우스가 제우스의 편으로 넘어와 그들의 **리더**(Leader 대장)가 된다.

키클롭스들은 번개를 만들어 제우스에게 선물하고, 헤카톤케이르는 바위로 **아아므드**(Armed 무장)해 공격한다. 제우스가 퇴각하는 척하고 타이탄들을 끌어들이자 헤카톤케이르의 바위가 비처럼 **토런트스**(Torrents 쏟아져 내리)하며 타이탄들을 무찌른다. 제우스는 타이탄들을 타르타로스로 귀양을 보내버리지만 무리의 리더인 아틀라스에게만은 따로 **어쓰**(Earth 지구)를 어깨에 떠받치고 서 있어야 하는 형벌을 내린다. 이렇게 아버지와 아들이 편을 나눠 싸운 신들의 전쟁을 특히 Titanomachia라 하고, Greek Mythology에서 신들의 계보를 Theogony라 한다.

'최음제'의 시초, 아프로디테

제우스에게 신비한 음료를 만들어 주어 아버지인 크로노

스를 물리치게 함으로써 제우스의 부인이 된 메티스에게 불길한 Prophecy가 내려진다. 그녀는 제우스와의 사이에서 첫째는 딸, 둘째는 아들로 두 명의 자녀를 두게 되는데 제우스는 그 아들에 의해 **디쓰로운먼트**(Dethronement 폐위)된다는 내용이었다.

이에 불안해진 제우스는 마법을 사용해 메티스를 **플라이**(Fly 파리)로 만들어 삼켜버린다. 제우스의 **스터먹**(Stomach 뱃속)에 갇힌 메티스는 이미 딸 아테나(Athena)를 임신한 상태였다. 메티스는 제우스의 뱃속에서 아테나를 위한 **헬멋**(Helmet 투구)을 만드는데 아테나는 점점 자라 아름다운 여인이 되어 제우스의 머리로 올라간다. 머리가 깨질 듯한 두통에 시달리던 제우스는 **블랙스미쓰**(Blacksmith 대장장이)의 신, 헤파이스토스(Hephaestus)에게 **액스**(Ax 도끼)로 머리를 **스플릿**(Split 쪼개다)해 줄 것을 부탁하고, 그의 **크랙트**(Cracked 갈라진)된 이마에서 빛나는 갑옷을 입은 아테나가 태어난다. 아테나는 지혜와 용기, **크래프트스**(Crafts 공예), **택티컬**(Tactical 전술)의 Goddess로 Greek Mythology에서 중요한 **퍼지션**(Position 위치)을 점한다. 헤라는 제우스의 여동생이었다. 그녀는 타이탄인 오케아노스에 의해 **업브링잉**(Upbringing 양육)되었다. 헤라는 여신들 중 최고의 Goddess로 결혼과 출산의 **트유틸리리**(Patron 수호자)이며, 결혼한 여성의 **프러텍터**

(Protector 보호자)이다. 제우스는 여러 차례 헤라를 꾀기 위한 시도가 **페일르여**(Failure 실패)하자 **트리커리**(Trickery 속임수)를 짜 낸다.

제우스는 비에 젖어 떨고 있는 **커쿠**(Cuckoo 뻐꾸기)로 둔갑한 다. 그 모습을 불쌍히 여긴 헤라는 Cuckoo를 가슴에 꼭 안 아 주는데 이때 본 모습으로 돌아온 제우스가 헤라를 강 간하고 만다. 헤라는 **휴밀리에이티드**(Humiliated 굴욕)를 덮기 위해 마음에도 없는 결혼을 하게 되는데 둘의 결혼 생활 은 소란스러웠고, 사사건건 충돌했다. 제우스는 다른 신 들도 **바이얼런트**(Violent 난폭)하게 다루었기에 이에 **그리번스** (Grievance 불만)를 품은 신들이 많았다. 헤라는 이런 신들을 자기 편으로 삼아 호시탐탐 기회를 엿보고 있었다.

어느 날, 헤라는 제우스를 술에 취하게 한 후 **카우치**(Couch 소파)에 **타이**(Tie 묶어)해버리는 반란을 일으킨다. 제우스를 묶은 신들 사이에서는 제우스를 어떻게 할지 논쟁이 벌어 지고, 서로 **어피년**(Opinion 의견)이 분분했다. 그 사이, 제우 스에 의해 타르타로스에서 풀려난 세 명의 헤카톤케이르 중 한 명이 제우스를 풀어 주고 만다. 제우스가 벌떡 일어 나 벼락을 집어들자 신들이 혼비백산하여 제우스의 발 앞 에 엎드려 용서와 자비를 **베깅**(Begging 애걸)하며 빈다. 제우 스는 헤라를 금으로 만든 사슬에 묶어 하늘에 매달아 놓는다. 그러나 밤새 고통에 우는 헤라를 감히 어떤 신들도 **레스큐**(Rescue 구하다)해 줄 생각을 못한다. 가까스로 풀려난 헤라는 다시는 반항할 생각을 못하게 된다.

제우스는 지독한 바람둥이었고 여신이나 인간 여성을 가리지 않는 **인피델리티**(Infidelity 부정不淨)를 저지른다. 헤라는 **젤러시**(Jealousy 질투심)가 강하고 복수심에 불타는 Goddess여서 둘 사이에는 **디스코어드**(Discord 불화)가 끊이지 않는다. 헤파이스토스는 제우스와 헤라 사이에서 난 아들로, 그는 태어날 때부터 너무 못생긴 탓에 헤라는 그를 미워했고 사랑으로 돌보지 않았다. 어느 날, 제우스와 헤라가 부부 싸움을 하는데 헤파이스토스가 어머니인 헤라 편을 들었다. 그에 화가 난 제우스가 헤파이스토스를 들어 바다로 **쓰로우**(Throw 던져)해버리고, 하루 종일 떨어지던 헤파이스토스는 **리프**(Reef 암초)에 부딪혀 **레임**(Lame 다리를 저는)이 되어 불구가 되고 만다. 비록 못생기고 불구의 몸이었지만 **덱스테러티**(Dexterity 손재주)가 **아웃스탠딩**(Outstanding 뛰어나)해 못 만드는 것이 없는 대장장이가 된 헤파이스토스는 불과 **발케이노우**(Volcano 화산), **메털러지**(Metallurgy 야금술) 그리고 대장장이의 신이다.

헤파이스토스를 로마 시대에는 불카누스(Vulcan)라 불렀는데 이 Vulcan에서 '화산'이라는 단어 Volcano가 나왔다. 부모로부터 버림받은 헤파이스토스는 **포어지**(Forge 대장간)를 Volcano 밑에 두고 수많은 유용한 물건을 만들어 낸다. 제우스와 헤라는  뒤늦게 **러그렛**(Regret 후회)하며 헤파이스토스를 다시 신들의 산인 올림포스 산으로 불러들여 가장 아름다운 Goddess인 아프로디테와 결혼시킨다. 트로이 전쟁(Trojan War)의 영웅 아킬레스(Achilles)가 사용한 **쉴드**(Shield 방패)를 만들고, 쇠를 **멜트**(Melt 녹여)해 인류 최초의 여성인 판도라(Pandora)도 헤파이스토스가 만들어 냈다.

아프로디테는 바다의 거품에서 태어난 미와 사랑의 Goddess로, 불륜의 Goddess이기도 했다. 바다의 파도 위에 서서히 모습을 드러낸 그녀는 흰색의 **스캘럽**(Scallop 가리비 껍질)을 타고 **워터프런트**(Waterfront 해안)로 떠밀려 왔다. 너무나도 아름다운 그녀를 **퍼제션**(Possession 차지)하기 위해 신들 사이에 **스커펄**(Scuffle 다툼)이 일어날 것을 염려한 제우스는 아프로디테를 절름발이에다 못생긴 헤파이스토스의 **메이트**(Mate 짝)가 되도록 그와 결혼시켜버린다. 그러나 아프로디테는 결혼 후에도 끊임없이 여러 명의 신 그리고 인간들과 바람을 피운다. 그중에 가장 유명한 사건은 자신

의 남동생인 전쟁의 신 아레스(Ares)와의 정사(Love Affair)였다. 이 둘 사이에는 아들이 태어나는데 그가 바로 남녀 사이에 사랑의 화살을 쏘는 에로스(Eros)로, 훗날 로마에서는 큐피드(Cupid)로 불린다.

이 둘의 **포어니케이션**(Fornication 간음)을 낱낱이 지켜보는 태양의 신 헬리오스(Helios)는 둘의 낯 뜨거운 Love Affair 목격하고, 이를 그대로 헤파이스토스에게 **텔 안**(Tell on 고자질)한다. 헤파이스토스는 계략을 짜, 쇠와 금 그리고 알루미늄으로 보이지 않는 고운 **넷**(Net 그물)을 만들어 둘의 침대 밑에 깔아 놓고, 아프로디테에게 며칠간 여행을 다녀오겠다고 말한다. 헤파이스토스가 떠나자 아프로디테는 **피전**(Pigeon 비둘기)을 띄워 아레스에게 밀회의 편지를 보내고, 둘이 침대에서 사랑을 나누는 순간 Net가 둘을 꼼짝 못하게 묶어버리고 만다. 헤파이스토스는 Net를 들어 신들의 **레지던스**(Residence 거처)인 올림포스 산에 가져다 놓았고, 모든 신들은 **네이커드**(Naked 벌거벗은)한 둘의 모습을 보고 **리더큘**(Ridicule 조롱)하며 폭소를 터뜨렸다. '최음제'를 Aphrodisiac 이라 하는 것은 아프로디테의 이름에서 유래했다.

동작이 굼뜬 덕에

Mortal은 '반드시 죽는'이라는 뜻이고, Immortal은 그 반대의 의미로서 '불사의, 죽지 않는'이라는 뜻으로 신을 가리키는 말이다. 프로메테우스는 타이탄 중 한 명으로 Immortal이었다. 그는 다른 타이탄들과는 달리 신들의 전쟁인 Titanomachia 때 제우스의 편에서 싸웠다. 전쟁에서 패한 타이탄들은 지옥인 타르타로스에 갇히지만 프로메테우스만은 **언더월드**(Underworld 지하 세계)에 갇히는 벌을 피한다. 그리고 제우스로부터 인간(Human)들을 만들라는 명을 받은 프로메테우스는 **머드**(Mud 진흙)로 인간을 만들었다. 아테나는 그 진흙의 조각상(Clay Figure)에 숨을 불어넣어 생명을 부여하는데 최초의 Humans는 모두 남자였다. 프로메테우스는 인간의 보호자, **베너팩터**(Benefactor 후원자)로 임명을 받는다.

어느 날, 프로메테우스는 제우스에게 두 가지 제물(Offering)을 놓고 권하는데 하나는 소의 위(Stomach)에 넣은 살코기(Meat)였고, 또 다른 하나는 **뼈**(Bone)에 기름기가 흐르는 지방(Juicy Fat)을 붙인 먹음직한 것이었다. 제우스는 망설이지 않고 후자의 Offering을 택하게 된다. 그 뒤로부터 인간은 제우스에게 번지르르하지만 보잘것없는 Bone을 바치고, 자신들은 Meat를 먹게 된다. 자신이 속은 것을

안 제우스는 크게 **인퓨리에잇**(Infuriate 격노하여)하여 인간들에게서 불을 빼앗아버린다(Take Fire Away). 하지만 프로메테우스는 다시 불을 훔쳐 인류에게 주는데 이것이 신들의 왕, 제우스를 더욱 **엔레이지**(Enrage 격분)하게 만들었다.

제우스는 헤파이스토스에게 인류(Mankind) 최초의 여성인 판도라(Pandora)를 만들라고 **커맨드**(Command 지시)하고, 바위산 꼭대기에 다이아몬드로 만든 체인으로 프로메테우스를 묶어 놓는다. 그리고 낮에는 **이걸**(Eagle 독수리)이 날아와 **리버**(Liver 간)를 쪼아먹게 하고, 밤이 되면 그 Liver가 다시 **리제너레잇**(Regenerate 재생)해 영원히 그 고통이 반복되도록 만든다. 프로메테우스는 Immortal이었기에 영원히 죽지 않았기 때문이다. 프로메테우스는 훗날 **디미가드**(Demigod 반인반신)인 헤라클레스(Heracles)에 의해 구출된다.

열두 명의 타이탄들 중 프로메테우스와 그의 동생인 에피메테우스는 제우스에게서 불을 훔쳐 인간에게 준다. 제우스는 프로메테우스를 바위산에 묶어버리고 Mankind를 벌하기 위해 최초의 여성인 판도라를 만들어 **인텔러전스**(Intelligence 지능)가 떨어지는 에피메테우스와 결혼하게 만든다. 제우스는 큰 **박스**(Box 상자) 하나를 결혼 **다우리**(Dowry 지참금)로 판도라에게 선물한다. 판도라라는 이름 자체가 '모든 선물'이라는 의미로 Pan-은 '모든'을, Dora는 '선물'을 뜻한다.

판도라는 아름답지만 유혹적이고, **디싯펄**(Deceitful 속임수를 쓰는)한 악의 근원이었다. 제우스는 판도라에게 결혼 생활 중 절대로 상자(Pandora's Box)를 열지 말라는 명령을 내린다. 그러나 호기심을 이기지 못한 판도라가 제우스의 명령을 어기고 상자를 열어버리고 만다. 그 순간 상자 안에 갇혀 있던 모든 악령(Evil Spirit)들이 빠져 나오고 만다.

이로써 질투와 속임수, 미움, 질병, 전쟁들이 온 세상에 퍼지게 된 것이다. 깜짝 놀란 판도라가 황급히 상자의 뚜껑을 닫았을 때(Put A Lid On)는 이미 늦었다. 두려움에 떨고 있는 판도라의 귀에, 닫힌 상자 속에서 **페인틀리**(Faintly 희미)한 소리가 들리는데 이것은 동작이 굼떠 미처 나오지 못한 희망(Hope)이었다. 세상이 온갖 Evil Spirit로 가득 차게 된 것은 모두 판도라 때문이지만 인간이 그 가운데서도 살아갈 수 있는 것은 아직 남아 있는 Hope 때문이었다. 이 사건으로 황금의 시대(Golden Age)는 끝이 나고, 은의 시대(Silver Age)가 시작된다.

위험하지만 유혹적인 것

하데스(Hades)는 제우스와 포세이돈(Poseidon)의 형제였다. 그들은 힘을 합쳐 아버지 타이탄을 쫓아내고 **카즈모우스**(Cosmos 우주)를 분할해 다스리기 위해 제비를 뽑았는데 (Draw Lots) 제우스는 하늘을, 포세이돈은 바다, 하데스는 불행하게도 지하 세계(Underworld)와 죽은 자를 다스리는 제왕이 되었다.

하데스는 포세이돈과 마찬가지로 욕심이 많은 신이었다. 그의 관심은 오직 Underworld에 머무는 이들을 늘리는데 있었다. 그래서 그는 복수의 여신들인 세 명의 에리니에스(Erinys)를 **라익**(Like 좋아)하고, **웰컴**(Welcome 환영)했다. 에리니에스는 Furies라고도 불린다. 머리는 뱀으로 엉켜 있고, 눈에는 피가 흐르며, 몸에는 날개가 달려 있고, 손에는 **토어치**(Torch 햇불)가 들려 있다. 이들은 죄를 짓고도 벌을 받지 않은 자들을 찾아다니는 복수의 여신들이었다.

고대 그리스인들은 하데스의 이름 부르기를 무서워해 입밖에 내기를 꺼려 했기에 그를 플루토(Pluto)라는 다른 이름으로 불렀다. 플루토는 '부(Wealth)'를 뜻한다. Underworld에는 각종 귀중한 **미너럴**(Mineral 광물)이 매장되어 있었기 때문이다. 하데스는 올림포스 산의 높은 신이었지만 Underworld가 마음에 들어 좀처럼 이곳을 떠나려 하지 않고 땅속에 머문다. 하데스의 무기는 **피치포어크**(Pitchfork 쇠스랑)이었는데 그는 이것을 휘둘러 지진을 일으켰다. 또 그는 투구도 지니고 있었는데 이 투구는 키클롭스로부터 선물받은 것으로 머리에 쓰면 다른 이의 눈에 보이지 않았다. 하데스는 Plouton, Pluto로 불리기도 하는 Underworld 와 지옥(Hell)의 신이다.

Hell의 입구에는 머리가 세 개 달린 개인 케르베로스 (Cerberus)가 지키고 있어 누구든지 그의 영토인 Hell에 들어온 자는 빠져나갈 수가 없었다. 헤라클레스는 이 괴물 개 케르베로스를 물리쳐 자신에게 부여된 열두 가지의 **레이버**(Labor 노역)를 끝내게 된다. 제우스의 아들인 헤라클레스는 **이모어털**(Immortal 불사不死)의 신이 되기 위한 조건으로 열두 가지의 노역이 주어졌었다. 이것을 Hercules' 12 Labors 혹은 Hercules' 12 Tasks 라고 한다.

하데스는 대지의 풍작(Bumper Crop)과 **애그리컬처**(Agriculture 농업), **그레인**(Grain 곡물)의 여신 데메테르(Demeter)의 딸인 페르세포네를 납치해 Underworld에 데려온 후 자신의 부인으로 삼는다. 데메테르는 제우스와 하데스의 여동생이다. 데메테르는 훗날 로마에 와서 케레스(Ceres)로 이름이 바뀌는데 이 Ceres에서 아침에 **밀크**(Milk 우유)에 말아먹는 '곡물의 낱알(Grain)'이라는 뜻의 Cereal이 나왔다.

데메테르에게는 아름다운 딸 페르세포네가 있었다. 하데스는 주로 자신의 왕국인 Under world에서 머물렀지만 드물게 지상으로 **트립**(Trip 나들이)을 하러 나오는 경우가 있었는데 이때 페르세포네를 보고 그는 첫눈에 반하고(Head Over Heels) 만다. 이런 사랑의 감정으로 **애거나이즈**(Agonize 고민)하던 하데스는 제우스에게 **컨파이드**(Confide 비밀을 털어 놓고)하고 **애드바이스**(Advice 조언)를 구한다. 제우스는 하데스를 위해 음모를 꾸민다.

처음 데메테르가 딸 페르세포네와 함께 지상의 농사가 잘 되고 있는지 **수퍼바이즈**(Supervise 감독)하기 위해 내려왔을 때 그녀는 딸을 바다의 요정 네레이스(Nereis)들과 호수, 강의 요정인 나이아드(Naiad)들과 함께 놀게 내버려두고, 자신은 곡물이 잘 여물었는지 살피러 다니고 있었다. 영어에서 Nereid는 '갯지렁이'를, Naiad는 '**스위밍**(Swimming 수영)을 잘 하는 소녀'를 뜻한다.

페르세포네와 님프(Nymph)들이 숲으로 놀러 갔을 때 **밸리**(Valley 계곡)의 깊은 곳에서 나는 **프레이그런트**(Fragrant 향기로운)한 꽃향기에 끌린 페르세포네는 **옐로우**(Yellow 노란색)의 아름다운 꽃 **나아시서스**(Narcissus 수선화)에서 눈을 뗄 수가 없었다. 이 Narcissus는 제우스의 명에 따라 땅의 Goddess, 가이아(Gaia)가 페르세포네를 유혹하기 위해 일부러 **플랜트**(Plant 심다)해 놓은 것이었다.

이 Narcissus의 어원이 되는 나르키소스(Narcissus)는 원래 강의 신과 요정의 아들로, **헌터**(Hunter 사냥꾼)이었다. 나르키소스는 **아우트워드**(Outward 외모)가 너무도 아름다운 미소년이어서 많은 여성들에게 사랑 **컨페션**(Confession 고백)을 받았는데 그는 그런 여성들의 사랑 고백을 **디스데인**(Disdain 무시)했다. 이에 인과응보와 복수의 여신, 네메시스(Nemesis)의 분노를 사게 된다. 네메시스는 나르키소스를 물가로 인도해 그로 하여금 물에 **리플렉션**(Reflection 비친)된 자신의 모습과 사랑에 빠지게 만든다. 나르키소스는 물에 비친 아름다운 소년에게 사랑을 느껴 결국 물가를 떠나지 못하고 굶주림으로 **곤트**(Gaunt 수척)해져 죽게 된다. 그리고 그 자리에 수선화가 **블룸**(Bloom 피다)하게 된다. 수선화의 이름이 Narcissus가 되고, 정신분석학에서 자아도취를 Narcissism이라 부르게 된 것은 바로 이 때문이다.

페르세포네가 하얀 손을 뻗어 Narcissus의 줄기를 잡고 **플럭**(Pluck 뽑는)하는 순간 조그만 구멍이 점점 커지더니 거대한 틈(Enormous Chasm)으로 변해 그녀를 삼키고 만다. 데메테르가 땅이 으르렁거리며 **다이버전트**(Divergent 갈라지는)하는 소리에 놀라 달려왔지만 때는 이미 늦었다. 페르세포네가 사라진 뒤였기 때문이다. 데메테르는 자신의 딸을 지켜주지 못한 님프들에게 저주를 퍼부으며, 이들을 몸에는 털이 나고, **스케일즈**(Scales 비늘)가 덮인 발을 가진 괴물 새, 사이렌(Siren)으로 만들어버린다.

사이렌은 **샐로우**(Shallow 얕은)한 물가에 살며 아름다운 목소리로 노래를 부르는 신화적인 괴물로, 지나가는 **메러너**(Mariner 선원)들이 그 노래를 듣는 순간 미쳐서 바다로 뛰어들게 만들어 잡아먹는다. 이로 인해 사이렌은 위험하지만 유혹적인 것을 나타내게 되었다.

이들은 배가 지나가면 파도가 치는 **클리프**(Cliff 절벽)의 바위에 앉아 **라이어**(Lyre 수금)를 타며 노래를 부른다. 이 노래는 너무나도 **엔챈팅**(Enchanting 매혹적)하고, 사람들을 **메즈머라즈**(Mesmerize 혼을 빼앗아)하여 선원들은 배의 **러더**(Rudder 방향타)를 바꾸어 배를 바위로 몰고 가게 된다. 그러면 배가 산산조각이 나거나 스스로 몸을 바다에 던져 사이렌의 먹이가 되었다. 이 사이렌들이 사는 얕은 바다의 **웻랜즈**(Wetlands 습지)에는 **코어프스**(Corpse 시체)가 여러 겹으로 쌓여 **라턴**(Rotten 썩어)해 가고 있었다. 이들이 숨어 지내던 바닷가는 지금의 이탈리아 반도의 **사우쓰**(South 남쪽) 해변과 시칠리아(Sicily)

섬의 **네어로우**(Narrow 좁은)한 **패서지**(Passage 통로)를 흐르는 메시나 **스트레잇스**(Straits 해협)이다.

트로이 전쟁의 영웅 오디세우스도 이 괴물들이 사는 바다를 건너야 하는 상황에 **컨프런트**(Confront 직면)하게 된다. 그는 아내가 기다리는 집으로 돌아가기 위해 십 년에 걸친 고된 여행 중이었다. 오디세우스는 한때 자신의 부하들을 돼지로 만들었던 **소어서러스**(Sorceress 마녀), 키르케(Circe)의 조언대로, 바다를 지나기 전 부하들의 귀를 **웩스**(Wax 밀랍)로 **플러그**(Plug 봉하고)하고 자신을 **매스트**(Mast 돛대)에 묶어 어떤 일이 있더라도 **언타이**(Untie 풀지)하지 말 것을 명한다.

이윽고 오디세우스 **파아티**(Party 일행)를 실은 배는 사이렌들이 사는 Straits를 지나고, **이어리지스터벌**(Irresistible 너무 유혹적인)한 아름다운 Lyre의 **툰**(Tune 가락)과 **클린**(Clean 청아)하고, 영혼을 **캡티베이팅**(Captivating 사로잡는)한 노랫소리를 듣게 된다. 오디세우스는 노래에 **비위치트**(Bewitched 혼이 빼앗겨)해 온몸을 쥐어뜯으며 **스크림**(Scream 비명)과도 같은 소리로, **로웁**(Rope 밧줄)을 풀어 달라고 명령한다.

그러나 부하들의 귀는 Wax로 막아져 있어 노랫소리를 들을 수도 없었고, 미리 명령받은 대로 그들은 묵묵히 **오어**(Oar 노)를 저어 앞으로 나갈 뿐이었다. 오디세우스를 실은 배가 **세이플리**(Safely 무사히)하게 빠져나가자 사이렌들은

Cliff에서 뛰어내려 Rocks에 몸을 **범프**(Bump 부딪혀)해 스스로 죽고 만다. 이렇게 사이렌은 트로이 전쟁의 영웅 오디세우스에 의해 최후를 맞는다. 사이렌은 '마이크, 경적'이라는 의미의 사이렌(Siren)의 어원이 되기도 한다.

거의 **매드너스**(Madness 실성)할 지경이 된 데메테르는 노파로 변장하여 손에 횃불을 들고 9일 동안 밤낮으로 딸을 찾으러 땅의 구석구석을 돌아다닌다. 열흘째 되던 날 새벽, 데메테르는 마침내 마녀 헤카테(Hecate)를 만나게 되는데 헤카테는 데메테르를 불쌍히 생각해 모든 것을 낱낱이 보는 태양신 헬리오스(Helios)를 찾아가 도움을 청해 보라는 조언을 해 준다.

헬리오스라는 신의 이름에서 **힐리아스퍼**(Heliosphere 태양권), **힐리어스코웁**(Helio Scope 태양관측 망원경), **힐리오우시스**(Heliosis 일사병) 같은 단어들이 유래했다.

헬리오스는 데메테르에게 사건의 전말을 상세히 알려주고, 그녀는 오빠인 하데스를 찾아가 딸을 돌려 달라고 사정한다. 난처해진 하데스는 제우스와 의논하여 페르세포네를 일 년에 넉 달은 Underworld에 살게 하고 나머지 여덟 달은 지상으로 보내는 것을 **어그리먼트**(Agreement 합의)한다. 하데스는 페르세포네를 돌려보내기 전 **파머그래넛**(Pomegranate 석류)의 씨앗을 네 알을 먹이는데 이

Pomegranate을 먹은 이는 반드시 자신이 속한 곳으로 되돌아 와야 하는 운명이었다. 이 하데스와 페르세포네의 **머쌀러지**(Mythology 신화)는 지구의 **스프링**(Spring 봄)과 겨울에 깊이 관련이 있어 페르세포네가 어머니에게 돌아오는 여덟 달은 봄부터 가을이며, Underworld로 돌아가는 넉 달은 겨울에 해당한다.

사랑과 증오로 만들어진 별자리

헤라클레스(Heracles)는 그리스 로마신화(Greek Roman Mythology)에서 가장 널리 알려진, 반신반인의 영웅이다. 로마에서는 헤르쿨레스(Hercules)로 불린다. 제우스는 그리스의 도시 미케네(Mycenae)의 왕 암피트리온(Amphitryon)의 부인인 알크메네(Alcmene)를 보고 마음을 빼앗긴다. 암피트리온이 자리를 비운 사이 제우스는 남편의 모습으로 변신해 알크메네와 잠자리를 가지고 도망친다. 바로 다음날 왕이 돌아와 다시 알크메네와 동침한다. 알크메네는 임신을 하고 **트윈즈**(Twins 쌍둥이)를 낳는데 그중 한 아들이 헤라클레스다. 아이러니하게도 헤라클레스라는 이름은 '헤라의 선물'이라는 뜻에서 나온 것이지만 질투심이 많던 본처 헤라는 헤라클레스를 미워하여 온갖 계책으로 그를 죽이

려 한다. **인펀트**(Infant 갓난아기)
의 유아용 **크리브**(Crib 유아용 침
대)에 독사(Poisonous Snakes) 두
마리를 보내어 해치려고 하
지만 아기는 손쉽게 뱀의 목

을 졸라 죽어버린다.

헤라클레스는 놀라운 힘을 가져 신들도 두려워하였지만
지성은 갖추고 있지 않았고, 쉽게 **템퍼**(Temper 성질)를 부려
큰 사고를 내고는 곧바로 후회를 하는 **풀리쉬**(Foolish 미련)한
영웅이었다. **오우버플로우잉**(Overflowing 넘치는)한 힘을 **리프레
인먼트**(Refrainment 자제)하지 못하던 헤라클레스는 젊은 시절
을 싸움과 술, 여자에 **베어리드**(Buried 파묻혀)해 지내지만 테
베(Thebes)의 공주였던 메가라(Megara)와 결혼해 다섯 명의
자녀를 두고 난 후부터는 철이 들어 **콰엇**(Quiet 조용)한 날들
을 보내고 있었다.

그러나 헤라는 그에게 마법을 걸어 **인세인**(Insane 미치게)하게
만들고는 그로 하여금 자신의 아내와 다섯 명의 자식들을
살해하게 만든다. 제 정신으로 돌아온 헤라클레스는 자신
이 한 행동에 충격을 받고 **리모어스**(Remorse 양심의 가책)를 느
껴 괴로워한다. 그는 자신이 지은 죄를 **어토운**(Atone 속죄)하
기 위해 시와 음악, 빛과 예언의 신 아폴로(Apollo)가 있는

델포이(Delphi)로 가서 신탁을 받는다. 아폴로는 그리스 신화에서 가장 중요한 위치를 차지하는 신이다.

제우스는 아내 헤라의 눈을 피해 타이탄의 딸인 레토(Leto)를 유혹해 임신시킨다. 이 사실을 안 헤라는 레토에게 불같이 화를 내며 그리스의 태양 아래 어디에서도 그녀가 아기를 낳을 수 없도록 저주를 내린다. 이 소식을 들은 모든 신들은 레토를 가엾게 여기지만 그녀가 아기를 낳을 **셸터**(Shelter 피난처)를 제공할 엄두를 내지 못한다.

헤라는 이에 그치지 않고 큰 용의 크기만 한 **파이싼**(Python 비단뱀)을 시켜 레토를 **체이스**(Chase 추격)하게 한다. 제우스는 이를 안타깝게 여겨 레토를 **크웨일**(Quail 메추라기)로 변신시켜 아기를 낳을 장소를 찾아가게 한다. 고대에는 처녀가 임신하면 남자에게는 죄를 묻지 않았고, 모든 **립로우치**(Reproach 비난)는 여자가 **핸덜**(Handle 감당)해야 했다.

레토가 겨우 도착한 곳은 아스테리아(Asteria)라는 바다 위를 떠다니는 조그만 섬이었다. 레토가 섬에 이르자 섬은 고정되었고 이름이 델로스(Delos)로 바뀐다. 아홉 날, 아홉 밤을 산통에 **서퍼**(Suffer 시달리며)하며 **완더링**(Wandering 방황)하던 레토는 이윽고 야자나무(Palm Tree) 한 그루가 서 있는 연못에 이르러 허리끈을 풀어 아기를 낳는다. 사냥의 여신인 아르테미스가 탄생하는 순간이었다.

아르테미스를 낳았지만 뱃속에는 쌍둥이 남동생인 아폴로가 아직 나오지 못하고 있었고, 산모는 사경을 **완더**(Wander 헤매고)하고 있었다. 그때 아르테미스가 순식간에 **머추어**(Mature 성숙)한 여인이 되어 동생 아폴로가 나오도록 어머니의 **미돠프**(Midwife 산파) 노릇을 하여 무사히 **영거 브러더**(Younger Brother 동생)가 태어난다. 아르테미스는 이를 계기로 출산의 보호자 그리고 산파들의 여신이 된다.

그녀가 세 살이 되었을 때 그녀의 아버지 제우스는 아르테미스에게 소원이 있으면 말하라고 한다. 아르테미스는 **바우**(Bow 활)와 **애어로우**(Arrow 화살) 그리고 **퀴버**(Quiver 화살통)를 요구했고, 평생을 뛰어다니며 사냥할 수 있는, 세상의 모든 산 그리고 단 하나의 도시, 또 영원히 순결하게 살 수 있도록 **버지니티**(Virginity 처녀성)를 달라고 말했다. 그녀는 **이터널**(Eternal 영원)한 정결과 Virginity, 그리고 자연과 야생동물(Wild Animal)의 여신이 되어, 그녀의 시녀들과 산을 누비고 다닌다. 동시에 그녀는 여인들에게 **렙러시**(Leprosy 문둥병)나 **레이비즈**(Rabies 광견병), 심지어 **가우트**(Gout 통풍)와 같은 치명적인 질병과 더불어 **서던**(Sudden 급작스러운)한 죽음을 가져다주는 **디어티**(Deity 신성神性)까지 지니게 된다.

아르테미스는 여러 명의 요정과 사냥꾼들을 데리고, **하운드**(Hound 사냥개)들과 함께 야생으로 뛰어다니며 사냥을 다닌다. 그녀의 사냥꾼 중에는 악타이온(Actaeon)이라는 청년이 있었는데 어느 날, 그는 아르테미스가 맑은 **스프링 워터**(Springwater 샘물)에서 **누디티**(Nudity 나체)로 **배쓰**(Bath 목욕)하는 것을 보고 자신도 모르게 그녀에게 몹쓸 짓을 하려 한다. 분노한 아르테미스는 그 자리에서 악타이온을 **스태그**(Stag 수사슴)로 변하게 만들어 자신의 Hounds에게 물려, 찢기어 죽임을 당하는 벌을 내린다.

아르테미스를 따르던 Nymph 중에 아름다운 칼리스토(Callisto)가 있었다. 그녀를 마음에 두고 있던 제우스는 아르테미스의 모습으로 둔갑해 그녀를 **시두스**(Seduce 유혹)한 뒤 강간하여 임신시킨다. 이에 칼리스토는 아르카스(Arcas)라는 아들을 낳는다. 질투심 많은 제우스의 아내 헤라는 분노해 그녀를 곰으로 만들어버린다. 곰으로 변한 칼리스토는 이 사실을 모르는 아들 아르카스의 활에 죽음의 위기를 맞게 된다. 그러자 제우스는 이 순간 칼리스토와 아르카스를 하늘에 올려 **칸스털레이션**(Constellation 별자리)으로 만들어버린다. 이로써 엄마와 아들은 나란히 큰곰자리(Ursa Major, The Great Bear)와 작은곰자리(Ursa Minor, The Little Bear)로 바뀌게 된다.

한편, 아르테미스의 마음을 사로잡은 단 한 명의 청년이 있었다. 오리온(Orion)이라는 이름의 잘생긴 거인으로, 그는 신이 아닌 인간이었다. 그는 바다의 신 포세이돈의 아들이었으며 온갖 괴물들을 물리친 영웅이었다. 여성의 마음을 사로잡는 **댄서**(Dancer 춤꾼)이기도 했다. 오리온은 뛰어난 사냥꾼이기도 했는데 아르테미스가 아버지 제우스로부터 받은 사냥터인 아르카디아(Arcadia)에서 아르테미스와 벗이 되어 함께 다니기 시작한다. 둘은 잠시도 떨어지지 않으려 했고, 점점 서로에게 끌린다. 그러나 둘 사이에 생겨난 감정은 육체적인 사랑이 아닌, **체이스트**(Chaste 순결)한 정신적인 사랑 그리고 깊은 **프렌드쉽**(Friendship 우정)이었다.

밤 깊은 어느 날, 둘은 **캠프파여**(Campfire 모닥불)에 앉아 서로의 깊은 우정을 **첵**(Check 확인)하고, 진한 **엠브레이스**(Embrace 포옹)를 나눈다. 오리온은 모닥불 주위에서 **나이스**(Nice 멋진)한 춤을 추고, 아르테미스도 그를 따라 춤추며 둘은 **펀**(Fun 즐거운)한 시간을 보낸다.

다음날, 숲을 지나던 동생 아폴로는 모닥불 주변의 **글레이드**(Glade 숲속의 빈터)에서 깊은 잠에 빠져 있는 두 남녀를 발견하고, 순간 강한 질투심을 느낀다. 처녀로 살기로 한 누나의 Virginity가 훼손당했다는 생각에 그는 불타는 분노에 사로잡힌다. 밤이 되어 오리온이 깊은 잠에 빠졌을 때였다. 오리온의 꿈속에 거대한 **스코어피언**(Scorpion 전갈)이 나타난다. 전갈은 **포이전**(Poison 맹독)의 **테일**(Tail 꼬리)침으로

그를 **스팅**(Sting 찌르려)
하고 있었다. 수많은
Monster들과 싸워 물
리친 오리온에게 이
렇듯 강한 맹수는 처

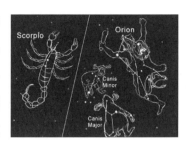

음이었다. 이 Scorpion은 지독한 질투심에 아폴로가 보낸
것이었다.

새벽에 잠이 깬 오리온이 땀에 **드렌치**(Drench 흠뻑 젖은)한 채
텐트(Tent 천막)를 걷고 나가 보니 실제로 거대한 Scorpion이
천막 앞을 지키고 있었다. 오리온이 활과 칼로 무찌르려
했지만 전갈의 쇠로 만든 갑옷 같은 **씩**(Thick 두꺼운)한 **셸**(Shell
껍질)을 **피어스**(Pierce 뚫을)할 수 없었다. 힘에 부친 그는 바닷
가로 도망쳐 **터털**(Turtle 거북)로 몸을 **체인지**(Change 바꾸고)하고
가까스로 파도에 몸을 던져 죽을힘을 다해 헤엄친다.

누나를 찾아간 아폴로는 어떤 악마가 그녀의 Companions
중 한 명을 겁탈하고 지금 바다를 건너 도망 중이라고 말
한다. 그 말에 아르테미스는 분노에 휩싸여 활을 들고 **파
아**(Far 멀리)한, 작은 **닷**(Dot 점)처럼 보이는 거북의 머리를 향
해 화살을 날린다. 그러나 그 악마가 자신이 가장 사랑하
는 **트루**(True 진정)한 친구임을 알게 된 아르테미스는 깊은
슬픔에 몸부림친다. 그리고 뒤따라오던 흉표한 Scorpion

을 죽여버린다.

그녀는 오리온의 시신을 들어 별자리로 만들어 하늘에 올리는데 이것이 오리온 성좌가 된다. 또 Scorpion도 오리온의 바로 밑에 올려 **스코어피어스**(Scorpius 전갈자리)로 만들어, 아름다운 우정에 대한 배반의 상징으로 모두에게 보여 준다. 이 밝게 **샤이닝**(Shining 빛나는)한 Constellations은 모든 사람들에게 인간과 신의 신분 **디퍼런스**(Difference 차이)를 **오우버컴**(Overcome 극복)한 사랑, 남자와 여자 사이에도 아름다운 우정이 있을 수 있다는 표식이 되었다.

큐피드의 저주

태어난 지 나흘 만에 잘생기고 늠름한 청년으로 성장한 아폴로는 섬을 탈출하기 위해 **달핀**(Dolphin 돌고래)으로 변신하여 바다에 뛰어든다. 그는 **레인스톰**(Rainstorm 폭풍우)을 일으키고, 헤엄을 치며 나아가 난파 중인 배(A Ship In Distress)의 **덱**(Deck 갑판)에 올라 배를 **랜드**(Land 육지)로 인도한다.

메인랜드(Mainland 본토)에 도착한 그는 큰 비단뱀이 사는 산으로 **헤딩**(Heading 향하다)한다. 그 뒤로 아폴로가 태어난 섬의 이름 델로스는 델포이(Delphi)로 바뀌는데 이는 그리스어로 Dolphin의 의미고, 아폴로가 Dolphin으로 변신했기 때문에 붙여진 것이다. 고대의 그리스인들은 **시페링**(Seafaring 항해)하는 민족이었다. **시페어러**(Seafarer 뱃사람)들은 높은 파도에도 **프라우**(Prow 뱃머리)에 나타나 힘차게 물살을 가르며 바닷길을 인도하는 Dolphin들을 보면 아폴로가 변신한 것이라 생각했다.

질투심에 불타는 헤라는 남편의 애인인 레토가 정착하지 못하도록 Python을 보내어 그녀를 쫓게 했다. 이 Python은 그리스의 한복판에 있는 파르나소스 산(Mount Parnassus)의 동굴(Cave)에 살았는데 이 괴물이 Cave를 나올 때는 가는 곳마다 고약한 냄새(Obnoxious Smell)가 났고, 해악과 죽음을 몰고 다녔다.

아폴로는 대장장이의 신 헤파이스토스로부터 받은 은으로 만든 활과 금으로 된 **애어로우헤드**(Arrowhead 화살촉)를 붙인 화살을 **백**(Back 등)에 지고 다녔는데 **그리프**(Grief 비탄)에 빠진 인간들의 요청에 따라 Python을 죽이기로 결심하고 길을 나선다. Cave에 도착한 아폴로는 **레이지**(Rage 불같은 분노)로 걸신들린 듯 자신을 삼키려는 괴물의 이마 정중앙에 Arrow를 쏘아 Python이 **서퍼링**(Suffering 괴로움)에 몸부림치며 죽게 만든다.

플리즈드(Pleased 기쁨)하는 사람들의 틈에서 아폴로는 리라(Lyre)를 타면서 **트라이엄프**(Triumph 승리)의 노래를 부르는데

 그때부터 그는 음악의 신이 된다. 노래를 마친 아폴로는 Python을 Mount Parnassus의 **슬로웁**(Slope 기슭)에 묻고 그 자리에, 너무나도 유명한 델포이의 신탁 (Oracle Of Delph)을 세운다.

Oracle Of Delphi를 Python의 이름을 따 Pythia라고도 불렀다. 제우스는 이 Pythia에서, Pythian Games At Delphi라는 **애쓸레틱스**(Athletics 육상 경기)와 예술의 **캄퍼티션**(Competition 경연)을 하도록 명령하였고, 이 게임을 4년 만에 한 번씩 열도록 지시한다.

아폴로는 음악과 예언, 돌고래의 신으로 추앙받는다. Python을 처치하고 한껏 콧대가 높아진 아폴로는 돌아오는 길에 강둑에서 아프로디테의 아들이자 사랑의 신인 에로스를 만나게 되고, **데인티**(Dainty 앙증맞은)한 그의 Bow와 Arrow를 보고 비웃으며 놀린다. 어디 가서, **아아처리**(Archery 활쏘기)를 한다 하지 말고 숨어 다니라고 한껏 모욕을 준다.

훗날 로마에서 큐피드가 되는 **헤드스트롱**(Headstrong 고집 센)한 꼬마 신은 심한 모멸감을 느낀다. 그는 자신이 사는 산으로 날아가 **컨실드**(Concealed 숨겨둔)한 전동(箭筒)에서 **리드** (Lead 납)으로 만든 **블런트**(Blunt 무딘)한 촉의 Arrow와 금으로 된 **샤아프**(Sharp 날카로운)한 촉을 가진 Arrow를 각기 하나씩 꺼내 Golden Arrow를 아폴로의 가슴에 쏜다.

그 순간 숲의 요정(Nymph), 다프네(Daphne)가 지나가고 아폴로는 가슴에 날카로운 아픔을 느끼며 그녀와 깊은 사랑에 빠진다. 강의 신 페네우스(Peneus)의 딸이며 숲의 Nymph인 다프네는 **헌트리스**(Huntress 처녀 사냥꾼)이었다. 바람을 가르며 숲을 뛰어다니던 그녀에게 에로스는 납으로 만든 무딘 화살을 쏜다. 순간 다프네는 가슴에 아픔을 느끼며 불안한 마음에 곧장 아버지에게 달려가 **비시치** (Beseech 호소)한다.

이 무딘 마법의 Arrow를 맞으면, 사랑에 대한 생각 자체를 **그로우스**(Gross 역겹고)하고, **어버전**(Aversion 혐오)스러운 것으로 생각하고 상대로부터 도망치게 된다.

"아버지, 저는 결혼을 하고 싶지 않아요. 누구라도 **수터** (Suitor 청혼자)가 오더라도 저를 시집보내지 말아 주세요."

아버지는 딸을 **패스트**(Fast 빨리)하게 결혼시켜 손자를 보고 싶었지만 딸의 간절한 부탁에 허락을 하게 된다.

가슴에 황금 촉 화살을 맞은 후 숲에서 사냥을 하던 다프네를 보고 **스미턴**(Smitten 첫눈에 반한)한 아폴로는 비록 머리칼

은 바람에 날려 부스스하고, 사냥한 짐승의 **레더**(Leather 가죽)로 만든 **오울드**(Old 낡은)한 옷과 맨발의 모습을 한 그녀였지만 그에게는 세상 누구보다도 아름답게 보였다. 아폴로가 그녀에게 다가가 말을 걸었다.

그러자 놀란 다프네는 전속력으로 달려 깊은 숲으로 뛰어들어 가고 아폴로로부터 벗어나기 위해 도망친다. 이미 사랑에 눈이 먼 아폴로는 재빨리 그녀의 뒤를 쫓아간다. 다프네는 곧 자신을 잡을 듯 다가온 아폴로의 숨결을 느끼며 절망에 빠져 아버지를 부른다.

이 소리를 들은 페네우스는 딸에게 마법을 걸게 되고, 그 순간 그녀의 발이 굳어지며 땅속 깊이 **룻**(Root 뿌리)이 되어 박힌다. 몸통은 **트렁크**(Trunk 나무 기둥)로, **부점**(Bosom 여성의 가슴)은 부드러운 **바아크**(Bark 나무 껍질)로 탈바꿈한다. 그리고 하늘을 향해 뻗은 그녀의 **포람즈**(Forearms 팔뚝)는 **브랜치**(Branch 나뭇가지)가 되고, 머리카락은 **포울리지**(Foliage 나뭇잎)로 변해 월계수나무(Laurel Tree)로 **트랜스폼**(Transform 변해)해버린다.

그러자 아폴로는 실연(Broken Heart)의 아픔에 눈물을 흘리며, 나무를 끌어안고 Trunk에 입을 맞춘다. 그리고 신의 능력으로 이 나무에 영원한 젊음(Eternal Youth)과 불사의 힘을 부여해 사시사철 푸르른 상록수(Ever Green)가 되게 한다. 그는 "당신이 내 아내가 될 수 없다면 내가 그대를 신성한 나무로 만들어 가지와 **리프**(Leaf 잎)로 **리쓰**(Wreath 화환)를 만들어 **애쓸릿**(Athlete 운동선수)과 학자의 머리에 관을 씌울 것이며, 내 몸이 지치고 힘들 때 그대의 **셰이드**(Shade 그늘)에서 쉬리라"고 말하며 **사이**(Sigh 탄식)한다.

올림픽에서 **윈**(Win 우승)한 선수의 머리에는 **로럴**(Laurel 월계관)이 씌워지게 되고, 노벨상 수상자에게도 Laurel이 **프레젠테이션**(Presentation 수여)되었다. 노벨상 수상자를 Nobel Laureate라 하는 것은 여기서 유래했다.

이 후에 에로스는 아폴로의 가슴에 사랑의 Arrow를 **슛**(Shoot 쏘다)하지만 상대 여성에게는 미움의 Arrow를 날려 아폴로를 거부하게 만든다. 이로 인해 아폴로는 세상의 모든 남자 신들 중에서도 가장 아름답고 잘생긴 외모를 가졌고 많은 인간들로부터 존경을 받지만 자신이 사랑하는 여성은 언제나 그로부터 도망을 가는 저주를 받는다.

혐오스러운 변신

아주 오랜 옛날 그리스의 아테네(Athens)에 메두사(Medusa)라는 아름다운 아가씨가 있었다. 그녀의 푸른 **퓨펄**(Pupil 눈동자)은 에게 해(Aegean Sea)의 바다보다 푸르렀고, 입술은 세상의 가장 붉은 장미보다 더 붉었으며, 그녀의 피부색은 소복하게 쌓이는 첫눈처럼 희게 빛났다. 그러나 그중에서도 모든 사람을 **패서네이트**(Fascinate 매혹)한 것은 태양보다 **브라잇리**(Brightly 밝게)하게 빛나는 금빛으로 **와벌리**(Wobbly 출렁이는)한 머리칼이었다. 그녀는 아테네의 수호 여신인 아테나를 모시는 신전의 **프리스터스**(Priestess 여 제사장)이었고, **채스터티**(Chastity 육체적 순결)를 신전에 **바우**(Vow 맹세)한 몸이었다. 메두사는 세 명의 고르곤(Gorgons) **시스터즈**(Sisters 자매) 중 한 명이었는데 두 명의 언니는 여신이었지만 그녀만은 인간의 몸으로 태어난다. 오늘날 영어로 Gorgon이라 하면 '사나운 여자' 혹은 '못생긴 여자'를 가리킨다.

어느 날 밤, 바다의 신 포세이돈(Poseidon)이 그녀의 치렁치렁한 금발에 반해 신전에서 잠들어 있는 그녀를 범하고 만다. 순결의 맹세는 깨져버리고, Shrine에서의 이 난잡한 행동이 아테나를 분노케 한다. 그녀는 Shrine으로 오는 수많은 사람들이 아테나의 조각상 앞에 산더미 같은 귀한 공물을 바치는 것을 보고 혼자 생각한다. 아테나보다 자신이 훨씬 아름다운데 왜 사람들은 아테나 앞에 공물을 바치는가. 이 금은보화는 모두 자신이 받는 것이 **페어**(Fair 합당)하지 않은가. 메두사는 **스파아클링**(Sparkling 반짝이는)한 **브란즈**(Bronze 청동)로 만든 신전의 대문 앞에 '비친 자신의 모습'을 향해 이렇게 중얼거리는데 그 순간 메두사에게 아테나의 무서운 저주가 내려진다.

그녀의 얼굴은 파충류의 껍질처럼 거칠게 변하고, 모든 이의 눈을 사로잡던 물결치는 머리칼은 **베너머스**(Venomous 독이 있는)한 뱀으로 한 올 한 올 변해버린다. 핏발이 선 눈동자는 그 **게이즈**(Gaze 시선)를 바라보는 누구라도 돌로 변하게 만드는 마법이 스며들게 되었다.

자신의 **리펄시브**(Repulsive 혐오)스러운 변신에 공포를 느낀 메두사는 세상의 눈을 피해 어두운 곳, 땅속으로 숨어들고, 마침내 아프리카의 **노어쓰**(North 북쪽)의 땅으로 몸을 숨긴다. 뱀이 된 그녀의 머리카락에서는 끝없이 새끼 뱀이 태어나 땅으로 퍼진다. 아프리카가 뱀으로 **인페스티드**(Infested 우글거리다)한 저주받은 검은 대륙이 된 것은 메두사 때문이었다.

포세이돈은 뒷날 로마로 와서 Neptune으로 이름이 바뀌는데 미군의 **서브머린**(Submarine 잠수함)에서 쏘는 미사일 이름도 Neptune이라고 한다.

방패에 메두사의 머리가 새겨진 이유

그리스에 아르고스(Argos)라는 나라가 있었다. 이 나라의 왕은 자신의 딸 다나에(Danae)가 아들을 낳으면 그 손자에 의해 자신이 죽음을 당할 것이라는 예언을 듣자 어떤 남자도 접근하지 못하도록 딸을 청동 탑(Bronze Chamber)에 가두어버린다. 그러나 그녀에게 눈독을 들이던 제우스는 금빛 소나기(Golden Shower)가 되어 **타워**(Tower 탑) 속으로 **십**(Seep 스며들어)하여 다나에를 **임프레그네이트**(Impregnate 임신시키다)한다. 그 결과 아들이 태어나는데 이 아들의 이름이 페르세우스(Perseus)다.

손자는 할아버지에 의해 어머니와 함께 **아아크**(Ark 방주)에 실려 바다를 떠돌다 어느 한 섬에 도착한다. 이 섬의 왕은 다나에를 강제로 아내로 맞이하고 싶었으나 곁에서 항상 어머니 다나에를 **프러텍션**(Protection 보호)하는 페르세우스 때문에 뜻을 이룰 수가 없었다. 그러자 왕은 짐짓 다른 여인과 결혼한다는 거짓 소문을 냈고, 많은 신하들이 호화로운 결혼 선물을 바칠 때 가난한 페르세우스는 선물을 마련할 수가 없었다.

그를 멀리 보내 없애고 싶었던 왕은 페르세우스에게 Gorgon 메두사의 목을 잘라 오라고 명한다. 어려운 임무임을 **리얼라이즈**(Realize 깨닫다)한 페르세우스는 여신 아테나와 신들의 심부름꾼인 헤르메
스(Hermes)에게 도움을 청한다.
이 두 신은 페르세우스에게 지
구 끝까지 단숨에 날아갈 수
있는 날개가 달린 신발(Winged
Sandals)과 **인비저블**(Invisible 투명)한 인간으로 만들어 주는 모
자 그리고 반짝이는 구리 방패와 **크리스털**(Crystal 수정)로 만
든 **소어드**(Sword 검)를 선물한다.

페르세우스는 이 Winged Sandals를 신고 날아가 바닷속
Gorgon들이 사는 **레어**(Lair 은신처)에 도착한다. 모습을 감추
어 주는 모자를 쓰고 두 자매가 지키는 입구를 무사히 **패
스**(Pass 통과)한 페르세우스는 마침내 메두사가 있는 동굴 끝
에 도착한다. 그러자 그는 구리 방패(Shield)를 꺼내 뒷걸음
질로 메두사에게 다가간다. 메두사의 눈을 직접 보면 돌
로 변해버리기 때문에 Shield에 비친 메두사를 확인하고
칼을 들어 괴수의 머리를 단칼에 베어버린다.

메두사의 머리에서 검붉은 피가 솟구치며, 피 거품에서 날
개가 달린 말이 태어나는데 이 말이 페가수스(Pegasus)다.
페가수스의 어머니는 메두사, 아버지는 포세이돈으로 알
려져 있다. 페르세우스는 메두사의 머리를 은으로 만든
손가방에 담아, 어머니 다나에가 있는 섬으로 돌아온다.

도중에 메두사의 머리에서 뚝뚝 **드랍**(Drop 떨어지는)되는 피가 리비아(Libya)의 땅으로 흘렀는데 이 피가 뱀으로 변해 땅으로 **디스퍼스**(Disperse 흩어진다) 된다. 아프리카 중에서도 유독 리비아에 뱀이 득실거리는 것은 이 때문이다. 또 에게 바다(Aegean Sea) 위에도 피가 떨어지는데 이 피는 붉은 산호(Coral Reef)가 된다. 그래서 Aegean Sea의 Reefs는 선명한 붉은 색을 띄게 된 것이다.

페르세우스가 메두사의 목을, 어머니를 탐내는 왕에게 **디보우트**(Devote 바치다)하자 왕은 메두사의 머리를 들어 그 눈을 보게 되고, 그 순간 돌로 변해버리고 만다. 중세까지 서양의 방패를 보면 메두사의 머리가 새겨진 것이 거의 대부분인데 이것은 **에너미**(Enemy 적)가 돌로 변해 **무브드**(Moved 움직이지)하지 못하도록 하기 위함이다.

Lew(실타래)에서 Clue(실마리)로

그리스의 맨 아래에 있는 큰 섬 크레타(Crete)에는 미노스(Minos) 왕과 파시파에(Pasiphae) 왕비가 다스리던 고대 왕국이 있었다. 이 부부는 금슬이 그다지 좋지 않았다. 파시파에는 제우스가 보낸 **불**(Bull 숫소)에게 마음을 빼앗기고 이와 동침하여 사내아이를 낳는다. 이 아이는 소의 형상을 한 머리에 몸은 사람인 괴물로, 이름은 미노타우로스 (Minotauros 혹은 Minotaur)였다.

이 사실을 안 미노스 왕은 얼굴을 들지 못할 정도로 수치스러웠으나 이 Monster를 죽이지는 않는다. 그 대신 미노스 왕은 나라의 최고 **크래프트스먼**(Craftsman 장인匠人)이자 발명가인 다이달로스(Daedalus)와 그의 아들 이카로스(Icarus)에게, 일단 들어가면 누구도 빠져나갈 수 없는 거대한 **래버린쓰**(Labyrinth 미로)를 만들 것을 명령한다. 그리고 미노타우로스를 이곳에 가두고, 자신의 적들을 이 Labyrinth에 밀어넣고 미노타우로스의 밥이 되게 했다.

이 부자(父子)가 만든 Labyrinth는 어느 누구도 살아서는 나갈 수 없도록 **일래브럿**(Elaborate 정교)하고 **캄플러케이터드**(Complicated 복잡)한 것이었다. 이카로스는 아버지의 충고를 무시하고, 크레타 섬을 탈출하기 위해 새의 **페더**(Feather 깃털)를 **캔덜즈**(Candles 양초)로 붙여 만든 날개를 어깨에 붙이고 날아오르다, 너무 높이 올라 태양열에 양초가 녹아 떨어져 죽은 인물이다.

미노스와 파시파에 사이에는 또 한 명의 아들이 있었다. 이 아들은 그리스의 본토

인 아테네에서 열리는 올림픽에 참가해 마라톤(Marathon) 경기를 하는 사이, 어머니를 임신시킨 Bull에게 죽임을 당하고 만다. 미노스 왕은 격노하여 아테네의 왕 아이게우스(Aegeus)에게 일 년에 일곱 명의 젊은 청년과 일곱 명의 **메이던**(Maiden 처녀)을 공물로 바칠 것을 요구하고, 이들을 Labyrinth에 넣어 미노타우로스의 먹이가 되게 한다.

일 년, 이 년이 지나 삼 년째 Tribute가 출발할 때 아이게우스의 아들인 테세우스(Theseus)는 **발런티어**(Volunteer 자원)하여 희생될 제물 사이에 섞여 크레타로 향한다. 출발할 때 테세우스는 아버지에게 자신이 흉포한 미노타우로스를 죽이고 무사히 **호움랜드**(Homeland 고국)로 돌아오면 배에 흰 **세일즈**(Sails 돛)를 올리고 올 것이지만 실패하여 죽임을 당하면 검은 Sails가 달릴 것이라고 말하고 배에 오른다.

크레타에 도착한 테세우스는 미노스에게 자신이 미노타우로스를 죽이겠다고 말하며 Labyrinth에 들어가겠다고 자청한다. 미노스는 비록 테세우스가 미노타우로스를 죽일 수는 있겠지만 결코 살아서 나올 수는 없음을 자신하였기에 그의 요청을 허락한다.

그 사이 테세우스는 미노스의 딸인 공주 아리아드네(Ariadne)를 만나고, 그녀는 잘생긴 아테네의 왕자 테세우스에게 첫눈에 반해 미친 듯한 사랑을 느끼게 된다. 아리아드네는 테세우스에게 붉은 **쓰레드**(Thread 실) 뭉치를 건네고, 테세우스는 이 실을 Labyrinth의 입구에 묶고는 실 뭉치를 **언래벌**(Unravel 풀다)

하면서 미로의 중심으로 들어간다. 그리고 미노타우로스를 죽이고 아테네인들(Athenians)을 구출해 붉은 실을 **릿레이스**(Retrace 되짚어)해 무사히 되돌아 나온다. 어떤 사건이나 문제를 푸는 '실마리'를 뜻하는 Clue는 테세우스가 무사히 Labyrinth를 빠져나올 수 있었던 수단이 된 **클루**(Clew 실타래)에서 온 단어다.

테세우스는 아리아드네와 사랑의 도피를 떠나고, 돌아오는 길에 낙소스(Naxos)라는 섬에 **앵커**(Anchor 닻)를 내린다. 일행은 살아서 돌아가는 기쁨에 잔치를 벌이게 되고, 아리아드네는 홀로 술에 취해 숲에서 잠이 든다. 그 바람에 그녀는 배에 오르지 못하고, 배는 섬을 출항하게 된다. 도중에 아리아드네가 없어진 것을 눈치 챈 테세우스는 그녀가 변심한 것이라 오해하고 너무 화가 난 나머지 White Sails를 올리는 것을 잊어버리고 만다.

멀리 항구에서 아들을 기다리던 아테네의 왕 아이게우스는 Black Sails가 달린 것을 보고 아들이 죽은 것이라 추측하고 바다에 몸을 던져 자살하고 만다. 에게 해 (Aegean Sea)라는 바다 이름은 투신한 아이게우스의 이름에서 유래했다.

죄도 없는데 왜?

세상은 **어브서더티**(Absurdity 부조리), **디사너스티**(Dishonesty 부정
의), **칸트러딕션**(Contradiction 모순)으로 **풀**(Full 가득)하게 차 있다.
재난 현장에서 타인의 목숨을 구하고, 자신을 희생하는 이
들은 대부분 **라이처스**(Righteous 의로운)한 사람들이다.

신앙심 깊은 성도들이 새벽기도를 다녀오다가 교통사고
를 당해 전원이 사망하는 일이 일어나기도 한다. 독실한
기독교인인 부부는 오랜 기도 끝에 얻은 아이를 유괴범에
게 살해당한다. 왜 죄 없고, Righteous한 사람들이 끊임없
이 고통을 받는가. 하나님은 정말 존재하는 것일까?

구약 성경(Old Testament)은 예수님이 이 땅에 **컴**(Come 오다)하
시기 전 이스라엘의 역사를 담은 책이다. 이 중 한 권인 욥
기(The Book Of Job)는 고대 지혜 문학(Wisdom Literature)의 **이
피터미**(Epitome 본보기)이면서, 웅장하고, 아름다운 서사시로
리터레리(Literary 문학)적으로도 높은 **밸류**(Value 가치)를 **컨시드**
(Concede 평가) 받고 있다. 그럼에도 한편으로는 가장 **디스터**

355

빙(Disturbing 충격)적이면서도, 신학자들이 가장 **인텊리테이션**(Interpretation 해석)에 **디퍼컬티**(Difficulty 어려움)를 겪는 신비로운 책이기도 하다.

아라비아 반도(Arabian Peninsula) 사해(Dead Sea) **니어바이**(Nearby 부근)에 우스(Uz)라는 지방이 있었다. 욥(Job)은 우스를 다스리던 **쉭**(Sheik 족장)이었고, 수많은 가축과 많은 수의 남녀 노비, 사랑스런 아이들 그리고 아름다운 아내를 가진 남부러울 것 없는 인물이었다. 그는 하나님을 지극 정성으로 섬기는 **업라이트**(Upright 바르고)하고 Righteous한 사람이었고, 하나님도 욥을 사랑하셨다.

어느 날 하나님의 전에 사탄(Satan)이 찾아와 하나님께 **웨이저**(Wager 내기)를 제안한다.

"욥이 하나님을 사랑하는 것은 하나님이 주신 **어번던트**(Abundant 풍족)한 부 때문입니다. 그가 가진 **웰쓰**(Wealth 부)와

권력 그리고 그 자녀들을 파멸시켜 보십시오! 그러면 욥은 반드시 하나님을 저주하게 될 것입니다."(욥기 1장 11절)

하나님은 그 제안을 **액셉턴스**(Acceptance 수락) 하신다.

Satan은 하나님의 묵인하에 욥이 사는 곳을 찾아가, 하늘에서 불이 떨어지게 하여 그의 가족을 **익스터머네이션**(Extermination 몰살)시키고, **밴덧**(Bandit 도적)들을 **센드**(Send 보내다)해 종들을 살해한다.

그 시간 욥의 열 자녀들은 장남(Eldest Son)의 집에 모여 술과 음식들로 저녁 향연을 벌이고 있었는데 갑자기 광야로부터 불어 온 큰 바람에 집이 무너져 자녀들이 모두 숨을 거두고 만다. 이에 욥은 **인탈러러벌**(Intolerable 견디기 힘든)한 고통에 옷을 찢으며 광야로 달려간다. 그러나 Satan의 예상과는 달리 욥은 하나님을 Curse하는 것이 아니라 오히려 하나님을 **프레이즈**(Praise 찬양)했다.

"내가 모태에서 알몸으로 나서, 주신 이도 여호와이시고 거두신 이도 여호와시니 여호와의 이름이 찬송을 받으실지니이다."(욥기 1장 21절)

Satan은 하나님과의 Wager에서 지고 만다. **터내시티**(Tenacity 집념)가 강한 Satan은 또 다른 Wager를 제안한다.

"욥의 육신을 파멸시켜 보십시오. 그러면 틀림없이 하나님을 Curse할 것입니다."

하나님은 Satan의 Proposal을 수락하며, 다만 '욥을 죽게 하지는 말'고 당부하신다. Satan은 욥의 머리부터 발끝까지 종기가 나게 한다. Satan이 내린 병마에 욥은 극도의

고통에 시달린다. 일반적인 '고통'의 의미로는 Pain, Suffering이라는 단어를 쓰지만 '극심한 고통'은 Torment를 쓴다. 곁에서 이를 지켜보던 그의 부인이 다그친다.

"그렇게 **엔듈**(Endure 참다)하지 말고 하나님을 Curse하고 죽으라."(2장 9절)

그래도 욥은 하나님을 Curse하기를 거부한다. 그 와중에 이웃 부족의 족장인 세 명의 친구가 찾아와 욥의 곁을 지키며 7일 낮과 7일 밤을 같이 울며 자리를 지킨다. 세 명의 친구들은 누구 하나 아무 말 없이 같이 흐느껴 울 뿐이었다. 진정한 친구란 벗이 불행으로 괴로워할 때 천마디 **컨도울런스**(Condolence 위로)나 **엔커리지먼트**(Encouragement 격려)보다, 같이 울어 주며 **컴패셔넛**(Compassionate 인정 많은)한 자들이다. 그런데 그 친구들은 내심 욥이 이런 불행을 당한 것은 그나 그의 자녀들이 필시 하나님이 노할 만한 죄를 지었기 때문이 아닌가 **다우트**(Doubt 의심)를 품었다.

병든 육신을 이끌고 욥은 하나님께 다시 간절히 기도한다. 그는 Torment에 신음하며 하나님께 고한다.

"내가 왜 어머니의 태(胎)에서 죽지 않았던가? 내가 왜 어

머니의 젖을 빨았던가?"(욥기 3장 12절)

그러나 이번에도 욥의 기도는 하나님에 대한 Curse가 아니었다. 대신 욥은 하나님께 따져 묻는다.

"나는 이제껏 죄 짓지 않고 Righteous하게 살았나이다. 내가 이런 벌을 받아야 할 증거를 대 보십시오" 그리고 대담하게도 "여호와께서 **미스테익**(Mistake 실수)한 것이라면 나에게 사과하시기 바랍니다"라고 요구한다.

욥은 자신이 평생을 Righteous하게 살아왔다 확신하였기에 하나님께 맞선 것이었다. 그때 하나님이 홀연히 욥 앞에 나타나 무언가 말을 하지만 아무런 사과도 않고 사라지신다. 한때 욥에게 실낱같은 Doubt을 품었던 세 친구들은 벌을 받고, 욥은 전보다 두 배나 되는 Wealth와 Power, Health를 되찾는다. 다시 많은 후손을 두며 욥은 그로부터 140년을 더 살게 된다.

이 후의 인류의 역사를 보면 가장 Innocent하고 Righteous한 사람들이 가장 큰 Suffering을 받아 왔다. 우리는 흔히 남에게 선을 베풀면 **럭**(Luck 복)을 받고 악행을 저지르면 벌을 받는다고 알고 있다.

그러나 현실은 꼭 그렇지는 않다. 힌두교(Hinduism)에서는 선한 자나 악한 자 모두 Suffering을 받는다. Suffering은 단지 **딜루전**(Delusion 망상)일 뿐이고, 실체가 없는 사막의 **머**

라즈(Mirage 신기루) 같은 것이라 가르친다. 이슬람(Islam)에서의 Suffering은 인생의 **워디니스**(Worthiness 가치 있는)를 가르쳐 주기 위한 전지전능한 자, 알라(Allah)의 시험이라고 말한다.

불교에서 Suffering은 물질에 대한 집착에서 온다고 했다. 그러나 일반인들이 보기에는 어느 종교도 만족할 만한 답이 되지 못한다.

태초에 어둠과 **케이아스**(Chaos 혼돈)에서 신이 온 세상을 창조했다. 하나님은 인간을 자신의 형상대로 만드셨고, Satan도 하나님의 **크리처**(Creature 피조물)이다. 인간은 사랑하는 사람에게 모든 것을 **제너러슬리**(Generously 아낌없이)하게 **기브**(Give 주다)하지만 가끔은, 내가 그를 사랑하는 만큼 그도 나를 사랑할까 하는 마음에 상대방을 Test해 보고 싶을 때가 있다. 하나님도 자신이 사랑하는 욥이 얼마나 하나님을 사랑하는지 Test한 것은 아니었을까?